KB234069

전쟁을 읽으며
인생을 깨우다

Fighting Talk
40 maxims on war, peace, and strategy

전쟁을 읽으며 인생을 깨우다

전쟁격언을 통해 깨닫는 인생경영의 진리

콜린 S. 그레이 지음 | 최연희 옮김

가람
기획

이 책을 이제껏 나의 강의를 들어온 학생들에게 바친다.

그들은 내가 준 것보다 더 많은 가르침을 나에게 주었다.

| 일러두기 |

- 미주는 지은이주이고, 각주는 옮긴이주이다.
- 한글 전용을 원칙으로 했으며, 독자의 이해를 돕기 위해 인명, 지명, 단체명, 정기간행물 등 익숙하지 않은 것은 원어를 병기했다. 주요 개념이나 한글만으로는 뜻을 짐작하기 힘든 용어의 경우에도 한자나 원어를 병기했다.
- 단행본은 『 』로, 작품명이나 잡지, 논문, 신문기사 제목 등은 「 」로 표시했다.
- 원서에서 인용한 단행본 가운데 국역본이 있는 것은 지은이주에 함께 표시해두었다.

전쟁은 모든 것의 아버지다.

— 에페소스의 헤라클레이토스(기원전 540~480)

보르자 가문 통치하의 30년 동안,

이탈리아에서는 전쟁과 테러, 살인, 유혈 사태가 일어났다네.

그러나 동시에 미켈란젤로와 레오나르도 다 빈치, 그리고 르네상스도 낳았지.

그런데 동포애와 함께 5백년의 민주주의와 평화를 누린 스위스는

무엇을 낳았는가? 뻐꾸기시계뿐일세.

— 영화 「제3의 사나이」(1949) 중 해리 라임의 대사

나는 평화의 지속 기간은

적에 대한 타격의 정도와 정비례한다는 원리를 믿는다.

적에게 가한 타격이 강력하면 강력할수록

적을 잠잠하게 하는 기간이 길어지는 것이다.

— 미하일 스코벨레프 장군Gen. Mikhail Skobelev

차례

책머리에 … 12

서론 … 16

제1부

전쟁과 평화

격언 1 가장 중요한 것은 전쟁의 맥락이다 … 24

격언 2 전쟁은 평화로 이어지며, 평화는 전쟁으로 변하기도 한다 … 30

격언 3 전쟁을 벌이기보다 평화를 만들기가 더 어렵다 … 36

격언 4 전쟁은 효과가 있다! 다만 의도하지 않은 결과나 예기치 못한 사태를 늘 초래한다 … 44

격언 5 평화와 질서는 저절로 이루어지지 않는다.
        평화와 질서를 바로잡고 지키는 사람이 반드시 있어야 한다 … 51

격언 6 정치조직체뿐 아니라 사회와 문화도 전쟁을 일으키고 평화를 이루는 주체다 … 58

격언 7 이성은 전쟁 위에 군림하지만, 열정과 우연성이 이성을 지배할 우려가 있다 … 65

격언 8 전쟁에는 전투행위 말고도 고려해야 할 것이 더 많이 있다 … 71

격언 9 정책은 왕이지만 대개 전쟁의 본질과 특징을 잘 모른다 … 78

격언 10 전쟁은 언제나 도박이다 … 84

제2부

전략

격언 11 전략이 무엇인지 아는 것은 매우 중요하다

: 전략을 이해하는 불꽃은 영원히 타올라야 한다 … 92

격언 12 전략은 정책이나 전술보다 더 어렵다 … 97

격언 13 나쁜 전략은 사람을 죽인다. 그러나 나쁜 정책과 전술 또한 사람을 죽인다 … 103

격언 14 투키디데스, 손자, 그리고 클라우제비츠가 말하지 않은 것이 있다면,

아마도 말할 가치가 없다고 생각해서 그랬을 것이다 … 109

격언 15 "오늘의 개념"이라는 전략 개념은 새로운 진리로 재발견되고

재순환되어 재탄생하지 않는다면 조만간 썩은 쓰레기처럼 될 것이다 … 115

격언 16 적도 전쟁에 영향을 끼칠 수 있다 … 121

격언 17 시간은 전략에서 가장 용서가 안 되는 차원이다 … 127

격언 18 마찰은 피할 수 없지만 그렇다고 꼭 치명적인 것은 아니다 … 133

격언 19 모든 전략은 지정학적 전략이다 : 지리는 전략의 기본 요소다 … 139

격언 20 전략은 군사적인 것만이 아니다 … 145

격언 21 불가능한 것은 하지 말아야 한다.

해결책을 아직 찾지 못한 것은 문제가 아니라 현재의 조건이다 … 151

제3부 군사력과 전투행위

격언 22 사람이 제일 중요하다 … 158

격언 23 군사력은 정치의 으뜸패이다 … 164

격언 24 군사적 우수성은 전쟁 수행을 통해서만 입증된다 … 170

격언 25 군사적 우수성이 전략적 성공을 보장하지는 않는다 … 177

격언 26 전투에서 승리한다고 해서 전략적이거나 정치적인 성공이 보장되지는 않지만,
패배는 실패로 직결된다 … 183

격언 27 전쟁에는 화력 이상의 것이 존재한다. 적은 단순한 표적의 집합체가 아니다 … 189

격언 28 병참은 전략적 기회를 좌우하는 요소이다 … 194

제4부 안전보장과 그에 대한 위협

격언 29 좋지 않은 시기는 다시 온다 … 202

격언 30 우리에게 해를 끼치는 흉악범, 악당, 깡패, 바보는 여기뿐만 아니라 거기에도 있다 … 207

격언 31 거대한 위협은 언젠가 나타난다 … 212

격언 32 신중함은 국가 운영과 전략에서 최고의 덕목이다 … 218

격언 33 전략의 역사에서 선의는 벌을 받는다 … 223

격언 34 국방비는 확실하지만, 안보 이익은 불확실하고 논쟁의 여지가 있다 … 229

격언 35 무기는 통제할 수 있지만, 군비 축소로는 안 된다 … 234

제5부

역사와 미래

격언 36 정말로 중요한 것은 변하지 않는다: 현대사는 현대적이지 않다 ⋯ 240

격언 37 어떤 것을 "증명"하기 위해 역사가 오용될 수는 있지만,
그렇다 해도 역사는 우리가 미래의 길잡이로 삼을 수 있는 전부다 ⋯ 246

격언 38 미래는 예측 가능하지 않다
: 오늘 보는 내일만큼 빠르게 시대에 뒤떨어지는 것은 없다 ⋯ 252

격언 39 기습은 피할 수 없지만, 기습의 효과는 피할 수 있다 ⋯ 257

격언 40 비극은 일어나게 마련이다 ⋯ 262

후기 ⋯ 268

주 ⋯ 270

책머리에

이 책은 내가 이미 수년 전에 마음먹은 나 자신에 대한 도전의 결과물이다. 여기서의 도전이란, 전쟁과 평화 그리고 전략이라는 가장 중대한 사안을 다른 책보다는 되도록 간결하고 알기 쉬운 형태로 제시하며 설명할 수 있을까 하는 것이었다. 물론 그 일이 제대로 이루어졌다고 할 만한지 어떤지는 독자 여러분의 판단에 맡길 수밖에 없다. 돌이켜보면, 가장 절실한 사람들에게 즉석의 가르침을 줄 '전략의 지혜 카탈로그'를 만들기 위해 많은 사람들이 여러 해에 걸쳐 노력해왔다. 더구나 이러한 '지침서' 수요는 늘 있었던 것 같다. 이 책 역시 모종의 인기를 노린 책으로 여겨질지 모르지만, 적어도 이 경우에는 내용상 기만적인 것과는 거리가 멀다. 최소한의 학술적 장치를 담은 이 책은 분명 읽기에 버겁지는 않겠지만, 그렇다고 전쟁과 평화, 전략에 관한 가벼운 가이드북도 아니다. 이 책은 그러한 것을 노리고 쓴 것이 아님을 서둘러 덧붙여두고 싶다.

격언에 관한 책은 드물지 않다. 그러나 내가 아는 한, 현재 활약 중인 전략가 중에서 이러한 프로젝트를 시도하고 있는 경우는 나뿐이다. 격언과 원리·원칙, 영속적인 진실 등은 아무래도 학술적인 것이라고는 말하기 어렵다. 그러나 일반적으로 이러한 격언 등이 경시되는 데 따른 당연한 결과로 많은 사람들이 전쟁과 평화와 전략의 특질이나 그 관계성의 기본에 관해서 아는 바가 태부족한데, 이는 참으로 안타까운 일이다.

뒤이은 〈서론〉에서는 이 책의 구성에 대해 설명할 텐데, 여기서 미리 언급해두고 싶은 것은 각각의 격언에 관한 논의가 인용문에서 시작하여 인용문으로 끝난다는 점이다. 그러한 인용문들은 한낱 장식에 그치지 않고 본문의 논의나 설명과 일체를 이루고 있다. 이런 책을 쓰는 일은 전략가인 나 같은 사람에게는 지적인 면은 제쳐두고라도 거의 모든 면에서 실험적인 시도였다. 나는 전략이라는 주제에 관해서는 여러 권의 책을 썼지만 이처럼 가려 뽑은 격언이라는 형태로 이렇게까지 간결하게 전략사의 핵심적인 사실('진실'이라고 말할 수 있을까)을 설명하려고 애쓴 적은 여지껏 한 번도 없다. 이 책에 실려 있는 40가지 격언은 대체로 그것이 충분히 이해되고 있는지 여부는 별개로 치더라도 이미 널리 알려진 것들이다. 내가 오리지널한 격언만을 모은 책을 쓴다면 그것이 더 이상할 것이다. 왜냐하면 왜 그렇게 오래도록 영원한 진실이 발견되지 않았을까 하는 의문이 들기 때문이다. 물론 그러한 생각은 터무니없다. 그러나 나는 이 책에서 그러한 격언의 아이디어를 그것의 유명세 여부와는 상관없이 독특하면서도 수미일관한 방식으로 다뤄왔다는 것만큼은 힘주어 말할 수 있다.

나는 그동안 이 격언들 가운데 일부를 많은 청중 앞에서 여러 차례 소개한 적이 있지만, 이번과 같은 논의는 이 책에서 처음으로 다룬다. 그런 만큼 이 책에서 이루어지는 논의는 모두 이 책을 위해 쓴 것이며, 과거 어떠한 형태로든 기사나 논문으로 쓴 적이 한 번도 없다.

여기에서 다루는 격언의 테마는 너무도 광범위하기 때문에, 솔직히 말해서 나 스스로도 누구에게 영감을 받아 생각을 굴리게 되었는지 갈피를 잡기 어려운 면도 있다. 이 책에서 일차적으로 인용할 대상은 나폴레옹일 텐데, 그의 『전쟁 격언록Military Maxims』은 내가 이 책을 쓰게 된 계기로 작용했다. 이 책에서 다루는 격언의 선택은 전략전문가로서 나의 근 40년에 걸친 경험에 힘입은 것이다. 그러나 이 책에 등장하는 아이디어들은 나의 학생들에 의해 무르익은 것임을 언급해두고 싶다. 나는 긴 세월 동안 내가 지도해온 학생들과 나눈 지적인 대화가 그들에게보다는 오히려 나에게 더 큰 도움이 되었음을 잘 알고 있다. 특히 영국의 헐 대학과 현재의 레딩 대학 박사과정 학생들에게 실로 많은 것을 배웠다. 그들은 내게 늘 자극을 주면서 때로는 내가 주장하는 진실에 이의를 제기하기도 했는데, 그런 경우 가만히 생각해보면 그들 말이 옳았다. 대부분의 대학 교수라는 존재, 아니 적어도 나만큼은 학문적으로 아무런 마찰도 없었다고 단언하기가 어려운 것이다.

늘 그렇듯이, 바버라 와츠는 원고정리 작업에서 멋진 수완을 발휘해주었다. 바버라에게 감사한다. 역시 이제껏 그래왔지만, 나의 가족은 내가 책을 쓰는 일에 정당한 불만을 표하면서도 지원을 아끼지 않았다. 발레리와 토냐는 일벌레 같은 남편이자 아버지인 나를 너그럽게 봐주었다. 발레리는 색인 작성이라는 까다로운 일을 거들어준 의미에서 특별히 감사한다. 아무튼 이보다 큰 사랑을 누리는 사람은 나 말고 없을 것이다.

2006년 10월 영국 오킹엄에서

콜린 그레이

주요한 문제를 바르게 이해하기 위하여

격언maxim이란 "단 한 문장으로 표현되는 일반적인 진리나 행동을 위한 규칙"*1을 말한다. 이 책은 기본적으로 두 가지 전제에서 출발한다. 하나는 전쟁과 평화와 전략에 관한 격언이 존재하는데 그것들은 진리를 말할 뿐만 아니라 중요하기도 하다는 것이다. 또 하나는 그러한 진리가 자주 잊히거나 오해될 뿐만 아니라 그 때문에 종종 비극적인 결말을 낳는 경우가 많다는 것이다. 이 책은 전략가 교육을 위한 필수적 지식을 제공하는 데 목적이 있다.*2 물론 이러한 일은 과거 나폴레옹의 가장 저명하고 충실한 해설자였던 앙투안 앙리 조미니Antoine Henri de Jomini 남작에 의해서 상당히 달성된 것처럼 보인다. 그러나 이러한 인상은 대체로 틀린 것이라고 말할 수 있다. 칼 폰 클라우제비츠Carl von Clausewitz는 '법칙'은 물론이고 '격언' 같은 것을 혐오했지만, 그래도 이 책과 같은 시도에 가장 큰 영감을 준 것은 무엇보다도 그의 격언이었다.*3 이 책에서 제시하고 논의하는 격언들은 일종의 매뉴얼 같은 것이 아니라 어디까지나 전쟁과 평화 그리고 전략의 본질을 이해할 수 있도록 돕는 요소로서 설명되어 있다.

이 책과 같이 많은 격언들을 제시하며 설명하는 스타일은 상당히 드문 편이다. 또한 타당한 전문적 실천을 위한 학술적 견해로서는 비판에 직면하게 될지도 모른다. 만일 이 책에 실린 40개의 격언이 각 테마의 본질을 심도 있게 파고들어야 하는 성격의 것이라면, 학술적인 면에서의 지적도 응당 피할 수 없을 것이다. 그러나 이번 논의의 목적은 거기에 있지 않다. 이 책의 목적은 각 격언을 설명하고 해설하는 데 있지, 그것들을 주장하고 논박하는 데 있지 않다. 그 격언들은 애초에 논란을 촉발하는 성질의 것이 아니다. 나는 그 격언들의 신빙성이나 정확함보다는 그 중요성을 논할 것이다. 사실 그 격언들은 무턱대고 부정할 만한 것이 아니다. 예를 들어 "전쟁은 도박이다"라거나 "가장 중요한 것은 전쟁의 배경이다", 또는 "마찰을 고려하라" 같은 격언을 설득력 있게 부정하기란 대단히 곤란하다. 이 책은 터무니없는 것을 논하는 책이 아니다. 왜냐하면 격언이라는 것은 애당초 어떤 물음에 대한 답이기 때문이다. 따라서 이 책은 그런 답들을 모은 것이다. 더구나 이 작업은 극히 사적인 성격을 지닌다. 이 책의 격언 선택에 대해서는 의문을 품는 사람도 있을지 모르겠는데, 나는 단지 그 격언들을 내 나름으로 골랐을 뿐이니 이에 대해 비판적인 사람들은 저마다 자신들이 선호하는 리스트를 만들면 그만일 것이다.

또한 자칫 오해를 사서는 곤란한데, 이 책은 전략이라는 주제에 관해 전략가인 나의 관점을 제시한 것일 따름이다. 각 항목에서 격언에 이어 해설을 덧붙이는 형식은 독자의 편의를 고려한 것이다. 각 항목에는 전략가로서 현재도 활동 중인 나 개인의 견해가 곳곳에서 드러나며, 각 격언의 의미를 설명하고 그 중요성을 강조하는가 하면 그 격언들을 무시한 경우의 위험성에 대해서도 언급한다. 이 책은 전쟁과 평화 그리고 전략이라는 것에 대한 전략가의 의식적인 사고를 제시한다는 점에서 유일무이한 것은 아니지만, 그래도 극히 보기 드문 저작이라고 말할 수 있다. 각 격언의 해설은 되도록 간결하게 썼는데, 그렇다고 내용 없이 대충 썼다는 뜻은 아니다. 그런 격언들은 학술적인 것으로 보이지 않을지도 모른다. 그러나 나는 지난 40년에 걸친 학술적 탐구와 정책지향적 연구, 그리고 정책과의 관련성을 잃지 않는 연구에 힘입어 이렇게나마 간명하게 정리할 수 있었다. 일반적으로 전략가라는 부류는 자신들의 머릿속에 들어앉은 생각을 별다른 의식 없이 사용하는 경우가 많다. 논란의 소지가 없는 사안들에 대해서는 굳이 이야기를 질질 끌지 않는다. 정책 입안자나 병사들은 그런 격언 자체보다는 그것을 어떻게 사용할 것인지를 먼저 고려해야 한다. 예컨대 그들은 전쟁 후 평화를 조성하는 일이 얼마나 어려운지, 그리고 왜 어려운지를 이해하지 않으면 안 되기 때문이다.

　격언 중에는 이러쿵저러쿵 말하지 않아도 자명한 것들도 많다. 그러나 하나의 의견이 격언이라 할 만한 것이 되려면 그것이 비단 한 사람의 발언에 그쳐서는 안 된다. 이 책에 제시된 40가지 격언은 저자 혼자서 고른 것이며, 몇몇 예외를 제외하면 배경이 되는 문화의 영향을 받은 것이라는 비판을 받을지도 모른다. 이러한 격언에는 하나의 전략 문화, 즉 영미권의 한 전략가의 세계관이 드러나 있다고도 볼 수 있는 것이다. 물론 이 격언들의 대부분은 저자인 내가 속해 있는 문화권을 넘어서까지 인정받을 것이다. 그래도 다른 문화의 맥락에서는 격언의 의미나 행동이 본래와는 조금 다르게 받아들여질 수도 있을 것이다.

　이 책에 소개된 격언들은 전략 이론의 기초를 이루는 것으로, 명료함을 해칠 수도 있는 흔한 학술적 장치 같은 것은 없이 설명되어 있다. 이 책의 목표는 중심 주제에 집중하며 전략의 요점을 파악하는 데 있다. 책의 구성 또한 그러한 의도에 걸맞게 되어 있다. 얼핏 보면 놓칠지도 모르지만, 이 책은 일련의 스토리라인으로 이루어져 있다. 한낱 소논문을 얼기설기 엮어놓은 것이 아니다. 그런 만큼 나는 독자들이 이런 지적인 구성을 위한 나의 노력에 부응해주기를 바란다. 이 책에 제시된 전략론의 세계관은 수미일관하며, 각각의 해설은 모두 상호보완 관계에 있다. 따라서 몇몇 격언의 해설은 비슷하거나 부분적으로 반복되는 경우도 없지 않다는 점을 이해해주기 바란다.

격언들은 크게 다섯 그룹으로 나뉘어 있다. 제1부 '전쟁과 평화'에 들어 있는 격언(1~10)은 전략가에게 가장 중요한 분야, 즉 전쟁의 본질이나 전쟁과 평화의 관계에 대한 다양한 관점을 보여준다. 전략은 전쟁과 평화 양쪽에 필요한 것이다. 전쟁이 평시의 상황에서 생기는 것과 마찬가지로, 평화도 전쟁에 뒤이어 찾아온다. 따라서 전략가는 늘 상황 전개에 대비하고 있어야 한다. 만일 전쟁이 '다른 수단에 의한 정치'라고 한다면, 정치 역시 '다른 수단에 의한 전쟁'인 셈이다. 물론 이러한 견해는 너무 단정적인지도 모르지만, 그래도 경쟁관계에 있는 정치조직의 상황적 특질을 잘 드러내고 있다고 할 수 있다. 제1부에서는 전략의 사상과 실천에 의해 형성되어온, 전략의 역사 중에서도 가장 커다란 테마를 다룬다.

제2부 '전략'에 포함된 격언(11~21)에서는 제1부에서 다룬 맥락적인 것에서 전략의 실행에 필요한 실천적 영역으로 이야기를 옮겨간다. 제법 무리다 싶은 이런 화제 전환은 제1부에서 언급한 정치 면에서의 판단 결과라는 것을 감안할 때에야 비로소 납득할 수 있을 것이다. 왜냐하면 전략은 정치적 의도와 군사력(또는 '대전략'과 '파워')을 잇는 다리이기 때문이다. 실제로 이 같은 시각은 이 책의 구성에도 반영되어 있다. 제2부의 격언은 정치 면에 주목한 제1부와 군사 면에 주목한 제3부를 잇는 중요한 가교이다.

제3부 '군사력과 전투행위'에 들어 있는 격언(22~28)은 전략에서 좀 더 나아가 구체적인 군사의 실천 쪽으로 이야기를 옮겨간다. 다시 말해서 거

기에서는 '전략의 실행', 즉 작전과 전술과 병참·보급 등에 관해 논하는 것
이다. 그런 격언들에서는 전략사에서 가장 폭력적인 면인 전투행위 자체
를 검토한다.

제1부에서 제3부에 걸쳐 전략가가 가장 진지하게 다루어야 하는 문제
를 확인한 다음, 이번에는 몇몇 가상의 상황을 상정함으로써 전략 교육
을 충실하게 하는 작업에 들어간다. 특히 제4부 '안전보장과 그에 대한 위
협'의 격언(29~35)에서는 전략이라는 것이 왜 중요한지, 몇 가지 이유에 관
해 논한다. 거기서는 전략가(적어도 필자인 나)가 세계 정치의 본질과 역동
적인 성질, 그리고 그 기능을 어떻게 생각할 것인지에 대해서 설명한다.

그리고 마지막으로 제5부 '역사와 미래'의 격언(36~40)에서는 페르낭 브
로델Fernand Braudel이 제시한 '장기지속longue durée'이라는 관점을 채택한다.*
[4] 거기에서는 역사 변화의 프로세스나, 직업 특성상 평소 주목하는 사건
의 흐름이라는 것을 전략가들에게 좀 더 이해하기 쉽도록 설명하고 있
다. 제5부에서는 특히 이런저런 논의를 촉발하기 쉬운 '진보progress'라는
모호한 개념을 검토한다. 전략가라는 부류는 과연 인류의 진보, 즉 전쟁
없는(물론 일체의 폭력을 없애는 것은 무리겠지만) 세계의 실현에 진정으로
공헌할 수 있을까? 전략가는 지금까지와 마찬가지로 정치와 군사력을 잇
는 다리를 계속 떠받쳐야만 할까? 또한 전략사의 최상의 이야기라는 것
이 있어서 모든 것을 기록하고 심지어 우리를 평화롭고 안전한 미래로 이
끌어줄까? 전쟁의 역사는 목적지 없는 여행인 것일까? 내가 동의하는 후
자의 관점에 따르면, 역사는 뭔가 특정한 장소를 향해 움직이는 것은 아
닌 듯하다. 따라서 전략가가 할 수 있는 최상의 것은 정치적 동기에 의한
폭력의 실행을 되도록 원활하게 하기 위한 보조자 역할 정도일 것이다.

이 책에 소개되고 설명된 격언들은 나름의 문화를 넘어선 보편적인 것

이 아니다. 그 격언들은 어디까지나 필자인 나의 문화, 그리고 그것을 낳은 맥락을 반영한다. 그렇지만 전략이라는 것은 누구에게나 보편적인 개념과 실천을 의미한다. 아마도 다른 문화에서는 이 책의 몇몇 격언의 아이디어에 대해 이견을 보일지도 모른다. 다만 그렇더라도 나는 나와 다른 문화권의 전략가가 이 책에 실린 40가지 격언 전체를 다 부정하리라고는 생각지 않는다. 이는 사실 전략에 관한 일반적인 지혜는 대체로 문화를 넘어선 것임을 시사한다. 이 대목에서 나는 격언의 해석이나, 실제 행동 때 그런 해석을 표현하는 방식은 각각의 지역문화나 대중문화, 전략문화, 군사문화 등에 의해 달라진다는 점을 서둘러 덧붙여두고 싶다.*5

나는 이 책의 40가지 격언이 특정 문화권을 넘어 보편적인 유용함을 가질 것으로 믿고 있다. 그러나 이 책에서 무슨 거창한 주장을 늘어놓으려는 것은 아니며, 이번 논의는 무척 소박한 데서 출발한다. 내가 주장하는 것은 오로지 '역사의 교훈이 우리에게 가르쳐주는 전략의 본질과 기능'이다. 이 역사의 교훈이라는 것은 소논문 형태의 격언 해설을 알기 쉽게 하는 데 큰 도움을 준다. 혹자는 이 책과는 다른 별도의 격언 리스트를 선호할 수도 있고, 또 많은 사람들이 이와 같은 '전략의 격언'이라는 접근의 편리함, 심지어 그 유용함까지 부정할지도 모른다. 그럴 수도 있다. 그렇지만 이 책은 개인적인 의견을 표명한 것일 뿐이다.

이 서론에 붙인 '주요한 문제를 바르게 이해하기 위하여'라는 부제는 내가 이 책에서 노리는 바의 핵심을 나타낸 말이다. 나는 정치가나 군인, 그리고 열성적인 일반 시민들이 이 격언들을 이해한다면, 작금의 전쟁이나 평화, 안정보장에 관한 논의에서 나타나는 많은(아마도 대부분의) 그릇된 사고에 대비할 수 있을 것으로 믿고 있다. 물론 잘못은 언제든 생길 수 있다. 그러나 이 격언들을 통해 얻게 될 전략의 교훈은 잘못을 늘리는 것이 아니라 줄여주는 작용을 할 것이다. 전술이나 작전 차원에서 저지른 잘못은 실행 차원에서 발생한 것이기 때문에 나중에 바로잡을 수도 있지만, 정치나 전략 차원에서 저지른 잘못은 그야말로 목적 차원에서 발생한 것이라서 끝내 돌이킬 수 없는 국면으로 이어진다. 전략의 성공은 절대로 보증할 수 있는 것이 아니다. 그러한 성공은 늘 '정책의 센스'나 '군대의 능력', 그리고 이 양자 사이의 '대화'에 달려 있다. 따라서 좋은 전략은 언제나 이 대화 속에서 도출되는 것이다.[6]

제 1 부
전쟁과 평화

가장 **중요한 것**은 전쟁의 **맥락**이다

> **전쟁을 이해하려면 그것을 맥락과 관련지어 사고할 필요가 있다. 군사사라는 것은 역사의 맥락의 일부이다.**
>
> __ 제레미 블랙Jeremy Black, 2004년[1]

전쟁이란 그것만을 연구하면 이해할 수 있는 독립된 흐름을 지닌 것이 아니라, 전적으로 맥락컨텍스트 속에서 생긴 것이라고 할 수 있다. 전쟁의 경위나 결과는 그 맥락으로부터 지대한 영향을 받는다. 그러나 맥락이 전쟁의 실행 면을 결정하지는 않는다. 왜냐하면 교전 상대는 각각 자기 방식대로 싸우고, 실제 작전에서도 우연적 요인에 의해 생각보다 잘 진격하기도 하고, 반대로 간단히 저지당하기도 하기 때문이다.

그러면 전쟁에서 가장 중요한 맥락은 무엇일까? 거기에는 7가지가 있다. 이 〈격언 1〉에서는 '모든 전쟁은 이 7가지 맥락을 통해 이해할 수 있다'고 주장한다. 여기서 전쟁의 7가지 맥락이란 정치, 사회문화, 경제, 테크놀로지, 군사전략, 지정학·지정전략地政戰略, 그리고 역사를 말한다. 모든 전쟁, 즉 모든 시대, 모든 종류의 전쟁은 이 7가지 맥락에 의해 분석 가능하며, 나아가 특정 무력분쟁의 본질적 특질을 부각시킨다. 독자들 중에 일부는 내가 학자의 나쁜 버릇으로 단순하고 명쾌한 것을 굳이 복잡하게 설명하려 들지는 않을까 의심을 품을지도 모른다. 나는 그런 억측에 의한 비판에는 당연히 반론을 펴야겠지만, 그 이상으로 여기에서 제시한 7가지 맥락이야말로 전쟁의 많은 맥락 중에서 가장 중요한 것들임을 먼저 확인해둔다. 〈격언 1〉의 밑바탕에는 전쟁은 늘 대단히 복잡한 행위이며, CNN에서 단편적으로 볼 수 있는 전투장면이라는 것도 실은 당면 사태를 제대로 이해할 수 있게 해주는 소재의 극히 일부에 불과하다는 전제가 깔려 있다. 그런 만큼 전략가라는 부류는 전쟁에서 벌어지고 있는 사태를 충분히 이해하고 설명하기 위해서는 그 내부로부터 맥락을 파악해야만 한다는 것을 알고 있다.

전쟁에서 '정치'의 맥락은 실질적으로 모든 분쟁의 원인으로 작용한다. 그러나 이는 모든 전쟁의 원인은 똑같다는 것이 아니라, 전쟁은 정치적인 이유에서 벌어진다는 것이다. 만일 조직화된 폭력이 정치적인 것이 아니라고 한다면, 그것은 전쟁이나 전투행위가 아니라 범죄에 의한 폭력이나 한낱 폭력적인 야만행위일 것이다. 전쟁이라는 것은 다이내믹한 성격을 갖는 정치의 맥락이 개재되었을 때에야 그 의미와 목적이 주어진다.

그리고 '사회문화'의 맥락은 두 가지 점에서 중요하다. 첫째는, 그것이 전투행위에 직접 작용한다는 점이다. 전쟁을 수행하는 것은 국가나 그 밖의 정치조직이지만, 군사행동에는 실제로 그 사회나 공동체가 나선다. 둘째로, 여기서 사회라는 것은 각각 독자적인 문화에 의해 형성된다는 점이다. 따라서 어떤 차원의 분석을 하든, 우리는 항상 대중문화나 전략문화, 군사문화와의 관련성(또는 그 관련성의 결여)을 의식해야 한다.

다음으로, 모든 전쟁에는 '경제'의 맥락이 있다. 일반적인 견해와는 달리, 역사상 경제적인 동기가 전쟁의 원인이 된 예는 별로 없다. 그러나 실제로 교전에 임하는 조직은 전쟁의 실행과 그 준비과정에서 경제적인 맥락에 결정적인 영향을 받는다.

또한 모든 전쟁에는 '경제'의 맥락이 있는 것과 마찬가지로, '테크놀로지'의 맥락도 존재한다. 물론 테크놀로지의 중요도는 각각의 전쟁이나 시대에 따라 달라진다. 예컨대 클라우제비츠는 『전쟁론』에서 테크놀로지라는 요소를 무시하고 있는데, 이는 무엇보다도 그의 시대에는 그만큼 극적인 변화가 일어나지 않았기 때문이다. 그가 타계한 해는 1831년으로, 산업혁명이 군사력에 끼친 초기의 영향을 목격할 수 없었던 것이다. 그러나 객관적으로 보면, 클라우제비츠의 논의에서 테크놀로지의 변화라는 요소가 들어 있지 않았다는 것은 우리에게도 반가운 일이다. 만일 그가 자신의 전쟁이론에 테크놀로지의 변화라는 요소를 포함시켰다면, 그의 저작은 얼마 안 가서 시대에 뒤처진다는 평을 들었을지도 모른다. 요컨대 중요한 것은 테크놀로지 자체가 아니라 오히려 테크놀로지의 사용방식이며, 이는 실로 보편적인 진리라고 할 수 있을 것이다.

모든 전쟁에는 '군사전략'이라는 다이내믹한 맥락도 있다. 이 맥락은 두 가지 면에서 나타난다. 첫째는, 가장 뚜렷한 것으로, 실제의 교전 당사자 또는 장차 교전할 개연성이 있는 양 세력 간에는 균형(또는 불균형)을 이룬 경쟁적 관계가 상존한다는 점이다. 둘째로, 모든 전쟁은 군사과학이 발전하고 있는 역사의 흐름 속의 특정 시점에 일어난다는 것이다. 과학기술은 시간과 함께 진화, 발전하는 것으로, 대적할 상대(또는 장래의 적)도 첨단 군사기술을 확보해 사용할 가능성이 있음을 생각하면 전략에서는 제한적인 중요성밖에 갖지 않는다. 다시 말해서 교전 당사자가 군사과학의 어떤 부분을 사용할지(또는 사용할 수 없을지)는 테크놀로지만이

아니라 사회문화, 경제, 군사전략 등의 다른 맥락에도 달려 있는 것이다.[*2]

모든 전쟁에는 또 '지리'라는 맥락이 있다. 이 맥락은 양면적이어서, 지정학과 지정전략이라는 두 가지 면에서 접근하면 알기 쉽다. 테크놀로지 면에서의 변화는 분명 지정학과 지정전략이라는 맥락의 의미나 세부적 요소에 변동을 가해왔다. 그러나 테크놀로지는 지리의 맥락이 갖는 중요성을 완전히 지워버릴 수는 없었고, 앞으로도 그렇게 하기는 어려울 것이다.[*3] 정보화시대의 전쟁 예언자들은 사이버 공격이나 초음속의 장거리 비행에 의한 공중폭격 등이 가능해짐에 따라, 지리라는 것도 결국은 지난 시대의 제약이라고 단정해버리는 경향이 있다. 그러나 그들은 잘못 짚고 있다. 왜냐하면 그들은 신종 병기를 통해 거리와 시간을 극복할 수 있다고 헛짚을 뿐만 아니라 전투행위의 복잡성이라는 요소를 한낱 목표물 파괴라는 행위로 단순화해버리기 때문이다. 전쟁이나 전투행위라는 것은 오히려 이루 헤아릴 수 없이 복잡하다.

마지막으로, 모든 전쟁에는 '역사'의 맥락이 있다. 전쟁에는 정작 과거라는 것이 있어서, 그 때문에 일어나고 거기에 이르는 과정이나 행위, 그리고 그 결과라는 것이 장래에 남게 된다. 역사라는 맥락을 무시해버리면 그 어떤 전쟁도 이해할 수 없게 된다. 교전 쌍방의 역사해석을 살펴보면, 그들이 싸우는 동기나 그들이 실제로 어느 정도의 비중을 두고 싸움에 임하는지를 알 수 있다.

물론 여기서 소개한 7가지 맥락의 중요성은 아무리 강조해도 부족할 것이다. 만일 이 7가지 맥락 중에서 하나라도 놓친다면 최악의 결과를 맞이할지도 모른다. 이 〈격언 1〉의 가장 좋은 점은 전략가가 전쟁에 대처할 때에 모든 면에서 포괄적으로 사고하게 해준다는 것이다. 전략가도 사람인지라 한 가지 또는 일부 맥락에만 지나치게 주목한 탓에 판단 면에서 균형을 잃는 경우도 적지 않다. 사실 전쟁을 성공적으로 이끌기란 대단히 어렵기 때문에, 전략가라는 부류는 자칫 '현자의 돌', 즉 복잡한 정보에 의해 만들어진 비금속을 완벽한 상황판단이라는 순금으로 바꿔놓을 수 있는 마법의 지혜를 얼마간 지니고 있는 듯이 보이고 싶어 하는 경향이 있다. 그러나 전쟁에는 이런저런 복잡한 맥락이 있다는 것을 아는 전략가는 그런 유혹에 좀처럼 말려들지 않는다.

전략가는 자기 일을 성공시키려면 이러한 맥락 전체에서 유리할 만한 방법은 굳이 생각하지 않는 편이 낫다. 그러나 이 7가지 맥락 중에서 단한 가지에서만이라도 약점이 있으면 실패의 원인이 되며, 따라서 동시에 모든 맥락에서 최저한의 수준을 달성해둬야 하는 것이다. 만일 현재 이라크와 아프가니스탄을 상대로 전쟁을 벌이고 있는 미국처럼 다른 문화와 싸울 전략을 생각하는 경우에 그 분쟁의 사회문화적 맥락을 확실하게 파악하지 못하면 실패로 이어질 공산이 높다.[4] 예컨대 전략가가 아무리 숭고한 목적을 갖고 있었다 하더라도 사회문화의 맥락을 이해하지 못하면 그 분쟁에서 가장 중요한 사람들, 즉 분쟁 당사자인 현지 주민들의 가장 중요한 문제를 해결하기가 어려워져, 결국에는 그런 노력이 수포로 돌아가게 된다.

여기서는 사회문화의 맥락을 강조하는 있는데, 그 이유는 이 맥락에 대한 이해가 미국이라는 초강대국의 행동에서 지금까지도 전략적으로 가장 약한 면이기 때문이다. 여기서 제일 우선적인 문제는 미국의 군사 관계자들이 자신의 곤란한 상황을 잘 알고 있음에도 불구하고 자칫 특효약과 같은 단발성 타개책을 찾으려는 경향이 있다는 점이다. 현재의 특효약은 '다른 문화에 대한 이해'일 것이다. 그러나 이번에도 분명 과거와 마찬가지로 테크놀로지가 특효약으로 다시 주목받을 것이다. 미 육군의 전 소장 로버트 스케일즈Robert H. Scales는 "우리의 전략문화 속에는 테크놀로지로 모든 것을 해결하려는 DNA가 이어지고 있다."고 쓴 바 있다.[5]

전략가는 복잡함이라는 것이 지배하는 세계 속에 살고 있다. 이것이 사실이다. 그러나 전략을 결정하고 실행해야 하는 실무를 맡은 사람들은 언제나 지름길을 찾으려 한다. 따라서 7가지 핵심적인 맥락의 복잡한 관계를 강조하는 것은 그들에게 별 도움이 안 될 것이다. 전략은 실제적인 일이다. 정부관료나 군인이 원하는 것은 해결책이지, '유용한 답'과는 동떨어진 '복잡함을 이해하기'는 아닌 것이다. 그런 면에서 보면, 전략에는 항상 테크놀로지에 의한 해결책이나 다른 문화에 대한 이해, 그리고 역사에 대한 이해 등 하나의 맥락에 치우친 해결책이 주목을 받게 된다. 역사의 개개 경우마다 그 중요도는 다를지라도, 이 7가지 맥락이 전부 중요한 것은 사실이다. 앞에서 역사가 제레미 블랙에게 경의를 표하며 그를 인용했는데, 여기서도 그의 말로 끝을 맺는다.

> 66 전쟁이라는 것은 대부분의 사람들이 생각하고 있는 만큼 근본적인 차원에서 자주 그리고 극적으로 변화하는 것이 아니다. 그 이유는 그것이'어떤 일정한 것'― 하나의 조직된 집단이 적을 죽이거나 특히 죽음을 무릅쓰고 싸우려는 의지 ― 을 갖고 있기 때문만이 아니라, 실은 사회문화나 정치의 맥락과 힘이 전쟁의 물질적인 면(무기의 사용이나 그것을 지탱하는 보급 시스템)보다 중요하다는 점에 있다. 이런 맥락들은 군사행동의 목적이나, 군대와 그것이 속해 있는 사회 간의 관계의 본질, 그리고 군대의 내부 구조나 기풍(에토스) 등을 설명해준다.
>
> __ 제레미 블랙Jeremy Black, 2004년[★6] 99

전쟁은 평화로 이어지며, 평화는 전쟁으로 변하기도 한다

> 전쟁은 어떠한 상황에서도 독립적인 것이 아닌, 정책을 위한 수단으로 여겨져야 한다. 또 그렇게 생각해야만 모든 전쟁사와 모순되지 않는다.
>
> — 칼 폰 클라우제비츠, 1832년[7]

전쟁이란 그 정의상 자급자족적이거나 자기완결적인 것이 아니다. 전쟁을 벌이는 것은 곧 정치적이거나 법적인 관계에 들어서는 것을 뜻한다. 전쟁의 목적, 그러니까 전투행위의 실천이란 언제나 정치적인 것이다. 전쟁은 그 자체만으로 엄격하게 정당화될 수 있는 것이 아니기 때문에, 그 의미는 '정책의 논리'나 '충동' 등의 전쟁 외적인 데서 유래해야 한다.

이 격언의 후반부는 많은 전략가들에게 받아들여질 것으로 생각되지만, 그래도 일부에서는 논란의 소재가 될 것이다. 전쟁에 이어 어떤 형태로든 '평화'가 오듯이, 평화 뒤에는 '전쟁'의 시대가 온다. 이는 자명한 말이라서 진부하다고 여겨지기 쉽지만, 그래도 무척 곤란한 문제를 지적하고 있다. 이 〈격언 2〉는 결과론이며, 전략의 본질을 날카롭게 꿰뚫고 있다. 이 격언은 전쟁에서는 사람들이 평화를 이룩하기 위해 싸운다는 것을 말하는 데 불과하다. 그러나 그 평화는 어떤 평화라도 좋다는 그런 평화가 아니라 전쟁을 해서라도 확보하고 싶은 평화다. 요컨대 이 격언이 가르치는 바는, 전략가는 미래의 전쟁에서 성공을 거둘 수 있도록 평시에도 전략적으로 행동해야 한다는 것이다. 따라서 이 격언의 전반과 후반은 양쪽 모두 순전히 '전략적인 관계'임을 주장하는 셈이다.

이 격언에 내재된 논리는 상당히 도발적이라 할 수 있는 두 가지 '거래'를 은폐하기 십상이다. 우선 한 가지 거래란 전략의 본질과 근본적으로 관련되는 문제이다. 좀 더 구체적으로 말하자면, 국가 지도자나 군인이라는 부류는 자신들의 정치적 목표를 달성하기 위해 군사력을 실제로 사용하거나, 사용하겠다고 위협할 필요가 있다는 것이다. 그들은 이것을 전략적 효과를 통해서, 즉 군사적 위협을 가하거나 실제로 군사력을 사용함으로써 달성한다. 비유적으로 말하자면, 정치적 목표를 달성하기 위해 군사력까지 동원한 거래를 한다는 것은 공식 환율이 정해지지 않은 장소에서 외환거래를 하는 것과 비슷하다. 적을 강제로 굴복시키려면 군사력을 얼마나 사용해야 할까? 그 답을 알려주는 것은 경험뿐이다.

그리고 또 한 가지의 거래는 첫 번째 것보다 상위에 있다. 국가 지도자는 전투행위에서의 우위를 전쟁 전체의 성공과 무엇보다도 자신들이 바라는 평화 상태의 실현으로 전환시킬 필요가 있는 것이다. 이 경우에는 앞에서 든 외환거래의 예를 다시 떠올리게 된다. 요컨대 이 격언이 전략가에게 시사하는 바는, 평시에 전쟁을 생각하고 또 전쟁을 수행할 때에는 전쟁 이후의 맥락에서 요구되는 것을 늘 고려해야 한다는 점이다.

이 〈격언 2〉의 논리를 따르려 할 때 실천 면에서 장해가 될 개연성이 있는 요인은 지극히 많다. 그러나 전략가에게 최우선 과제는 최종적인 결과를 두 단계로 사고할 필요가 있다는 점이다. 간략히 말하자면, 전략가는 자신들의 행동 결과의 추이나 그런 결과의 결말까지도 놓쳐서는 안 된다는 점이다. 또한 〈격언 16〉에서도 주장하겠지만, '적에게도 결정권은 있다'는 점을 잊어서는 안 된다. 더구나 전략가는 전시에 이런저런 분쟁에 말려드는 경우가 많다는 사실도 흔히들 염두에 두고 있을 것이다. 전시에 군사력을 최대한 또는 즉각적으로 만족할 만한 수준까지 운용한다는 것은 그것만으로도 무척 벅찬 일이다. 그러나 전략적 효과를 추구하는 한편 그것을 실행 가능한 계획으로 만들어 정치적으로도 허용될 수 있는 범위의 전후 질서를 확보하는 것 역시 마찬가지로 벅찬 작업이다.

그러다가 평시가 되면 전략가는 공식적으로는 눈앞의 평화 상태를 유지하는 일에만 매달린다. 물론 전쟁의 계획이라는 것은 여러 나라에서 보편적으로 행해지고 있지만, 그러나 별로 유용하지 않은 정부 방침에 의해 실제로 제약을 받기도 한다. 이 〈격언 2〉는 전략의 준비에 필요하다고 여겨지는 양극단의 면을 잘 보여준다. '전쟁은 평화로 이어진다'는 당연해 보이는 격언도 우리가 눈앞의 군사적 대응에 사로잡히는 순간 역사적 사실 속에 묻혀버리는 경향이 있다. 따라서 '어려운 정치문제는 전쟁에 이기고 나서 생각하자'는 유혹은 단순한 것이 아니며, 결국은 전장에서의 상황판단에 의해 전후의 정치질서가 정해진다는 관념에 빠지기 쉽다. 이는 물론 그릇된 생각이지만, 그래도 역사를 돌아보면 늘 나타나는 현상이다.

이 격언의 후반부에 관해서 말하자면, 전반부와 정반대되는 내용을 말하고 있는 사실이야말로 가장 비판받기 쉬운 부분일 것이다. 전시에 전략가는 어떻게 해서든 당면한 군사적 문제에 대처해야 하지만, 반대로 평시에는 대체로 현실을 무시한 정치적 억측에 묶이거나 이따금 발언을 통제당하기도 한다.

그렇지만 지금의 서양문화(또는 문명)에서는 다른 문화의 경우와 마찬가지로 평화 자체에 가치가 있다고 여긴다는 사실로부터 벗어날 수 없으며, 따라서 평화를 한낱 수단으로 대하지는 않는다. 오히려 평화야말로 압도적인 이점을 지닌 최종 도달목표라고 여긴다. 원리상으로 말하자면, 사람들은 어디까지나 평화 자체보다는 안전이 보장된 평화를 선호한다. 그러나 실제로는 '안전보장'이라는 모호한 개념을 적절히 정의하기가 어렵기 때문에, '평화'는 그 자체로 충분히 바람직한 목표로 존중받는다. 전략가는 이 격언의 전반부처럼 너무 무시당해왔거나 후반부처럼 크게 비판받는 전망에 기초해서 작업에 임해야 한다.

이 격언은 비할 데 없이 중요하다. 왜냐하면 전쟁 → 평화 → 전쟁이라는 연속적인 관계를 말하고 있기 때문이다. 물론 이 격언은 그런 연속적인 관계라는 가정을 그대로 표현한 것이 아니라, 오히려 전략사는 변덕스런 주기를 보이기 때문에 평화 뒤에 전쟁, 그리고 전쟁 뒤에 평화가 끊임없이 불규칙적으로 찾아온다는 가정을 전제하고 있음을 말한 것이다. 또한 전략가는 전투행위라는 것이 늘 세계의 수십 곳에서 동시에 벌어지는 현상이라는 사실도 알고 있다. 대부분의 전투행위가 아프리카, 아시아, 라틴 아메리카 등지에서 비정규전의 형태로 정치적 동기에 의해 벌어지고 있는 것과 달리, 강대국 간의 전쟁은 좀처럼 일어나기 어렵다고 할 수 있다. 다시 말해서, 핵무장을 한 국가 간의 전쟁은 지금까지 한 번도 일어나지 않았던 것이다.

서양에서는 문화적으로 전쟁과 평화는 연속적인 것, 즉 전쟁과 평화는 본질적으로 같은 현상의 상이한 면이라는 생각이 받아들여지기 어려우며, 우리의 전략적 세계관에서는 전쟁과 평화를 명확히 구별하는 경향이 있다. 성 토마스 아퀴나스에게 큰 영향을 받은 기독교의 '정의의 전쟁just war'이라는 전통적 개념은 우리에게 '싸우는 목적에 관한 정의jus ad bellum', '싸우는 방식에서의 정의jus in bello', 그리고 '평화를 위한 정의jus ad pacem' 같은 도덕적 기준을 제시한다.*8 그러나 전쟁에 관한 국제법을 아무리 깊이 있게 고찰했다고 하더라도 '정의의 전쟁론'정전론에는 도덕적인 권위 면에서 흠이 남아 있기 때문에, 전략적인 현실을 파악하는 데는 별 도움이 안 될 것이다.

이 격언은 전쟁과 평화 사이의 일반적인(그리고 법적인 면에서의) 구별이라는 것을 완전하게 지워버리는 것은 아니지만, 그래도 그와 비슷한 관점을 드러낸다. 우리가 지성 면에서 스승으로 받드는 클라우제비츠는 전쟁이야말로 다른 수단에 의한 정책(또는 정치)의 실행이라고 주장한다. 만일 우리가 전쟁과 정치를 한 방향으로 통합시켜야 한다면, 거꾸로는 어떨까? '정치란 다른 수단에 의한 전쟁'이어서는 안 되는 것일까? 독일의 나치즘과 소련에서 오용된 마르크스주의 이데올로기(또는 유사종교) 속에서 이들 국가는 군사적 폭력을 사용하지 않아도 항상 전쟁 상태에 있었다. 소련과 나치 독일에서 평화 자체는 가치를 갖지 못했으며, 실제로 나치는 전투행위를 찬미했다.*9

이 격언은 전쟁과 평화를 완전히 융합시키라고 주장하지 않는다. 그러나 각각의 상태는 서로 밀접한 관계를 갖고 있기 때문에, 유능한 전략가는 어떻게 해서든 항상 반대측 상태에 미치는 영향을 염두에 두고 행동해야 한다. 이 〈격언 2〉는 전략의 최종단계의 행동에 늘 신중을 기하도록 경고하고 있다. 이것은 평화는 전쟁 뒤에 찾아오고 전쟁은 평화 뒤에 찾아온다는, 불규칙하지만 끝없이 계속되는 순환에 의해 성립되는 세계관을 보여준다.*10 그리고 평시에 취하는 전략적 행동의 질은 다가올 전쟁의 수행과 결과에 결정적인 영향을 미친다. 이 격언은 또 전쟁에 이기는 것만으로는 불충분하며, 굳이 멋지게 이길 필요도 없다고 주장한다. 서로 대적하는 상대는 단순히 이기는 것만을 목표로 싸우는 것이 아니며, 승리 또는 우위에 선다는 것은 무엇보다 전후의 질서를 세우기 위한 계기일 뿐이다.

서양 사람들에게 전쟁과 평화는 국가통치술이라는 동전의 양면을 나타내는 것일 뿐, 기본적으로는 같은 것으로서 영원히 분리될 수 없는 것이라고 설득하기란 만만치 않은 일이다. 전략의 지혜를 적대시하는 이른바 낙관적 이상주의자들 사이에서 눈에 띄는 것은, 나름의 가치는 있을지 몰라도 분명히 그릇된 신념이다. 서양에서는 일반적으로 전쟁 자체에 대한 반대가 도덕적으로 바람직한 것으로 여겨지기 때문에, 이를테면 역사의 결론으로부터 도출된 이 격언마저도 큰 저항에 봉착하기 쉽다. 낙관적 이상주의자들은 평화는 전쟁이 아닌, 더욱 확장된 평화로 이어진다고 생각하는 경향이 있는 것이다. 이런 관점에 따르면, 전쟁은 '미래의 전쟁을 일으킬 평화'로 이어지는 것이 아니라, '최후의 괴물을 쓰러뜨릴 천재일우의 역사적인 기회'가 되는 것이다. 이에 대해서는 나 역시 고상한 시각이라고 생각한다. 그러나 우리가 실질적으로 검증할 수 있는 '역사'의 눈으로 보면, 이러한 시각은 전적으로 모순됨을 알 수 있다.

따라서 이 격언이 지닌 전략적 감각을 부정하거나 무시하는 사람들은 이 격언을 부정하지 않는 사람들을 만날 경우에는 분명 극히 불리한 처지가 될 것이다.

> **"** 이론과 실제로 일어난 일이 전혀 다른 결과를 보인다면, 그 이론을 확실한 것으로 인정해서는 안 된다.
>
> — 찰스 콜웰Charles E. Callwell, 1906년[11] **"**

— 격 언 3 —

전쟁을 **벌이기보다**
평화를 **만들기가** 더 **어렵다**

> **"** 전쟁은 끝났지만, 진짜 전쟁은 이제부터 시작이다.
>
> — 아프가니스탄 속담 **"**

전쟁은 그 뒤에 이어질 평화를 위해서 수행하는 것이기 때문에, 앞의 〈격언 2〉에서 언급한 바와 같은 외환거래 때의 어려움이 모두 내포되어 있다. 군사적인 면만 보면, 전쟁이란 그리 복잡한 것이 아니다. 왜냐하면 그 목적은 적을 자신들 뜻에 따르도록 굴복시키는 데 있기 때문이다.[12] 적을 어느 일방의 의사에 따르도록 하는 데는 두 가지 방법이 있다. 첫째는 적의 싸울 능력을 물질적으로 지배해버리는 것이고, 둘째는 적이 더 이상 저항할 의지를 갖지 못하게 만드는 '강제coercion'라는 방법이다. 그러나 전투행위, 즉 전쟁의 실질적인 군사 분야 행위에서는 정치 면의 고려가 필요하며 또한 불가피하다. 전술의 수행은 물론이고 작전이나 전략 면에서의 선택은 결과적으로 정치적 의미를 갖는다. 그리고 이 정치적 의미는 결국 인명 살상과 건물 등의 파괴가 전투행위와 분리될 수는 없다는 것이다.

이 〈격언 3〉은 전략의 본질에 관해서 정면으로 제기된 문제를 부각시키고 있다. 전략이란 본래 하나의 통화군사행동를 다른 통화정치적 효과로 변환시키는 것인 만큼, 전략가에게 이 격언은 문제의 핵심을 찌르는 면이 있다. 이 격언은 전쟁을 수행하는 일은 간단하다고 말하는 것이 아니라, 오히려 평화를 만드는 쪽이 더 어렵다고 말하고 있을 뿐이다. 다시 말해서, 이 격언에서는 군사적 승리나 군사적으로 우위에 서는 일의 중요성 등에 관해서는 별로 언급하지 않는다.

물론 군사 면에서의 정세와 그 정치적 결과 사이에는 깊은 연관이 있다. 그러나 그 연관도 실은 한쪽의 우위가 자동적으로 다른 한쪽의 유리함으로 이어지는 식의 단순한 것이 아니다. 예컨대 알제리에서의 프랑스처럼, 전투행위에서는 승리했지만 전쟁에서는 패한 예가 역사상으로도 제법 많다. 또한 이 격언을 의식해서 말하자면, 전쟁에서는 이겼지만 그 뒤의 평화에서 지는 경우도 있을 수 있다. 좀 더 복잡해지지만, 이 격언은 그 자체가 왜 중요한지를 처음부터 설명하지 않고 있다. 특히 이 격언은 평화와 전쟁을 너무도 간단히 구별하고 있다. 그러나 현재의 이라크나 아프가니스탄처럼, 전략사에서는 이미 종결되었다고 여겨진 전쟁이 잇달아 재연되어, 평화구축 단계로 이행하려는 노력이 좌절되는 경우도 있다. 요컨대, 국가나 그 동맹은 통상의 적을 통상의 전투에서 무찌를 수 있었다고 해도, 다시금 새로운 적대관계의 단계로 들어가 비정규전을 벌이게 되는 수도 있다.

이 〈격언 3〉은 정치와 군 당국이 더욱 긴밀히 협력해야 한다는 지극히 소중한 점을 상기시킨다. 전략을 성공시키기 위해서는 정책 입안자와 군인 사이의 대화가 반드시 지속되어야 한다. 그런 대화에서는 언제나 정책쪽이 우위에 서야 하며, 정책이 군사 쪽으로부터 제약을 받는 것은 그 정책의 군사적 실현성이 의문시되는 경우뿐이다. 필자인 나에게 이 격언이 의미하는 바는 다음과 같은 것이다. 즉, 전쟁이라는 것은 그것이 실행되는 과정에서 우선 명확한 정치적 사명의 자각이 있어야 하고, 그 사명 자체가 상대에게 도저히 받아들여질 수 없는 것(예컨대 너무나 잔혹한 수단을 동원한 탓에 전쟁 후에도 화해가 불가능해지는 것)이어서는 안 되며, 적에게 강화조정講和調整에 나설 수 있도록 할 만한 동기를 지닌 결말이 필요하고, 나아가 전쟁에는 개연성, 불확실성, 그리고 마찰이라는 영역이 있기 때문에 유연성과 적응성에 의해 철저히 관리되어야 한다는 점이다.*13

물론 역사상으로는 정치의 목적과 군사 목표가 '적의 파괴'라는 단 한 가지 점에서 일치된 예도 있지만, 전략과 정책이라는 것은 전쟁의 실행 단계에서는 항상 서로 힘을 겨루게 된다. 한편으로는 전쟁을 어느 단계까지 벌이면 좋은가 하는 정당성을 둘러싼 논의도 등장한다. 다시 말해서, 한정적인 정치 목표를 달성하기 위해서는 군사력의 행사를 어느 선으로 제한하는 것이 좋은가 하는 점이다. 그러나 다른 한편으로는 어떠한 정치 목표를 추구하면 좋은가 하는 문제도 있다. 예컨대 정책이 확정되어 있지 않은 경우에는 군사 면에서의 행동에 의해 정책 자체가 휘둘려버릴 수도 있다. 그 결과 전황戰況에 따라 처음에는 한정적이었던 임무가 당초의 정치 목표와는 관계없이 필연적으로 확대되어가는 '임무 변경mission creep'이 일어난다.

이 격언의 배후에 있는 것은 전쟁에서 이기는 데 아무리 뛰어나더라도 그것이 곧 평화를 조성하는 데 뛰어남을 보증하는 것은 아니라는 점이다. 이 두 가지 기술은 엄연히 다른 것이다. 예컨대 전자에는 정규전이나 비정규전에서의 '군사적 역량'이 요구되며, 이러한 기술은 교육으로 얻어질 수 있다. 이와 달리 평화구축과 같은 후자에 필요한 기술은 교육으로 얻어질 수 있는 것이 아니다. 정치가는 기본적으로 내정의 전문가인 만큼, 방위나 외교에 밝은 경우는 거의 없다.

그러나 어떤 정치가든 국제적인 평화구축의 필요성에서 벗어날 수 없으며, 그렇다고 전문지식을 간단히 습득할 수 있는 것도 아니다. 내정에서 갈등을 해결한 경험은 나름으로 도움이 될지도 모르지만, 그래도 내정과 외교적 분쟁은 그 맥락이 다른 만큼 오히려 내정에서의 경험이 자칫 전후의 평화구축에 걸림돌로 작용할 수도 있다. 더구나 국제분쟁은 각 사안마다 독자적인 성격을 갖고 있어서, 전후의 진정한 평화는 자신들의 병사가 전장에서 피와 땀으로 획득한 것으로밖에 얻을 수 없다는 주장도 종종 나타난다. 이런 주장에 일리가 있는지는 모르겠지만, 이것은 사태의 극히 일부를 말하고 있을 뿐이다.

이 격언의 기본 메시지는, 전쟁의 목표는 더 나은 평화를 얻는 데 있지, 그저 이기는 데 있는 것은 아니라는 점이다.[14] 전쟁과 전투행위는 정책의 도구에 불과하다. 따라서 전쟁을 지휘할 고위직에 있는 사람은 당면한 군사적 문제에 집중할 때에도 그런 문제들이 결국은 군사만이 아니라 정치적인 의미도 갖게 된다는 점을 늘 염두에 둬야 한다. 전쟁이라는 것은 당초의 정치적 목표를 수포로 돌릴 수도 있기 때문에, 정책을 유연하고 적응성 있는 것으로 적절히 조정해둘 필요가 있다. 전쟁은 난폭한 수단을 동원하는 것인 만큼, 설령 정교하게 세운 계획이라도 '적敵은 독자적인 의사를 지닌 존재'라는 것 등의 여러 요인에 의해 실패할 개연성이 얼마든지 있는 것이다.

이 격언의 중요성은 아무리 강조해도 모자람이 있을 것이다. 이 격언은, 전쟁은 평화를 위한 것이며〈격언 2〉 참조 평화를 구축하는 일은 전쟁을 수행하는 것보다도 훨씬 더 어렵다는 점을 잊어서는 안 된다고 주장하고 있다. 또한 적이 확실하게 약하고, 자신들이 싸움을 되도록 효과적으로 벌이려 하는 경우에는 그 뒤의 평화도 무난히 이루어질 것으로 착각해버리는 예도(이것은 어느 정도는 불가피한 일인지도 모르지만) 상당히 흔하다. 다시 말해서, 프로 의식이 강한 군인은 자신의 군사행동이 가져올 정치적 결과에 무관심한 경우가 많다. 일부 국가들에서는 군인을 정치로부터 엄격히 분리시킬 것을 주장하는 군사문화의 영향이 강한데, 미국이 그 전형적인 예일 것이다.[15] 그러나 그 경우에는 군사적인 것만을 생각하는 군인이 전후의 평화구축을 위한 교섭에 참여하거나 주도하는 처지가 되어, 느닷없이 정치의 세계로 말려들기도 한다.

이 격언이 지닌 중요성의 핵심을 잘 드러내주는 두 가지 상황이 있다. 첫째로, 완전한 군사적 승리가 보장된 때이다. 이런 비현실적인 상황에 처하면, 우리는 평화 만들기를 위한 정치 역시 더없이 간단할 것으로 넘겨짚기 쉽다. 그러나 공교롭게도 이 같은 상황은 절대로 있을 수 없다. 이는 전쟁으로 치닫게 만드는 정책이나, 군사행동을 뒷받침한 이유가 무엇이었는지를 떠올려보면 분명해진다. 그 답은 적을 쓰러뜨리는 것이었다. 그렇지만 적을 쓰러뜨린 다음에는 어떻게 할 것인가? 적을 지정학적으로 완전히 소멸시킬 것인가? 적을 수 세대 사이에 다시는 일어설 수 없도록 억누를 것인가? 아니면 우선 상대를 응징한 뒤에 모호하고 허구적인 '국제사회'의 유용한 참가자로서 즉각 부활시킬 것인가?

둘째는 주된 정책 목표에 도전을 해오는 상황이다. 우선 민주국가에서는 항상 국민의 의견이 갖는 힘을 고려해야 한다. 전쟁에서 군사적으로 승리한 직후의 국민은 적에게 그다지 관용적이지 않은 경우가 많기 때문이다. 따라서 국가 지도자가 전후의 교섭과정에서 평화 무드를 조성하려 해도, 국내의 정치적 반발로 좌초되는 일도 있는 것이다.[16] 더욱 중요한 것은 자국과 중요한 이해 관계자로 엮여 있던 국가들의 요구도 그 국제적인 영향력 때문에 완전히 무시할 수 없다는 점이다. 이 〈격언 3〉은 '전쟁의 실행'과 '평화 만들기'는 가능한 한 병행해야 한다는 것을 시사한다. 격렬한 교전상태가 되면, 국가의 정책에서 전쟁의 수행이 자연스럽게 우위를 점하게 된다. 그러나 이 같은 상태에서도 뒤이을 평화를 위한 계획이 수립되고 교섭도 진행되어야 한다. 교전상태가 끝나 군사적으로 결말이 나면, 당연하다는 듯이 전쟁의 실행과 평화 만들기가 역전되어, 이번에는 후자가 우선사항이 된다. 그렇다고 전쟁의 실행이 전쟁의 결말과 아무 관련도 없어지는 것은 아니다. 왜냐하면 전후에는 무질서나 혼란이 반드시 표면화하고, 전승국들도 승리로 얻은 전리품의 할당을 놓고 다투기 일쑤여서, 군사력에 의한 위협이나 실제 행동이 다시금 필요해지는 상황도 벌어지기 때문이다.

적을 패퇴시키는 것은 분명 평화를 만들기 위한 필수조건이지만, 그래도 일단은 전쟁의 목적을 달성하기 위한 주요 단계의 하나라고 여기는 편이 낫다. 그리고 거듭 말하지만, 그 목적은 (자신들에게) 더 나은 평화를 구축하는 데 있고, 그런 평화는 국제질서의 안정된 합의 위에서만 성립될 수 있는 것이다.

전쟁의 성질, 특히 그 수행기간과 그 나라만의 독특한 전투방식은 그 뒤에 진행될 평화 만들기의 성패를 좌우한다. 근대 전쟁사만 보더라도, 이런 분석이 타당함을 입증할 수 있을 것이다. 마찬가지로, 전장에서의 교전이 끝나면 곧이어 회의석상에서 다른 형태의 싸움이 벌어지게 마련이다. 또한 이런저런 요구를 들이미는 동맹국의 압력에 넘어가버리는 서툰 외교 때문에, 신중하게 구상된 새로운 국제질서의 틀이 불가피하게 타협에 의존하게 되는 경우도 많다. 따라서 현재 진행 중인 전쟁에서 어떻게든 이기고자 할 경우, 우리는 정부가 이런저런 약속을 무책임하게 남발한다는 점만은 기억해둘 필요가 있다. 승리가 확정적이면, 정부는 그런 편의적인 약속(물론 빚이라면 빚이다)을 지켜야 할 처지가 되며, 그것이 지켜질지 어떨지는 제쳐두더라도, 그러한 약속이 전후의 평화 만들기 과정에 심각한 악영향을 미칠 수도 있다. 만일 정치적인 폐해를 광범위하게 끼칠 것으로 예상되는데도 그러한 약속을 우선적으로 지켜야만 할 경우, 그것은 평화교섭에까지 악영향을 끼치게 된다. 한편으로 약속이 지켜지지 않으면 이에 실망한 동맹국들이 복수심이나 반감을 품게 되고, 이는 전후의 세계를 불안정하게 만드는 요인으로 작용한다. 양차 대전 전간기戰間期의 이탈리아와 일본이 그 전형적인 예이다.

결국 이 격언이 상기시키는 메시지는, 전쟁이 전략의 역사 속에서 간결하게 잘 정리된 이야기였던 적은 이제까지 한 번도 없었다는 것이다. 전쟁의 수행은 전장에서 단련된 프로 군인들에게 맡겨지지만, 그들 자신이 늘 정치적으로 무엇을 해야 하는지를 숙지하고 있는 것은 아니다. 그러나 전쟁 이후에 평화를 만들기란 사실 굉장히 어려운 작업이다. 그 성질상 전쟁의 수행보다도 폭넓은 부분과 세밀한 부분 양쪽에서 반드시 문제가 발생하기 때문이다.

평화 만들기를 성공시키기 위해서는 패배한 쪽이 패배를 확실하게 인정하게끔 만드는 것이 중요하다. 만일 그 목표를 달성하지 못하면, '어제의 적은 내일도 적'이 될 개연성도 있다. 그래서 패전국이나 그 밖의 정치 조직을 안정적인 국제질서로 편입시키려면 평화교섭의 조건을 원만한 선에서 조정하는 한편, 상대를 전후 세계질서 유지의 중요한 담당자로 만들 필요가 있다.

" 승리의 결과를 지속시키기 위해서는 패배한 쪽의 이해관계와 관심사를 고려해서 그들이 그 패배를 최종결정으로서 승복할 수 있도록 해둬야 한다. 평화의 조건은 패배한 쪽에 관대하거나, 적어도 납득할 수 있는 것처럼 보이는 것이어야 한다. 따라서 장기간에 걸쳐 지속되는 평화는 전쟁의 모든 것과 마찬가지로 상호적인 것이다.

— 마이클 핸델Michael I. Handel, 2001년[17] **"**

전쟁은 **효과**가 있다!
다만 **의도하지 않은** 결과나
예기치 못한 사태를 늘 **초래한다**

> **"** 전쟁에 기회를 주어라.
>
> — P. J. 오루크P. J. O'Rourke, 1992년[18] **"**

이 격언은 전쟁이라는 것이 다른 압력수단으로는 해결하지 못한 문제를 해결할 수 있다는 사실을 말해준다. 전체적으로 보면, 이 격언은 칼 폰 클라우제비츠에 의해 수정된 기독교 '정전론正戰論'의 전통에 입각한 주장과 무거운 경고로 이루어져 있다.

정전론에서는 6가지 판단기준을 지닌 '전쟁에 관한 정의'를 충족시킨 경우에 한해서 전쟁을 벌이는 것이 낫다고 말한다. 이 6가지란 '대의명분', '정통적인 권위의 존재', '정당한 의도', '성공 가능성', 그리고 이 논의에서 가장 중요한 '최후의 수단'이라는 것이다.[19] 비정규적 분쟁이 도처에서 발생하는 이 시대에 '정통적인 권위의 존재'라는 것은 논란의 소지가 있는 개념이지만, 이는 일체의 분쟁해결 수단이 무위로 끝났을 때 전쟁이라는 수단에 호소한다는 오랜 교의적 전통에 의해 인정되고 있다. 정전론의 교의적 근거는, 전쟁은 필요악이긴 하지만 효과도 있다는 것이다. 클라우제 비츠는 이에 덧붙여 전쟁은 우연과 불확실성의 영역에 있다고 논함으로써 전략의 현실을 강조한다.[20] 그는 이 논의를 단순히 사람들의 이목을 끄는 것으로서가 아니라 경고로까지 부각시킴으로써, 전략가의 자기 과신에 대한 경계령을 내리고 있다.[21]

전략의 역사는 전쟁이 어떤 특정한 문제를 해결하는 효과를 갖고 있음을 보여준다. 그러나 전쟁은 한 가지 문제를 해결함과 동시에 다른 문제를 유발하거나 확대시키기도 한다는 것을 부정할 수 없다. 또한 몇몇 문제들은 전혀 예기치 못했던 것일 수도 있다. 이 격언의 바탕에 깔려 있는 전략의 근거는 어쨌든 간명하고 중요하다. 특히 정치적인 문제도 이따금 발생하게 마련인데, 이는 혼란을 일으키거나 안보를 위협하는 요소이다. 이러한 예는 허다한데, 최근의 예로는 이미 핵무장을 한 북한이나 핵무장을 꾀하고 있는 이란 등이 먼저 머리에 떠오른다. 이러한 경우를 과거의 경험에 비춰보면, 이란이나 북한의 핵 관련 움직임을 막기 위해 동원할 수 있는 방법은 군사력 행사뿐이다. 물론 이런 방식이 바람직하지 않다는 견해도 많다. 그러나 국제사회가 그런 깡패 같은 정권이 핵무기를 갖도록 해서는 안 된다는 확고한 의지를 갖고 있다면 현실적으로는 단 하나의 선택, 말하자면 군사력 행사밖에 없다. 그리고 오로지 군사력 행사만이 이 두 나라의 움직임이 초래할 광범위한 해악에 대한 경각심을 불러일으킬 수 있다.

이 〈격언 4〉는 세상에는 비군사적 수단으로는 해결할 수 없는 문제가 상당수 존재함을 말해준다. 그러한 문제들 중 일부는 최후의 수단인 힘의 행사를 필요로 하는 경우다. 1939년에 영국과 프랑스의 국가지도자들은 전쟁의 공포나, 전쟁으로 인해 각종 정책이 원만하게 수행되지 않는 상황을 뼈저리게 느끼고 있었다. 결국 그들 대부분은 1918년 11월 11일에 막을 내린 "모든 전쟁을 종결짓는 전쟁"제1차 세계대전에 어떤 식으로든 가담하게 되었다. 하지만 그들은 1939년 3월에 히틀러가 체코슬로바키아를 침공할 때까지만 해도 제3제국을 단 하나의 수단, 즉 전쟁으로 저지하는 수밖에 없다는 것을 인정하려 들지 않았다. 그 시점에 이르러서는 전쟁은 최후의 수단이자 유일한 수단이었는데도 말이다. 물론 당시에는 별다른 대응을 취하지 않는다는 선택지도 있었지만, 이는 서방국가들이 자칫 히틀러에게 동유럽을 내줄 의향이 있고 나아가 그런 상황을 묵인한다는 식의 메시지를 던질 위험성도 내포하고 있었다.

이 격언에 담긴 경구는 전쟁은 효과가 있다는 냉혹한 주장을 뒷받침하려는 것이지만, 그렇다고 해서 거꾸로 전쟁의 도발을 부추기기 위한 주장으로 이해해서는 안 된다. 모종의 위험이 너무도 클 것으로 판단되는 경우에는 잠재적으로 큰 피해를 입을 개연성이 있는 전쟁의 예상되거나 또는 예상할 수 없는 부負의 측면마저 응분의 대가로서 받아들여야 할 때도 있는 것이다. 그러나 이 〈격언 4〉는 가령 전쟁이 효과를 보인 때라도 거기에는 치러야 할 대가가 있으며 그 대가 역시 갖가지 통화通貨, 즉 피, 돈, 영향력, 명예나 평판 등으로 지불하게 된다는 것을 사람들에게 보란 듯이 상기시킨다. 군사력의 행사가 기독교 교의에서 최초의 수단이 아니라 최후의 수단이라고 여겨지는 것도 어쩌면 당연하고 말할 수 있다.

서양의 여러 나라, 특히 유럽연합EU의 '옛 유럽' 사이에서는 전쟁은 효과가 없다거나 또는 애초에 효과를 보일 수 없다는 인식이 마치 종교의 교의처럼 주장되는 예가 많다. 말하자면 거기서는 이런 '통화'로서의 역할조차 인정되지 않고 있는 것이다. 과연 군사력에 의해 정치적 논란이 해결될 수 있겠느냐는 것이다. 이렇게 되면 전쟁으로 확실해지는 것은 '어느 쪽이 군사적으로 더 강한가이다. 더구나 폭력은 가일층의 무익한 폭력을 낳는 데 그친다. 따라서 이런 관점에서 생각해보면, '전쟁은 효과가 있다'는 이번 격언은 정작 잘못되고 위험한 것이다. 그러나 불행하게도 이런 리버럴파의 비판은 진실의 절반밖에 말해주지 않는다. 이 〈격언 4〉는 위험한 진실을 주장하고 있는 것이다. 안타깝게도 이 격언은 타당하며, 피로 물든 전략의 역사가 그것의 타당성을 입증하고 있다.

이 책에서 언급하는 격언들 중에는 공공연하게 무시당하는 듯한 것도 있다. 왜냐하면 그것들은 우리의 도덕의식과 상반되기 때문이다. 이번 격언에서처럼 전쟁은 효과가 있다는 식의 노골적인 주장은 많은 사람들에게 도덕적 반감을 불러일으킨다. 그런 만큼 정작 그 주장을 냉정하게 짚어보는 것조차 거부당한다. 그러나 전략가인 나는 다르게 접근한다. 이 책의 목적 가운데 하나가 정치적인 레토릭이나 전문가들이 쓰는 용어의 이면에 숨어 있는 가정이나 전제를 명확히 하는 데 있기 때문이다. 전쟁은 정책을 수행하기 위한 하나의 수단이다. 군사력의 행사나 그것을 행사하겠다는 위협은 영국에서는 '대전략grand strategy', 미국에서는 '국가안전보장전략National Security Strategy'이라고 일컫는 것을 실행하는 사람들에게는 빼놓을 수 없는 선택지의 하나인 것이다.

대중 또는 대부분의 엘리트가 전쟁에 대해 갖고 있는 혐오감이라는 것은 지금 같은 시대에는 능히 이해될 수 있는 정서이며, 오히려 상찬할 만한 것이다. 그러나 이러한 혐오감이 전쟁의 무조건적 거부로 이어지는 것 자체는 잠재적으로 위험하기까지 하다. 따라서 여기에서는 이번 격언이 지닌 장점의 핵심에 관해서 언급해두고 싶다. 전쟁은 효과가 있는 것이다. 물론 이런저런 일들이 언제나 원래 의도대로 진행되지는 않지만, 그래도 이 격언은 전쟁의 실행에 즈음해서는 특히 신중을 기해야 함을 가르

처주며, 예상되는 선택지를 처음부터 전면 거부하고 있지는 않다.

이번 격언에 담긴 경구가 진실을 말하고 있음을 역사를 통해 입증하기란 너무나 쉽다. 대부분의 전쟁에는 흐름과 결과라는 요소가 있어서, 종국에는 예기치 못한 결과를 낳기도 한다. 클라우제비츠가 설명하듯이, 이것이야말로 객관적으로 변화하지 않는 전쟁의 본질이다.[*22] 영국은 1939년 9월 3일에 폴란드를 침공한 독일에 맞서서 프랑스와 손잡고 즉각 선전포고를 했는데, 개전 이후 6년 가까이 지난 시점에서는 프랑스와 맺고 있던 동맹관계를 소련 및 미국과의 관계로 전환했다. 그 후로 독일의 위협이라면 무엇이든 제압하는 데에 성공했는데, 그 위협은 소련에 의해 대체되어 폴란드는 결국 소련에 복속되고 말았다. 그래도 전쟁만이 나치 독일의 폭주를 제압할 수 있었다. 독일을 저지하는 데에 전쟁 이외의 선택지는 있을 수 없었다고 말할 수 있다.

역사를 자세히 들여다보면, 이 〈격언 4〉와는 상반되게 전쟁은 아무것도 해결하지 못한다는 식의 주장은 전략의 역사의 무게 앞에서 맥없이 무너진다. 아마도 이 문제의 핵심은 많은 사람들이 전투행위는 정치라는 요인 때문에 보급되었다는 사실을 이해하지 못하는 데에 있는 듯하다. 전쟁과 정치는 별개의 영역이라는 세계관을 가지고 있는 사람이라면, 전쟁에는 정치적인 의미가 개재되어 있음을 이해할 수 없을 것이다. 그러나 클라우제비츠의 견해를 접하고, 전쟁은 정치적인 행위이며 군사행동은 곧 정치행동이라는 그 핵심을 파악하고 있는 사람이라면 이 격언의 의미가 곧바로 이해될 것이다.

이번 격언은 전적으로 비현실적인 판단을 부지불식간에 상정하는 사람들이 던지는 비판을 더욱 부채질하는 측면이 있다. 그러나 이 격언이 주장하는 바는 어디까지나 전쟁은 중요한 문제를 결정하는 역할을 할 수 있다는 것이다. 여기서는 전쟁이 모든 문제를 해결한다는 식으로 단정하고 있는 게 아니다. 전략가인 나는 전략의 역사야말로 주기적인 것이며, 작금의 문제는 다른 형태로든 향후에도 되살아나서 우리 눈앞에서 재현되리라는 것을 알고 있다. 마찬가지로, 나는 전쟁이야말로 정책의 거친 수단의 하나이며, 그 문법과 역동성은 정치적인 목표를 엉망으로 만들어버릴 수도 있다는 것을 기꺼이 인정한다. 그러나 거듭 말하지만, 전쟁은 가장 중요한 문제에 결말을 지을 수 있다.

몇 가지 사례를 들어보자. 제1차 세계대전은 독일 제국의 유럽 지배를 저지했다. 제2차 세계대전은 나치 독일이 아리아 민족의 초국가로 유럽을 지배하려는 시도를 저지했고, 나아가 그들이 세계 지배로 돌진하는 것을 저지했다. 1950년에서 1953년까지 벌어진 한국전쟁은 한반도의 분단 상태를 결정지었다. 그리고 1960년에서 1975년까지 벌어진 베트남전쟁은 베트남의 통일을 결정지었다. 이처럼 현대사를 보더라도 아무것도 결정짓지 않은 전쟁이라는 것은 찾아보기 어렵다. 전쟁에 의한 그런 식의 결말이 대체로 문제의 근본적인 해법이 되지 않은 것인지도 모르지만, 그래도 정치를 대신할 만한 해법은 되는 것이다. 물론 군사력에 의한 종결보다는 외교교섭에 의한 정치적 합의가 훨씬 나은 방책일 것이다. 그러나 나에게는 세계를 있는 그대로 보고 설명할 의무가 있다.

이 〈격언 4〉를 거부하는 사람들은 국제질서를 복원하기 위한 외교수단 가운데 빠트릴 수 없는 도구로서의 국제적 장치인 '전쟁'이라는 것을 부인할 것이다. 거듭 말하지만, 전쟁이라는 '철 주사위'를 던지는 데에는 분명 우연이 따른다. 그러나 전쟁은 그야말로 도박이라고 전제해버리는 것도 잘못이다. 전쟁은 클라우제비츠가 말하듯이 분명 우연이 따르는 것이지만, 그래도 그 모든 것이 우연에만 맡겨지는 것은 아니다.

평화와 질서는 저절로 이루어지지 않는다. 평화와 질서를 **바로잡고 지키는 사람**이 **반드시** 있어야 한다

> **"** 새로운 세계 질서는 이상과 같이 치안이 유지되어야 한다.
> — 마이클 하워드Michael Howard, 2001년[★24] **"**

국제질서를 지키기 위해서는 경찰력과 치안 조직이 필요하다. 그래야 전 세계 국가들이 서로 예측 가능하고 상대적으로 안정된 상태로 관계를 유지할 수 있다. 질서는 각국의 혁명적 움직임, 말하자면 기존의 국가 간 안정된 관계를 훼손할 수 있는 움직임과 양립할 수 없다. 그러나 국제질서는 정태적이지 않다. 오히려 역동적이다. 국가들의 흥망성쇠와 갑작스런 위기의 발생에 따라 국제질서가 바뀌기 때문이다. 어떤 경우에는 엄청나게 거대한 변화가 순식간에 도래할 수도 있다. 오랜 세월 동안 사회 혼란이 휘몰아치면서 국제질서도 함께 무너져 내릴 수 있다. 예컨대, 20세기 독일의 부흥과 복귀에서 보는 것처럼 전쟁은 세계질서를 복구하고 재설계한다. 역설적으로 들릴지 모르지만 질서는 평화를 유지하기 위한 기본적 요건이면서, 일정한 시기마다 전쟁이나 적어도 전쟁의 위협에 의해 재구축되고 유지되어야 할 수도 있다. 전쟁이 질서 유지를 위한 필수 도구라는 주장은 핵무기의 등장으로 그 의미가 크게 훼손되었다고 할 수 있다. 그러나 그러한 논리를 상쇄하는 것은 오늘날 핵무장 국가들이 보유한 핵 때문에 각종 위기가 급격하게 상승함에 따라 스스로 더욱 신중하게 행동하지 않을 수 없게 되었다는 역사적 사실이다.

정치는 힘, 곧 국내나 국제관계에서 보편적으로 적용되는 강압적인 권력에 대한 것이다. 〈격언 5〉는 질서와 평화의 문제를 해결하는 열쇠로서 다툼의 소지가 있을 수 있는 개념인 힘에 주목한다. 하지만 그러한 논란에 대해서 침묵함으로써, 평화가 국제연맹이나 국제연합과 같은 공식적인 국제기구들의 산물이 아님을 넌지시 암시한다. 그러한 의도된 국제 협력의 시도들을 아무 의미도 없는 행위라고 말할 수는 없지만, 그러한 협력을 통해 질서와 평화를 이룰 수 있는 경우는 오로지 주요 강대국들이 서로 손을 잡을 때만 가능하다. 국제기구 단독으로는 질서 회복을 위한 정책 수행은 고사하고 그러한 정책을 제안하거나 선도할 수도 없다. 때때로 야심만만한 유엔 사무총장이 선출될 경우, 그는 마치 자신이 강대국들의 의지에 상관없이 결정하고 행동할 수 있는 독립적 권한이 있는 최고의 직위에 있는 인물인 것처럼 처신한다. 하지만 그것은 성공할 수 없다. 유엔은 자기 소유의 자산이 없기 때문에 영향력 있는 한 국가처럼 행동할 수 없다. 유엔은 회원국들의 의사를 반영한다. 오늘날 전 세계 거의 모든 국가가 유엔에 가입한 상태이기 때문에 유엔은 모든 국가의 비위를 맞추려고 애쓸 수밖에 없다. 유엔은 국제질서를 유지하는 데 유용한 역할을 할 수 있다. 전 세계 국가들이 외교를 펼칠 수 있는 편리한 장을 마련하고 무질서를 획책하는 세력에 대해서 징벌 조치를 취할 수 있는 합법적인 국제기구가 유엔이다. 또한 열강들끼리의 전쟁을 야기할 수 있는 잠재적 위협의 가능성을 억제하는 중요한 역할도 수행한다. 그러나 유엔이 단독으로 그러한 국제질서를 유지하고 강제할 수 있는가라는 질문에는 그렇다고 말하기 힘들다.

〈격언 5〉는 국제질서가 매우 중요한 개념이라는 사실을 보여준다. 국제질서는 모든 나라가 저마다 극도로 중요하게 여기는 국익들을 자율적으로 서로 조정해서 이루어지지 않는다. 따라서 국제질서를 확립하기 위해서는 그럴 만한 힘이 있는 세력이 강력한 정책을 시행해서 질서를 바로잡고 지켜야 한다.[25]

전략의 역사는 질서 유지에 성공하는 방식이 오직 두 가지밖에 없다는 것을 보여준다. 하나는 힘의 불균형이고, 다른 하나는 권력 수단의 균형이다. 첫 번째 방식인 힘의 불균형은 막강한 지배력을 가진 하나의 패권 세력을 요구한다. 도널드 케이건Donald Kagan은 "압도적인 힘으로 평화를 유지하고 싶어 하는 국가들은 그것이 비록 불완전하지만 가장 잘 작동하는 것처럼 생각하기 때문에 그 목적을 달성하기 위해 치러야 할 모든 부담과 책임을 받아들일 의지가 있다"고 조언한다.[26] 케이건은 강력한 질서 확립을 위해서는 국가들 사이에 협력이 필요하다고 말한다. 그러나 거기에는 반드시 그 일을 주도하는 세력이 있어야 한다. 가장 무거운 짐을 기꺼이 감당하고 인내할 수 있는 하나의 국가가 있어야 한다는 말이다. 세계 질서를 주도하는 나라는 당연히 그만한 강력한 힘이 있어야 하며 그 결과 다른 나라들이 그 나라를 믿고 따를 수 있어야 한다. 따라서 그 나라는 사실상 세계 질서를 지키는 보안관이며 수호자이다.[27]

세계 질서를 유지하는 두 번째 방식은 첫 번째 방식의 작동을 막기 위해 나왔다. 좀 더 엄밀히 말하면, 힘의 균형으로 국제질서를 유지하는 방식이다. 오늘날 미국이 세계의 치안을 주도하는 패권적 세계 질서는 누구도 그것을 평화라고 말하지 못하지만 미국이 바라는 대로 끌려가거나 미국의 가치에 종속되는 것을 거부하는, 현 체제에 불만을 품은 국가들의 연합 세력의 견제를 통해서 균형을 이룰 수 있다. 힘의 균형을 통해 세계 질서를 유지하는 방식은 45년 동안의 냉전 시기를 겪으며 확인한 것처럼 확실히 잘 돌아간다. 그러나 그것은 여러 가지 한계가 있다. 힘의 균형을 이루는 세력들이 정치와 외교에서 실책을 저지르는 경우, 그 균형은 급격히 와해되고 핵무기 사용도 배제할 수 없는 대규모 전쟁으로 발전할 수 있다. 또한 서로 적대적인 두 주축 국가가 세계 정치를 주무른다면, 두 적대 세력은 지역 분쟁을 해결하기 위해 적극적으로 조치를 취하려고 하지 않을 것이다. 그 분쟁의 배후에 힘의 균형을 깨뜨릴 수 있는 도화선이 숨어 있다는 사실을 감춰야 하기 때문이다.

이 격언의 실행을 가로막는 여러 가지 현실적 어려움 때문에 이 격언에 담긴 중요한 의미를 무시해서는 안 된다. 〈격언 5〉는 실용주의 관점에서 유용성을 알리는 중요한 진실을 말한다. 때로는 강력하게 질서를 유지하고 평화를 지키기 위해서는 반드시 누군가 나서서 뭔가를 해야 한다는 것이 여기서 주장하는 요점이다. 그것은 자명한 말이다. 그러나 논쟁을 거듭하면서 밝혀진 것처럼, 현실은 그렇지 않다. 예컨대, 2003년 이라크 침공을 통해서 드러났듯이 많은 국가들의 국제질서 ― 그것을 어떤 식으로 정의하든 ― 의 중요성에 대한 관심은 자기네 국력과 영향력에 대한 관심보다 훨씬 못하다. 미국의 이라크 침공에 대한 반대는 미국이 국제 보안관으로서 전 세계에 영향력을 행사하는 것을 억제하려는 의도와 완벽하게 맞물려 있다.

미국(과 영국)을 제외한 유엔안전보장이사회의 상임이사국들 가운데 국제질서를 지키기 위해 과감한 조치를 취할 집단적 의지나 능력이 있는 나라는 없다. 하지만 그들은 국제질서를 망치는 데는 능동적으로 참여하거나 할 수 있다. 러시아, 중국, 프랑스는 대개 세계질서를 저해하는 문제들을 해결하는 방법을 제시하기보다는 오히려 그 문제의 일부가 되기를 더 좋아한다. 그들이 그렇게 하는 이유는 다시 한 번 말하지만 국제적 무질서보다 미국의 패권주의가 자신들을 더 위협한다고 느끼기 때문이다.

〈격언 5〉는 그러한 비판을 무시할 정도로 중요하다고 할 수 있다. 이 격언은 평화와 질서를 바로잡고 지키는 누군가가 꼭 있어야 한다고 주장한다. 그러나 국제사회의 무거운 짐을 스스로 지겠다고 기꺼이 앞에 나서거나 그렇게 할 수 있는 능력을 가진 나라가 없다면 어떻게 될 것인가? 또는, 그런 나라가 있더라도, 국내 정치에서 안전보장이사회가 내린 조치를 취하기 위해서 유엔의 총체적인 승인을 받거나 특별한 인가를 얻을 것을 요구하는데, 둘 중에 어느 하나도 준비되어 있지 않다면 어떻게 될 것인가?

이런 현상이 일어나는 전형적인 경우는 이란의 공공연한 핵무기 프로그램에 대한 미국의 대응에서 쉽게 찾아볼 수 있다. 미국이나 이스라엘이 이란의 핵무기 프로그램을 강제로 무력화하지 않는다면, 이란은 몇 년 안에 핵무장 국가의 반열에 오를 것이다. 그것이 중동의 지역 질서에 끼칠 영향은 소름 끼칠 정도로 지독할 것이다. 형체 없는 국제사회가 미국이 이란에 대해서 군사 조치를 취하는 것보다 핵무장한 이란과 동거하기를 더 바란다는 것은 난처한 상황이 아닐 수 없다. 그런 태도를 가진 국가들은 국제사회의 수호자를 자처하는 미국을 견제하기 위해서 영향력을 행사하려고 애쓴다. 그들은 이란에 대해서 그렇게 아무런 조치를 취하지 않는 것이 어떤 엄청난 결과를 초래할지 아무 책임도 지지 않는다.

〈격언 5〉의 배후에 있는 전략적 논리와 역사적 근거는 물론 오직 하나의 핵심 명제 위에서만 지탱한다. 국제질서를 유지하고 지키기 위해서는 누군가 또는 무엇인가가 있어야 한다. 이 격언은 냉혹한 패권주의를 인정한다는 말이 아니다. 질서유지와 평화체제 강화를 위해 어떤 특정한 권력 행사를 지지하는 데 이 말이 이용되어서도 안 된다. 아무리 지혜로운 격언도 실제의 역사적 맥락 속에서 현실의 인간이라는 행위자들이 인정하는 한에서만 유용할 수 있다. 사람들은 어리석음과 무능, 순전히 불운 때문에 격언을 부당하게 의심할 수 있다.

전략의 역사를 보면 국제질서가 비교적 안정된 상태를 유지해서 국제사회가 보안관의 역할을 가볍게 여겼던 시기들이 있다. 실제로 그런 역할이 거의 필요하지 않을 수도 있다. 예컨대, 1920년대 프랑스는 유럽 대륙에서 군사적으로 매우 막강한 국가였다. 반면에 불만에 가득 찬 혁명 잠재 세력들이 득실대던 독일과 이탈리아가 적어도 한동안은 새로운 질서에 도전할 수 없었다. 또 다른 예를 들면, 1990년대 미국은 세계 유일의 강대국 시절을 누릴 수 있었다. 그러나 미국이 그 순간을 어떻게 가장 잘 이용할지는 분명치 않았다. 솔직히 말해서, 미국은 그 10년 동안 내적으로 그 어느 때보다 훨씬 큰 발전을 이루었다. 당시 발칸 반도와 아프리카, 옛 소련의 주변국들 여기저기서 시도 때도 없이 커다란 분쟁들이 분출했지만 미국은 그것에 별로 관여하지 않았다. 미국이라는 보안관은 행동할 준비가 되어 있었지만 자신의 지배력을 때로는 부드럽게 때로는 강하게 다양한 방식으로 행사할 수 있는 정책과 절실한 욕구가 없었다.

오늘날 유럽에서는 미국의 일방주의를 비난하는 일이 일상화되었다. 그들은 국제질서를 유지하기 위한 무력 사용이 세계 전체 사회의 다자간 합의를 바탕으로 최종 수단이 되어야 한다고 주장한다. 이것은 집단 안보 체제라는 그릇된 환상의 부활을 의미한다. 거기서 모두가 그러한 공동의 임무에 기여하여야 한다는 의무는 쏙 빠져 있다. 그들은 자주 일어나는 일은 아니지만 국제사회의 질서 유지를 위해 어떤 결정적인 조치가 필요한 명백한 시기가 왔을 때, 자기네 나라의 모든 국민들이 그것에 동의할 수 있을 거라고 믿는 거대한 환상에 또 다시 사로잡혀 있다. 실제로 그러한 다자주의적 견해 또는 그릇된 환상으로는 국제질서를 절대로 지켜낼 수 없다. 모두가 합의를 이룰 수 있다는 것은 전혀 불가능한 일이기 때문이다. 이러한 현실을 직시할 때, 도널드 케이건이 말한 것처럼, 그러한 문제들을 해결하기 위해서는 압도적인 힘을 가진 한 국가가 있고 그와 긴밀한 동맹관계에 있는 국가들이 그러한 문제들을 함께 풀 수 있어야 한다는 논리가 합당하다고 볼 수 있다. 그것 이외에 현실적인 대안은 없다.

> 66 어떤 분쟁은 우리의 더 큰 이익과 가치를 심각하게 위협하기 때문에 평화와 안정을 회복하기 위해서는 분쟁에 개입하는 것이 반드시 필요할 수도 있다. 최근의 경험으로 미루어 볼 때, 국제사회는 평화를 지키기 위한 군사 작전을 수행할 수 있는 잘 훈련된 양질의 군사력이 충분하지 않다.
>
> — 조지 부시George W. Bush 대통령, 2006년[28] 99

정치조직체뿐 아니라 **사회와 문화도** 전쟁을 일으키고 **평화**를 이루는 **주체**다

> " 모든 문화는 나름의 전쟁 방식을 개발한다.
>
> — 제프리 파커Geoffrey Parker, 1995년★29 "

전쟁은 정치조직체가 수행하는 하나의 사회 제도다. 정치조직체는 우리가 일반적으로 아는 국가를 비롯해서 국가라고 하기에는 여러 가지 기준에서 미흡한 다양한 안보공동체들까지 망라한다. 그러나 그것들에 모두 공통으로 있는 것은 문화화된 사회enculutred society다. 실제로 정부가 아무리 독재 체제라고 해도, 통치자들은 그들 사회에서 가장 대중적인 정서에 늘 주목해야 한다. 또한 어떤 통치 체제든지 통치자와 국민들이 공통의 문화적 유산을 공유하는 것은 그렇지 않은 경우보다 훨씬 더 많을 것이다.

〈격언 6〉은 국내적 관점이라는 맥락에서 전략의 역사를 검토한다. 그것은 신현실주의*로 알려진 정치학 이론을 거부한다. 1979년『국제정치이

---

* neorealism, 국제정치에서 의사결정의 주체는 합목적적 행동을 할 줄 아는 국가이며 그런 국가들의 공통된 정부는 있을 수 없기 때문에 국제정치체계는 기본적으로 무정부라는 주장이다.

론Theory of International Politics』이라는 책으로 신현실주의 이론 체계를 확립한 케네스 왈츠를 비롯해서 그를 따르는 많은 신현실주의자들은 그들의 이론에서 중요하게 고려해야 할 국내적 요소들을 대부분 교묘하게 배제시켰다.*30 신현실주의는 국제정치 체계라는 높은 차원에서 적용된다. 신현실주의는 국제정치 체계에서 국가들이 서로 철서하게 힘의 관계에 따라 움직인다고 주장한다. 국가마다 처한 국내 상황이 다르다는 것은 전혀 고려하지 않는다. 따라서 국가가 행동하는 논리는 국제사회의 힘의 분포 상황과 그 결과에 달려 있다.

이렇게 영향력이 큰 국제 관계에 대한 학문적 접근 방식은 1979년보다 앞선 현대전략론의 영향을 받았다. 실제로 핵무기의 위협에 대응해서 개발된 미국의 전략 사상과 수행을 떠받치는 세 개의 중심 기둥은 가장 기본이 되는 가정이 명백히 신현실주의다. 좀 더 자세히 설명하면, 1950년대 미국의 방위공동체는 핵 억지력, 제한 전쟁, 군비 관리, 이 세 가지에 대한 이론을 개발하고 확립했다. 이 이론들은 논리적으로 명쾌하지만, 모든 정부가 자기네 문화의 고유한 특성에 상관없이 자기들이 어떤 행동을 취할지 안다고 가정했다. 따라서 현대전략론은 모든 정치조직체가 어떤 동일한 문제들에 직면했을 때 교육을 통해서 똑같이 합리적 선택을 할 수 있거나 할 것이라는 전제 위에서 개발되었다. 그러한 가정을 묵인한 상태에서 모든 전략적 행위자들에게 똑같은 하나의 이론을 적용한 셈이다.

〈격언 6〉은 위에서 설명한 이론이 틀렸다고 주장한다. 실제로 그것은 역사적으로 생각할 때 너무도 터무니없는 논리다. 그 이론이 정책과 전략 결정을 위한 믿을 만한 지침이라는 것을 지식인들에게 어떻게 명백하게 설명할 수 있단 말인가. 이 격언은 국가를 비롯한 각종 안보공동체들이 마치 그들 내부의 사회적, 문화적 요소들을 자신들의 판단이나 행동에 아무런 영향을 끼치지 않는 미지의 요소인 것처럼 다루면 안 된다고 강력하게 주장한다. 오히려 정치조직체는 고대 그리스의 역사가인 투키디데스가 말한 것처럼, "공포, 명예, 이익"에 대한 평가를 바탕으로 결정을 내리고 행동한다는 것이 이 격언의 주장이다.[*31] 그리고 그러한 평가는 필연적으로 문화화된 것일 수밖에 없다. 안보공동체로서의 사회들은 근본적으로 저마다의 고유한 역사적 경험과 지정학적 이유 때문에 서로 다른 방식으로 정치와 전략 문제들을 접근한다. 신고전적 현실주의*는 신현실주의와 마찬가지로 국제정치체계에서 힘의 분산이 중요하다는 것을 인정한다. 하지만 그들 — 여기서는 우리 — 은 정책과 전략에 대한 모든 결정이 국가마다 고유한 문화적 특성을 반영하는 경향이 있다고 주장한다. 또한 동일한 문화 공간을 공유하는 사회들 사이에 문화적 공통점이 많은 것은 당연하다. 그러나 그렇다고 다른 사회의 구성원들이 우리처럼 생각한다고 가정하는 것은 큰 오산이다.

이것이 바로 이 격언이 전하고자 하는 가장 중요한 내용이다. 예컨대, 그것은 상대방이 자기들에게 무엇이 이로운지, 그리고 우리가 예상하지 못한 방식으로 자기들을 가장 잘 방어할 수 있는 방법이 무엇인지 평가할 가능성, 심지어 개연성이 있다는 것을 우리에게 경고한다. 이 격언은 핵 억지력을 믿을 수 있다고 주장하는 사람들에게 그렇지 않을 수도 있다고 경고한다. 핵무기의 의미를 어떻게 이해하느냐 하는 것은 문화마다 정말 다르기 때문이다. 핵무기는 서양에서 1950년대 이래로 일반적으로 알고 있던 안전하게 전쟁을 억제하는 수단이 아니라 이제 그 자체가 전략적으로 유용하다는 다양한 이론들의 대상이다. 핵무기를 포함해서 각

*   neoclassical realism, 신현실주의에 대한 반발로 고전적 현실주의를 가미한 수정 현실주의를 말한다.

종 대량살상무기가 앞으로 수년 내에 전 세계로 확산될 것이므로, 핵무기의 역할과 우발적 사용과 관련된 정책과 전략에 대한 지역의 영향력을 주의 깊게 살피는 일이 전보다 훨씬 더 중요해졌다.

신현실주의적 그릇된 환상은 정치조직체들이 철저하게 국제정치체계의 차원에서 역학 관계의 논리에 따라 행동하고 반응할 것을 요구한다. 그러나 전략이론가들은 대개 방위 정책과 전략을 짜고 군사전력 구조를 결정하는 국내의 과정에 힘을 쏟는다. 그러한 행동은 어디서든 필연적으로 국내에서 이루어진다. 물론 국내의 의사결정 과정은 외국의 위협과 같은 자극의 영향을 받을 것이다. 그러나 그러한 외부 요인들도 국내 문화의 영향을 받은 국방 관료와 전문가들의 해석을 통해서 국내의 내적 요소로 녹아들기 마련이다.★32

방위 정책과 전략은 이른바 정치, 문화적 다양성의 차이를 무시하는, 초超논리적 사고로 절대로 결정될 수 없다. 정책과 전략은 그 나라의 역사와 지정학적 맥락에 대한 지역사회의 이해가 남긴 문화적 유산의 영향을 받는다. 그러나 그것은 국가 재정의 규모에 따라 크게 제약을 받는다. 한 사회가 받아들일 수 있는 방위 부담의 무게는 모호하지만 극히 중대한 현상인 여론의 분위기에 따라 아주 많이 달라진다. 이 분위기는 일어나는 사건에 따라 갑자기 급격하게 바뀔 수 있다. 예컨대, 1950년 6월 북한의 남한 침공은 미국의 여론 분위기를 바꿔서 정부가 방위비 지출을 3배나 늘릴 정도로 재정을 풀게 했다. 2001년 9·11 사태도 같은 경우로 의회는 여론의 충격적 분위기를 공유했다. 9·11 사태 이후, 방위비 지출은 물 흐르듯이 늘어났다. 특히 국내 안보를 위한 일이라는 딱지만 붙으면 무엇이든 지출을 허락했다.

〈격언 6〉은 자민족중심주의에 맞선 경고다. 미국을 비롯해서 여러 나

라의 전략이론가들은 모두가 똑같이 합리적 선택을 한다는 논리가 전략
적 문제들을 이해하는 데 도움을 준다고 말하면서 스스로 자민족중심주
의라는 인종 차별의 덫에 빠지고 만다.[*33] 누구나 똑같이 합리적 선택을
한다는 논리는 우리의 논리다. 우리가 예견하는 합리적 선택은 우리의
합리적 선택일 뿐이다. 합리성과 이성 사이에 매우 중요한 차이가 있다는
것을 강조할 필요가 있다.

  합리적 행동은 전략적 상황에서 규범이다. 합리적 선택을 서로 다른
사회들의 전략적 결정을 이해하는 방법으로 보는 것을 비판하는 우리 같
은 사람들은 합리성이라는 개념을 거부하기 때문에 그렇게 하지 않는다.
오히려 우리는 그 문제의 본질이 합리성에 있는 것이 아니라 그것의 내용
에 있다고 주장한다. 합리적 외교술은 수단과 목적을 의도적으로 연결한
다는 특징이 있다. 의사 결정은 문화적으로나 다른 측면에서 호소력이
있기 때문에 전부가 다 되는 대로, 충동적으로, 아니면 반대로 아주 엄밀
하게 내려지지는 않는다. 그러한 병리적 현상의 통제를 받는 의사 결정은
그것의 지배를 받는 사회의 안전에 치명적인 것으로 밝혀질 수 있는 부
정적 영향을 끼칠 것이다. 사람들은 일반적으로 정책 결정자들이 합리적
으로 행동한다고 믿는다. 국제질서와 안보와 관련해서 정치가가 완벽하
게 합리적일 수 있다는 것은 수긍하기 어려운 문제다. 우리가 보기에 그
러한 합리성은 완전히 터무니없는 소리다. 이러한 사실이 장차 적을 막을
때 문제가 될 수 있다는 것은 굳이 강조할 필요가 없다. 미국이 어떤 적
대 세력을 막으려고 할 때 그들의 문화를 전략적으로 전혀 이해하지 못
하고 있다면, 두 가지 그릇된 생각에 빠져들기 쉽다. 첫 번째 문제는 미국
과 장차 적이 될 상대가 똑같은 전략적 추론의 틀을 공유하고 있다는 믿
음이다. 두 번째 오류는 상대방이 미국의 전략적 사고와 행동이 아닌 모

습을 보일 때, 미국이 그들을 분별력이 없고 합리적이지 못한 적이라고 판단을 내리고 대하는 것이다. 그러나 사실 그들은 합리적이다. 다만 미국이 그들을 이해하지 못하는 것뿐이다.

〈격언 6〉은 신현실주의의 허튼 소리를 잦아들게 할 수 있는 무기로서 유용하다. 이 격언은 정부뿐 아니라 사회도 국제정치의 역사를 꿰나가는 전략적 요소로서 중요하다는 것을 일깨워준다. 실제로 이 격언은 정부를 구성하는 국민들이 자기네 사회적 맥락 속에서 문화화되는 것을 피할 수 없다는 현실을 우리에게 알려준다. 이러한 문화주의 차원에서의 분석은 오늘날 미국의 방위공동체에서 인기가 높다. 아프가니스탄과 이라크에서의 경험과 장차 새로운 핵무장 국가들의 예견되는 위협은 국내에서 전략을 연구하는 학자들에게 문화적 차이를 이해하고 조정하는 것이 전략에서 결정적으로 중요하다는 것을 일깨웠다.

〈격언 6〉은 전략에 관한 올바른 생각들을 전하는 동시에 그 자체가 오해를 불러일으키기 쉽다. 그것은 필연적 진리를 말한다. 정책과 전략은 국내에서 나온다. 그것들은 먼저 국내에서 수용할 수 있는 기준에 맞아야 한다. 그런 다음에 외부 세계에다 그것들을 시행해야 한다. 문화주의 차원에서의 신중한 전략적 분석은 문화를 적어도 대중문화, 전략문화, 군사문화라는 세 가지 차원에서 고려해야 한다. 그러나 이 문화들이 언제나 서로 조화로운 상태에 있는 것도 아니다. 이 격언은 한 정치조직체가 외부 세계의 조건에 상관없이 무조건 국내의 선택에 따라 움직인다고 주장하는 것이 아니다. 다만, 각 사회나 공동체는 전략적 문제들을 고려할 때 어느 정도 저마다의 고유한 접근방식이 있다고 말하고 싶은 것뿐이다. 〈격언 6〉의 장점을 말한 것으로 유용한 문구로는 좀 과장되기는 해도 기원전 400년 무렵에 손자孫子가 한 말보다 더 지혜로운 말은 없을 것이다. 또한 새뮤얼 헌팅턴Samuel P. Huntington이 한 말도 논쟁의 소지는 있지만 오늘날 우리에게 아주 유용한 경고라 할 수 있다.

> 적을 알고 나를 아는 사람은 백 번을 싸워도 위태롭지 않다. 적을 모르고 나를 아는 사람은 이길 때도 있고 질 때도 있다. 적도 모르고 나도 모르는 사람은 반드시 질 것이다.
>
> — 손자, 기원전 400년[34]

> 미국의 전략과 그것이 만들어지는 과정은 반드시 미국 사회의 특징을 반영한다는 것이 내가 말하는 기본 요지다. 앞서 나는 미국 사회의 고유한 특징과 일치하지 않는 전략을 채택하라고 촉구하는 사람들을 비판했다.
>
> — 새뮤얼 헌팅턴, 1986년[35]

이성은 전쟁 위에 군림하지만, 열정과 우연성이 이성을 **지배할 우려**가 있다

> 계획을 세울 때는 냉철하게 득실을 따지기도 하지만, 계획이 실행될 때는 물불 안 가리고 예측 불가능하게 진행되는 경우가 많다.
>
> — 로렌스 프리드먼Lawrence Freedman, 2006년[36]

클라우제비츠의 전쟁론은 열정과 우연성, 이성이 본질적으로 서로 불안정한 관계라고 가정한다.[37] 무력 충돌이 어떻게 발생하고 진행되는지는 이 세 요소가 끼치는 영향력의 크기가 서로 얼마나 끊임없이 바뀌고 이동하는지를 보면 알 수 있다. 클라우제비츠의 삼위일체론의 진수는 이 세 요소 가운데 어느 하나가 압도적 영향을 끼치는 경우라도 이론적 틀의 완결성을 해치지 않으면서 그 상황을 설명할 수 있다는 것이다. 〈격언 7〉은 클라우제비츠의 삼위일체론의 영향을 받았음이 분명하지만, 그의 『전쟁론』에 나온 주장을 넘어서는 방식으로 그 속에 숨은 또 다른 통찰을 보여준다.

이 격언은 정책 또는 정치가 전략적 행동, 특히 전쟁 위에 군림한다는 자명한 사실을 다시 한 번 확인시켜준다. 그러나 이 격언은 열정과 우연성이 단순히 전쟁을 구성하는 또 다른 요소로서 이성과의 관계를 언급하는 데서 끝나지 않는다. 클라우제비츠는 본디 열정, 우연성, 이성을 각각 국민, 군대, 정부와 동일한 것으로 다루지 않았다. 그러나 그는 그것들이 서로 아주 밀접한 관계가 있다고 주장했다. 따라서 학자들은 좀 더 정확한 이해를 돕기 위해서 열정, 우연성, 이성이라는 1차 삼위일체와 국민, 군대, 정부라는 2차 삼위일체를 구분하는 노고를 치렀다.[*38] 급소를 찌르려고 하다보면 대개 빗나가곤 한다. 2차 삼위일체는 1차 삼위일체만큼은 아니지만 그래도 중요하다.

〈격언 7〉은 전쟁이 비록 정책의 도구이며 이성의 지배를 받는 행동이어야 하지만, 전쟁의 역동성과 전투 중 발생하는 극도의 혼란 상황은 이성을 옆으로 밀어내고 심지어 압도할 수도 있다고 주장한다. 클라우제비츠의 전쟁론은 우리의 전략 교육에 크게 이바지했다. 그의 삼위일체론이 얼마나 정교하고 유연하며 융통성 있는 논리로 구성된 틀인지 알고 나면 그 탁월함에 더욱 놀라지 않을 수 없다. 그는 이 세 가지 요소 사이에는 어떤 고정된 관계도 없으며, 있을 수도 없다고 말한다. 그들의 관계는 근본적으로 불안정하다. 클라우제비츠는 이러한 관계에 주목하면서, 전쟁이 나면 정책이나 전략보다는 적개심에 불타는 열정이나 군대와 지휘관들이 아마도 우연히 잡을 수 있는 좋은 기회가 상황을 주도할 것이라고 경고한다.

〈격언 7〉에는 두 가지 중요한 의미가 담겨 있다. 한편으로, 클라우제비츠의 삼위일체 전쟁론에서 가장 중요한 사실을 재확인해 준다. 그 이론이 전적으로 옳다고 인정한다. 다른 한편으로, 이 격언은 클라우제비츠가 삼위일체론을 구상하던 때처럼 우리가 그 이론을 정교하게 다듬을 필요가 있음을 주지시킨다. 무엇보다도 전쟁이 났을 때 — 이성이나 정책이 지배하는 — 공식적인 권력 구조와 정부는 사태가 진전되면서 실제로 어느 특정 시점에서 가장 큰 영향을 끼치는 것이 무엇인지 설명해야 하지만 그것에 대해서는 말이 없다. 이 지적은 매우 기본적이고 명백해 보이지만 실제로는 그렇지 않다. 1854~1856년에 크림 반도에서 분쟁이 일어났을 때 처음으로 현대전을 수행하는 한 중요한 요소가 된 여론은 정책을 지지하기도 하고 반대하기도 하고 심지어 바꾸게 할 수도 있다.[*39] 역사적 경험을 통해 볼 때, 클라우제비츠가 말한 이성은 단순히 대중의 요구에 조용히 따르는 것으로 그 의미가 격하될 수 있다.

마찬가지로, 클라우제비츠의 삼위일체는 이성이 기본적으로 정부와 관련이 있다고 강력하게 주장하지만 거기서 그가 그 주장에 제한을 둔 것은 극히 중요한 의미가 있다. 정부의 정책은 그때그때 전장의 급박한 상황에 따라 빈번하게 수정되며, 또한 수정될 수 있다. 전쟁은 정책의 한 수단이지만 그 둘은 일방적인 관계가 아니라 서로 영향을 주고받는 관계다. 정책은 전략을 매개로 해서 전쟁 수행을 지시해야 한다. 그러나 정책은 대개 무엇이 실행 가능한지 알 때까지 아무 지시도 내리지 못한다. 실제로 무엇이 실행 가능한지는 오직 실제 전쟁 경험을 통해서만 알 수 있다. 따라서 현실에서 정책은 대개 군대가 성취할 수 있다고 주장하는 계획과 목표를 나타내도록 만들어지고 수정된다.

클라우제비츠의 강력한 삼위일체론은 전쟁의 전개 과정을 다루면서 두 가지 공통된 문제점을 살짝 감춘다. 좀 더 자세히 말하면, 하나는 정책을 결정할 때 열정이 이성을 말 그대로 지배한다는 사실이고, 다른 하나는 전쟁의 필요성을 인지하는 주체가 정책을 포괄적으로 지배한다는 사실이다. 전자의 문제는 "정부는 여론에 어떻게 대응해야 하는가?"라는 정치체계의 본질에 대한 근본적인 문제를 제기한다. 후자의 문제는 국민과 군부의 관계를 어떻게 관리해야 하는지에 대한 문제를 제기한다. 전쟁 수행과 관련된 모든 문제들에 대해서 책임을 져야 하는 군장성들이 자신들의 군사 행위에 대해서 정치적 의미를 더 크게 부여하고 그것에 특별히 주목할 것 같지는 않다. 그들에게는 당시의 군사적 필요성이 무엇보다도 중요하기 때문이다. 정책결정자로 나타나는 이성은 우연성과 기회와 끊임없이 대화를 나누어야 한다. 다시 말해서 군인들과 대화해야 한다. 그 대화에서 군인은 국민에게 마땅히 종속되어야 한다. 그러나 군인들이 정책결정자들에게 진실을 말하고 그에게 무엇이 가능하고 불가능한지 알려주는 것은 그의 의무다. 정책결정자들이 군인들의 말을 확신하지 못한다면, 그들은 자신들이 승인하지 않은 일을 군인들이 벌인다고 주장할 수 있다. 군부를 대표하는 사람들이 그것에 반발한다면, 그들은 해임되거나 퇴임할 수도 있고, 책임 있는 자리에서 물러나게 될 수도 있다.

전쟁은 우연히 일어나는 경우가 많고 당시의 정세가 매우 중요하기 때문에, 전쟁을 수행해야 하고 실제로 백척간두의 위기 상황에서 그 일을 하는 사람들이 정책 목표를 정하는 작업에 참여할 수 있게 하는 것은 당연하다. 〈격언 7〉은 필요성이 정책을 자주, 아니 끊임없이 정책을 완전히 지배할 우려가 있다는 사실을 경고한다. 정책에 따라 전쟁이 일어나는 것이 아니라 전쟁의 필요에 따라 정책이 만들어진다. 그것은 어느 정도 필연적 진리이다. 대부분의 영역에서 정책은 전쟁을 효과적으로 수행하기 위해 여러 가지 수단과 한층 높은 수준의 방향을 제시해야 한다. 정책의 영역이 전쟁의 정치적 방향과 의미를 제공하는 의무를 게을리하고 한 발 뒤로 물러서서 군인들이 더 좋아하는 방식으로 전쟁을 수행할 수 있게 할 때 문제가 발생한다. 그럴 경우, '정책'은 단순히 군대의 성과와 같은 의미가 된다. 다시 말해서 정책이 없는 것이나 마찬가지인 상태가 되는 것이다. 그렇게 되면 정책은 전투수행과 목표 달성을 위한 논리에 전적으로 휘둘리게 된다.

정책이 전쟁 중이거나 격노한 대중들의 열정을 반영하여 수립되거나 방향이 결정되는 문제는 최근 몇 년 사이에 심각해진 문제이다. 24시간 전자매체를 통해 실시간으로 언론보도가 끊이지 않기 때문에 전 세계 네트워크를 통한 언론의 감시와 비평에서 자유롭게 전투행위를 수행할 수 있는 있는 곳은 지구상에 거의 없다. 오늘날 세계 각지에서 불시에 발생하는 전투행위는 정치적 의지를 시험하는 것이다. 전투행위를 벌이는 전술적 목표는 군사적 목표 달성보다는 사람들에게 심리적으로 영향을 끼치는 것이 더 크다. 사람들은 이제 전쟁터에 있다는 느낌을 갖게 된다. 그러한 상황이 구조화되면 분쟁에 휩싸인 나라의 국민들뿐 아니라 외국의 분쟁에 개입한 나라의 국민들까지도 해당 분쟁의 당사자가 되고 만다.

〈격언 6〉은 전쟁을 일으키는 것이 정부뿐 아니라 사회도 주체가 된다는 것을 분명히 밝혔다. 대중의 믿음과 정서가 전쟁을 초래하는 정책과 그것의 수행에 영향을 미칠 수 있다는 것은 피할 수 없는 사실이며 나름 의미가 있다. 그것은 논쟁의 여지가 없다. 정부의 무능과 군사적, 정치적 환경의 변화, 또는 새로운 전쟁 수행 방식의 필요성 인식은 정책 방침과 수립의 변화를 요구하는 국민들의 심리를 자극할 수 있고 또 그렇게 해야 한다. 국민들이 진행되고 있는 전투행위에 대해서 잘 알지 못할 경우 곤란한 상황들이 발생한다. 군인들에게 더 빨리 긍정적인 결과를 내라고 재촉할 수도 있다. 정치인들은 국내에 비난 여론이 들끓으면 자신들의 정책 지배력을 느슨하게 하고 군인들을 명백한 실패의 희생양으로 만들어, 실제로 국민들의 정치적 정서가 자신들의 정책이 아닌 다른 쪽을 향하게 하려는 경향이 늘 있다. 그들은 정책 목표를 오직 거센 적개심에서 신속하게 빠져나는 것으로 삼을 정도로 항로를 잃고 거기서 매우 멀리 비켜나 있을 수도 있다.

〈격언 7〉은 전쟁의 본질을 재확인시키는 중요한 역할을 한다. 전쟁을 구성하는 가장 기본적인 요소들과 그것들 사이의 불안정하지만 결정적인 관계에 대해서 말한다. 이 격언은 국민 정서가 정책에 영향을 끼칠 수 있고 전투 상황의 추이에 따라 정책이 심각한 긴장 상태에 빠질 수 있다는 것을 보여준다. 전투행위는 매우 복합적이고 혼란스러운 행위로 정치인들이 이성을 바탕으로 만드는 정책으로 쉽게 지배할 수 없다. 전략가는 〈전략 7〉에서 제기한 위험들을 면밀히, 더 나아가 감정을 이입하여 검토함으로써 클라우제비츠의 전쟁론을 무엇보다 훌륭한 전략 교육의 지침으로 최대한 활용할 수 있다.

> 전쟁은 카멜레온보다 주어진 상황에 자신을 더 잘 적응시킬 줄 안다. 전쟁은 이러한 특성 때문에 하나의 완벽한 현상으로서 늘 삼위일체의 모습으로 나타난다. 다시 말해서, 전쟁은 첫째, 원시적 폭력과 증오, 적개심이라는 맹목적이고 원초적인 힘, 둘째, 우연성과 가능성 속에서 자유롭게 배회하는 창조적 정신, 셋째, 정책의 수단으로서 이성의 지배를 받게 하는 복종의 요소들로 구성된다.
>
> – 칼 폰 클라우제비츠, 1832년[40]

전쟁에는 **전투행위** 말고도 **고려해야 할 것**이 더 많이 있다

> 전투행위는 전쟁을 벌이는 행위를 말한다. 전쟁은 두 국가 사이의 관계다. 내전일 경우는 두 집단 사이의 관계다. 전투행위는 전쟁에 없어서는 안 될 한 요소이지만 전쟁의 일부일 뿐이다. 군대의 역사는 전쟁의 역사다. 그러나 사람들은 대개 전투행위의 역사에 더 많이 주목한다.
>
> — 피터 브라우닝Peter Browning, 2002년[41]

전쟁과 전투행위는 서로 다른 개념으로 그 차이가 매우 중요하다. 대개 사람들은 그 두 단어를 편의에 따라 서로 같은 의미로 사용한다. 심지어 전략가들도 그 차이를 알면서도 보통 사람들과 똑같은 잘못을 저지르곤 한다. 그것은 모르고 그러는 것보다 더 잘못된 행동이다. 꼼짝없이 '내 탓이오'인 경우다. 전쟁은 법적으로 교전 당사국들이 전쟁을 벌이고 있는 상태이다. 어쨌든 오늘날 국제법이 적용되는 전쟁의 수는 급감하고 있다. 전쟁은 또한 한 국가의 사회생활과 관습에 지속적이고 획일적인 영향을 끼치는 국제 관계를 구성하는 한 요소다. 온갖 종류의 사회적, 정치적 행동을 합법적으로, 적어도 사실상 함축하는 최상위의 조직 개념이라고 할 수 있다.

그에 비해, 전투행위는 전쟁을 실제로 수행하는 것을 뜻하는데, 원칙적으로 군사적 영역으로 의미가 한정된다. 어떤 나라는 전쟁과 전투행위를 구별하지 못하게 더 혼동시키는 전략문화가 있다. 그런 나라들은 전투행위의 우세를 확보하기 위해서 전쟁의 요건들을 무시하는 경향이 있다. 그럴 경우 전투행위에서는 승리할 수 있어도 결국 전쟁에서는 패배하고 만다.[42] 마찬가지로 〈격언 2〉와 〈격언 3〉으로 되돌아가서 전쟁을 전투행위 중심으로 보게 되면 정치적일 수밖에 없는 전투행위의 목적을 실현하기 어렵게 된다.

전쟁은 제레미 블랙Jeremy Black이 설득력 있게 주장하듯이 복합적인 맥락이 있다.[43] 전쟁은 싸우는 것만을 가리키지 않는다. 물론 그것이 전쟁만의 고유한 특징 가운데 하나인 것은 틀림없다. 큰 전쟁이든 작은 전쟁이든, 정규전이든 비정규전이든, 고대의 전쟁이든 현대전이든, 전쟁은 모두 목숨을 건 전투를 하기 마련이다. 군사력은 정치적인 목적이 있어야 한다. 그러나 강압은 그 목적을 달성하기 위해서 사용하는 수단이다. 강압은 협박을 포함한다. 그러나 협박하기 위한 무력행사는 사람을 죽이고 사물을 파괴하기 마련이다. 군인들을 포함해서 얼마나 많은 사람들이 군사력의 이러한 명확한 특징을 모르는 체하는지 정말 놀랍지 않을 수 없다.

〈격언 8〉은 물론 경고의 말이다. 교전국들이 전체론의 관점에서 전쟁을 수행할 필요가 있다고 주장한다. 그리고 다시 말하지만, 전쟁은 여러 차원에서 생각될 수 있기 때문에 지나치게 전투행위를 중심으로 생각하는 것은 다른 차원의 고려를 무시하는 결과를 초래할 것이다. 예컨대, 전쟁이 싸우는 것 중심으로, 곧 전투행위로 의미가 좁아지면 전쟁에서 군수, 경제, 정치, 외교, 사회문화적 맥락이 무시되기 쉽다. 그러한 맥락들이 별개로, 또는 서로 부적절하게 조합을 이루면 군대가 전쟁터에서 어떻게 하든 결국 패배하고 말 것이다.

그렇다고 이러한 논의가 군사적 용맹성을 부정하는 것은 아니다. 군대가 잘 싸우지 못한다면 교전국 입장에서 승리를 위해 그것을 대체할 수 있는 적절한 수단을 찾는 것은 어렵거나 불가능할 수 있다. 전쟁은 전투행위 말고도 고려해야 할 더 많은 것이 있다는 〈격언 8〉이 의미하는 것이 바로 이런 것이다. 이 격언은 매우 중요한 의미가 있는데, 지금까지 전략의 역사에서 그것의 타당성은 수없이 입증되었다.

〈격언 8〉은 단순히 전투에서 완전히는 아니더라도 거의 이길 수 있을 것 같다는 자신감에 기대어 전쟁을 벌이기로 결정하는 경우에 어떤 위험이 도사리고 있는지 경고한다. 어느 나라가 전쟁을 전투행위로만 생각해서 접근하는 경우, 전쟁을 전투행위로만 보지 않고 좀 더 지혜롭게 싸우는 적을 맞았을 때 그들의 전술에 걸려드는 것은 식은 죽 먹기다. 예컨대, 아일랜드공화국군IRA은 1919년 1월부터 1921년 7월 휴전할 때까지 영국 군대에 맞서 전쟁을 벌였다. 그것은 군사적 목적이 아니라 전적으로 정치적 효과를 거두기 위해 벌인 전쟁이었다.*44

실제로 많은 비정규군은 전통적으로 클라우제비츠가 제시한 방식으로 목적 달성을 위해 싸운다. 전쟁과 전투행위는 정책의 수단 가운데 하나다. 군사 행동은 군사적 목적으로 개시되지 않는다. 군사적 목적의 군사 행동은 규모나 영향력에서 볼 때 아주 미미하다. 오히려 심리적 효과와 그에 따른 정치적 효과를 노리고 군사 행동을 벌이는 경우가 많다. 반란을 진압하는 정부 정규군은 자신들이 반란군에 맞서 충분히 잘 싸우고 있다고 생각할 수 있다. 그러나 반란군은 대개 정부의 정치적 의지를 꺾고 결국 정규군이 반란군을 진압할 것이라는 믿음을 잃게 하기 위해서 의도적으로 시비를 걸고 전투를 수행한다.

〈격언 8〉은 그동안의 역사에서 무력에 기댄 수많은 전략이 왜 실망스러운 결과를 초래했는지 설명하고 있기 때문에 매우 중요하다. 정책결정자들은 크든 작든 정치적 문제에 직면했을 때, 그들의 대중문화와 전략문화가 지지하는 방식으로 대응하기 쉽다. 특별히 어떤 문화, 대표적인 예로 미국인들은 전략적 문제들을 일면적으로 접근하는 경향이 있다. 다시 말해서 한 번에 한 가지 방법만 고려한다. 전쟁과 평화, 전쟁과 외교, 전쟁과 정치는 대개 서로 연속적으로 보충될 수 있는 것들이 아니라 이것 아니면 저것, 둘 중의 하나인 문제로 생각된다.

이것이 바로 독일의 전쟁 방식이었다. 미국과 이스라엘의 전쟁 방식도 마찬가지였다. 복잡한 문제는 반드시 전쟁으로 풀어야 하는 것으로 한정된다. 그리고 전쟁은 전투행위로 의미가 축소된다. 이러한 접근 방식의 극단적 변종은 오스트리아와 프랑스를 통합하는 전쟁을 승리로 이끈 헬무트 그라프 폰 몰트케Helmuth Graf von Moltke 육군원수가 아주 명쾌하게 표현했다. 그는 전쟁이 시작되면, 외교를 비롯한 모든 정치 문제는 뒷전으로 물러나야 한다고 선언했다.[★45] 이 말은 정치인들이 전쟁을 하기로 결정하는 순간, 왕국의 열쇠는 군부의 손에 넘겨진 것이나 마찬가지라는 의미였다. 다른 수단으로는 만족스럽게 해결할 수 없는 당면 문제들을 전투행위를 통해서 푸는 것이 그들의 임무다.

전쟁은 〈격언 4〉에서 설명한 것처럼, 결정적인 영향을 미칠 수 있다. 그러나 그것이 언제나 가장 바람직한 정치적 효과를 발휘하지는 않는다. 특히 군인들이 정계와 전혀 진지한 협의도 하지 않은 채 전투행위를 지휘할 수 있도록 정치인들이 허용할 때 그런 문제가 발생한다.

그러한 전략적 문제는 앞서 인용한 역사적 사례에서 명백하게 드러난다. 영국군은 1919년부터 1921년까지 아일랜드에서 IRA에 맞서 군사적으로 승리를 거두었다. 그러나 정치, 심리, 도덕적으로는 전쟁에서 패배했다. 단순히 테러 행위로 시작해서 순식간에 어리석은 폭동 상태로 발전한 것을 해결하기 위해 군사적 해법이 능사는 아니었을 수 있다. 누구나 인정하듯이 독일군은 20세기 최고의 정예 군대였다. 그러나 그들은 두 차례의 세계대전에서 모두 패배했다. 독일의 경우는 배리 터너_{Barry Turner}가 말한 반어적 표현이 적절하게 설명해준다. "작은 실패는 아주 쉽게 발생할 수 있지만, 큰 실패는 시간과 자원이 많이 들어가야만 발생할 수 있다."[*46] 독일 사례는 엄밀히 따지면 독일 제국과 나치 독일의 차이 때문에 속내가 복잡하다. 그러나 두 차례의 세계대전에서 독일의 전쟁 방식은 실패했다. 전쟁의 과제를 너무 좁은 의미로 접근했기 때문이다.

오늘날 그것에 대한 일반적인 역사적 평가는 독일이 전쟁을 정치적, 또는 전략적으로 수행하지 않고 오직 군사 작전이나 전술적으로만 접근했다는 것이다. 더불어 독일이 군수 문제와 관련해서 지나치게 자만에 빠져 전쟁을 수행했다는 점 또한 지적하지 않을 수 없다. 세계에서 가장 뛰어난 전투 부대가 31년 동안 한 번도 아니고 두 번씩이나 세계대전에서 패배했다는 것은 정말 놀라운 일이다. 독일 패배의 가장 근본적인 이유는 〈격언 8〉에 그 의미가 담겨 있다. 독일군은 두 차례의 전쟁에서 막강한 전투력과 결단력이 있었음에도 불구하고 전쟁의 다른 맥락들을 이용할 줄 몰랐기 때문에 그것들을 충분히 서로 바꾸어 쓸 수 없었다.

미국은 군사 문제와 정치 문제를 문화적, 정치적, 법적으로 집요하게 분리시킴으로써 정치 문제를 군사적으로 해결할 수 있다는 헛된 망상에 빠질 위험이 있다. 실제로 군대는 엄격히 말해서 군사적 어려움만을 해결할 수 있다. 미국 군대가 정치적 성공을 촉진할 수 있느냐 없느냐는 미국인들이 높은 차원의 전략과 정책을 구사할 줄 아느냐 모르느냐에 달려 있다. 전술적 차원에서 실제로 전선에서 싸우고 거기서 사람들이 죽어나가는 것은 정치적 목적을 달성하기 위한 수단일 뿐이다. 미국의 정책결정자들이 전략을 교육받지 못하고 모든 군사 행동이 정치적 의미를 함축하고 있다는 것을 인식하지 못한다면 그것을 이해하지 못할 것이다. 전투행위에 그 자체의 원리와 역학이 있다고 하더라도 정책이 전략을 장악하지 못한다면 헛된 노력과 희생만 따르기 마련이다.

마지막 사례는 아마도 전략의 역사에서 〈격언 8〉의 논리를 가장 잘 보여주는 사례일 것이다. 이스라엘은 1948년 건국 이래로 끊임없이 생존을 위해 필사적으로 전쟁을 수행했다. 그들에게 전쟁은 전투행위의 연속이었다. 이스라엘의 제한되고 불편한 영토 형태가 암시하는 지정학적 전략 조건들을 감안하면, 이스라엘이 전쟁과 평화 문제를 접근할 때 단호한 군사적 고려를 늘 우선순위에 두는 이유를 쉽게 이해할 수 있다. 지정학적으로 국가 안보에 매우 취약한 구조이며 따라서 위험이 상존하기 때문에 단호한 군사적 대응을 늦출 수는 없다. 그러나 이스라엘이 거의 60년 동안 수행했던 대부분의 전투행위에서 승리를 거두었지만 아직도 팔레스타인을 지역적으로 완전히 수용하지 못한 사실은 군사적으로 치밀한 강경파들도 인정하지 않을 수 없다. 안보와 함께 평화를 지키기 위해서는 이미 앞에서 검토한 것처럼 군사적으로 승리한 집단이 패배한 상대방에게서 그들이 패배했음을 자인하게 하는 것이 무엇보다 필요하다. 지금까지 이스라엘이 수행한 전쟁들에 이러한 원칙을 적용하면, 그들은 모든 전쟁에서 패배한 거나 마찬가지다.

〈격언 8〉은 전쟁을 전투행위와 같은 의미로 접근한다면, 최악의 경우

에는 정치적 실패로 귀결될 것이고, 잘 해도 정치적 신망을 잃는 결과를
초래할 것이라고 주장한다.

> 요컨대, 전쟁사는 전체 역사의 한 부분이 된다. 그것의'군사적 특징을 없애
> 기'위해서가 아니라 전쟁의 전술적 측면은 과거든 현재든 그것에 의미를 부
> 여하는 정치, 사회, 문화적으로 복합적인 맥락 속에서 가장 잘 이해되기 때문
> 이다.
>
> — 제레미 블랙Jeremy Black, 2004년[47]

MAXIM

정책은 왕이지만
대개 **전쟁의 본질과 특징**을 잘 모른다

> " 다시 한 번 말하지만, 전쟁은 정책의 도구다. 따라서 전쟁은 반드시 기본적
> 으로 정책과 평가 기준의 특징을 그 안에 담고 있어야 한다. 아주 개략적으
> 로 말해서 전쟁의 수행은 정책 그 자체다. 그것은 펜 대신에 검이 자리를 차
> 지하는 것이지만 그 때문에 정책의 원칙에 따라 생각하는 것을 멈추지는
> 않는다.
>
> – 칼 폰 클라우제비츠, 1832년[48] "

정치인들이 전쟁을 하기로 결정하는 순간, 그들의 전문 영역은 사라진
다. 〈격언 9〉는 전쟁 결정의 구조적 문제점을 지적한다. 특히 군사 기구에
행동을 취하라고 명령하는 정책 결정자들은 군사전문가가 아니다. 실제
로 그들은 자신들이 명령을 내리는 군사 기구에 대해서 깊이 알지 못할
수 있다. 이러한 무지는 다단계 구조를 이룬다. 한편으로, 민간 정치인들
은 전쟁에 대해서 전반적으로 많이 알지 못한다. 이것은 그들이 이 책에
서 여러 차례 경고한 내용들을 포함해서 여러 가지 사실들과 그것이 암
시하는 내용들에 대해서 이해가 부족할 수 있음을 뜻한다. 다른 한편으
로, 정책 결정자들은 현재의 전투 기술이나 과학에 대해서 정통하지 못하

기 십상이다. 모든 전쟁은 저마다 처한 (정치, 사회-문화, 경제, 기술, 군사전략, 지리, 역사적) 맥락에 따라 다르기 때문에 정책 결정자들은 대개 촉발된 전투행위의 특징을 파악하기 위해서 고군분투할 것이다. 따라서 법적으로 정책을 운영하는 자리에 있는 정책 결정자들은 전쟁의 본질과 그것의 고유한 특징에 대한 이해 부족으로 곤경에 처하기 쉽다. 게다가 전쟁은 늘 도박이라는 사실(격언 10) 참조까지 더해지고 정책 결정자들 가운데 타고난 전략가가 거의 없는 상황에서 전쟁이 수행될 경우, 위에서 인용한 클라우제비츠의 말이 왜 현실의 문제들을 슬쩍 숨기고 있다고 하는지 어렵지 않게 이해할 수 있다.

〈격언 9〉는 당연히 정책이 무엇보다 중요하다는 것을 재확인한다. 그러나 이어서 그러한 중요성에 의문을 던진다. 물론 그것의 해법은 전쟁 수행의 최종 책임을 군인들에게 전가하는 것에 있지 않다. 군사전문가들이 전쟁의 일반적 본질과 고유한 특성에 정말 정통하고 그것이 결코 거짓일 수 없다고 해도, 그들은 군사 전략을 제외한 전쟁의 전체 맥락에 대해서는 전혀 정통하지 않을 수 있다. 이 문제를 해결할 수 있는 방법은 엘리엇 코언Eliot A. Cohen이 설득력 있게 표현한 것처럼 정책 결정자와 군인이 서로 "다른 입장에서 대화"를 나누는 것이다. 군인과 민간 정책 결정자는 거의 끊임없이 서로 의견을 나누어야 한다. 그리고 서로가 상대방의 세계에서 반드시 알아야 하는 것에 당연히 주목할 것을 요구해야 한다. 그러나 그 대화에서 정책은 늘 지배적 위치에 있어야 한다. 그러지 않는다면, 전쟁과 정책의 적절한 관계가 뒤바뀔 수 있다.

클라우제비츠는 민간-군인 관계에서 일어날 수 있는 문제들을 분석하는 데 공을 들이지 않았다. 이것은 전략의 대가인 클라우제비츠를 그냥 비난하려고 하는 것이 아니다. 그가 상세히 설명한 관계와 밀접한 심각한 문제들이 감춰져 있고 실제로 많은 경우에 그러한 관계 속에서 그런 문제가 발생할 수밖에 없음을 지적하는 것은 반드시 필요하다. 예컨대, 여기에 게재된 인용문은 정책과 전투행위의 연관성, 그 둘 사이의 필연적 차이를 아주 훌륭하고 간결하게 설명한다. 클라우제비츠가 설명하는 것은 미학적이며 아주 정확하다. 그러나 역사 속에서 실제로 나타난 전투 행위들을 통해서 끊임없이 도전을 받는다. 『전쟁론』이 틀린 것은 아니지만 〈격언 9〉는 누구도 감히 무시하지 못하는 중요한 경고를 역설한다.

클라우제비츠는 여기서 말한 경고를 예상하고 민간 정책 결정자들이 동원하고자 하는 군사 기구에 대해서 알아야 한다고 주장한다.*⁵⁰ 정말 그래야 한다. 물론 문제는 오늘날 대다수 정치인들이 군사 문제에 대해서 거의 모른다는 것이다. 그들의 군사고문들도 신뢰할 수 있는 전문적 판단을 내려야 할 때 스스로 전문가로서의 자질을 의심받을 정도로 상황이 심각하다.

후자의 문제는 세 가지 이유로 설명할 수 있다. 첫째, 전쟁의 원리는 매우 빠르게 바뀔 수 있어서 군사전문가가 현재 무엇이 가능하고 불가능한지 확신하지 못할 수 있다. 둘째, 전쟁은 (아라비아의) 로렌스T. E. Lawrence가 은유하는 것처럼 방이 여러 개 있는 집이다.*⁵¹ 예컨대, 아무리 뛰어난 군대도 정규전과 비정규전을 모두 잘 수행하지는 못한다. 셋째, 현명한 군사고문이라면 적의 기습 공격 가능성을 경계할 것이다. 적들은 아군이 아무런 방해도 받지 않고 용맹성을 발휘할 수 있도록 그냥 수동적인 대상이 되는 것을 바라지 않을 것이기 때문이다.

〈격언 9〉에서 전하는 핵심 내용은 정치인과 군인들 사이에 본디부터 내재된 구조적 긴장 관계가 있다는 것이다. 의도치 않은 과장이 있을 수 있지만 비록 서로 입장은 달라도 대화할 수밖에 없는 양쪽은 불확실한 상황 때문에 골치가 아플 것이 틀림없다. 정책 결정자들은 자기네가 달성해야 할 목적이 무엇인지 적어도 당연히 알아야 할 것이다. 그러나 대개 그들은 상황이 너무 불명확하고 구체적이지 않다는 이유로 군사 기구가 공격을 개시해서 좀 더 상황이 명백해질 때까지 정책 결정을 유보한다. 그러나 군인들은 그들의 입장에서 먼저 정책 지침을 요구한다. 그러나 적어도 군인들의 견해로 볼 때, 그러한 지침은 대개 심각한 결함이 있기 마련이다. 거기에는 너무 일반적이고 서로 모순되는 요소들이 있을지도 모른다. 정책결정자들이 장차 일어날 수 있는 상황들을 참작해서 지침을 만들었기 때문이다. 또한 그 지침은 전쟁이 만족스럽게 전개되지 않을 경우를 예상하고 책임을 전가하는 방식으로 작성되었을 가능성이 있다. 정직한 군인이 정책에서 지정한 임무를 군대가 수행할 수 있을지에 대해서 대개 확신하지 못하는 것처럼, 정직한 정치인은 결정된 정책 방침이 올바른 것인지에 대한 의구심을 버리지 못한다.

여기에 나온 다른 격언들처럼 〈격언 9〉는 정치적 판단을 효과적인 전쟁 수행으로 전환하기가 매우 어렵고, 정치적 목적을 위해 병력을 배치하거나 위협하는 시도와 떨어질 수 없는 매우 성가신 문제들이 있다는 것에 주목한다. 이것은 클라우제비츠가 간과한 주제이다. 그는 우리에게 상황을 어떻게 관리해야 하는지 말한다. 그것이 요점이다. 정책과 전투 행위의 적절한 관계를 이해하는 것이 필요하다. 그러나 그것과 관련해서 『전쟁론』에서 말하는 요점을 이해했다면, 이제는 실제 역사적 맥락 속에서 그러한 전략의 과제를 해결하는 문제와 씨름을 해야 할 때다.

〈격언 9〉는 솔직히 말해서 민간 정책 결정자들이 군사적 실행 가능성이 다소 불확실한 목표들을 정하는 경향이 있다고 주장하기 때문이 한층 더 중요하다. 그 불확실성은 바로 전쟁의 본질에서 나온다. 다시 말하면, 불확실성은 전쟁 환경, 곧 수많은 전쟁 활동들 사이의 불가피한 마찰과 열정, 우연성, 정책의 삼위일체에 따른 예측 불가능한 작용, 적들이 어떤 선택을 하느냐에 따라 점점 더 커진다. 자신들의 정치적 욕구에 얽매인 정책 결정자들이 듣고 싶지 않은 군사적 자문에 귀 기울이기 쉽지 않다는 것은 끊임없이 반복되는 역사적 사실이다. 아무튼 정치인의 결단으로 실행 가능한 정책이 나오는 것이 가장 바람직하다. 정치인들이 계획한 것이 실제로 이루어져야 하기 때문이다. 또한 직업 군인들은 경험이 풍부하고 문제를 해결하는 사람, 그리고 국가의 충실한 종복이 되도록 교육을 받아야 한다. 달리 말해서, 책임감과 양식이 있는 군인들은 군사적 준비가 되어 있지 않은 명령에 대해서는 거부할 줄 알아야 한다. 그러나 궁극적으로는 "예!"라고 정중하게 경례하고 최선을 다해서 임무를 완수해야 할 것이다.

2003년 미국의 이라크 군사 작전은 〈격언 9〉의 의미와 그것이 암시하는 것의 모든 면을 다 보여준다. 이라크의 정권 교체라는 최우선 목표에 대한 정치적 함의를 정책이 완벽하게 이해하지 못했다. 이라크라는 나라에 대한 사회학적, 인류학적 이해도 철저히 무시했다. 미군 당국은 기특하게도 지상군을 최소로 유지하는 침공 계획에 매우 회의적이었다. 그러나 정규전을 끝낸 뒤 안정화를 꾀하는 전술은 매우 어설프다는 것이 입증되었다. 전쟁이 끝나고 발생한 반란을 진압하는 방식은 오히려 불에 기름을 붓는 결과를 낳았다.[*52] 이라크가 정치적 맥락에서 급격하게 바뀌고 있는 특징을 이해하지 못한 것은 정치인들만이 아니었다. 미국의 정책 오류로 임무 수행이 극도로 어려워진 대다수 미군들도 비정규전의 군사적, 사회문화적 맥락 속에서 스스로 어떻게 행동해야 하는지 알지 못했다.

❝ 따라서 정치적 목적 — 전쟁을 하게 된 근본 동기 — 은 달성해야 할 군사적 목표와 그것을 이루기 위해 필요한 노력의 양을 결정한다.

– 칼 폰 클라우제비츠, 1832년[★53] **❞**

- 격 언 10 -

전쟁은 언제나 도박이다

> **전쟁은 우연의 영역이다.**
>
> – 칼 폰 클라우제비츠, 1832년[54]

군대는 전쟁을 수행하기 위해 훈련받고 군인들은 싸우기 위해 훈련받는다. 그러나 대부분의 군대는 실제로 전쟁이 나면 시간이 거의 없다. 평시 기동 군사 훈련에서 훌륭한 작전 수행 능력을 보여주는 군인들은 군대 생활을 아주 잘할 수 있다. 하지만 그들은 과연 전시에 얼마나 효과적으로 임무를 수행할 수 있을까? 전쟁이 나기 전까지는 알 수 없는 일이다. 더군다나 전쟁은 시시때때로 다르기 때문에 최근에 참전 경험이 있더라도 그것이 모든 군사 작전을 뒷받침할 수 있는 지침이 될 수는 없다. 정책결정자와 군인들이 작전 실패의 가능성을 아주 거리낌 없이 자신 있게 말한다면, 그들은 거짓말을 하고 있거나 단순히 오판한 것이다. 늘 다르게 전개되는 군사 작전의 특성을 고려할 때, 그러한 작전의 위험성은 말 그대로 예측할 수 있는 성격의 것이 아니기 때문이다.

전쟁의 위험은 매우 극단적이다. 승패의 가능성이 매우 불확실한 도박이다. 특히 전쟁에 직접 참여하는 당사국들과 그들이 대표하는 사회들에는 더욱 그렇다. 확실성의 담보, 적어도 중대한 위험 요소들의 제거가 유일한 요구 조건이다. 그러한 요구가 필수적이고 어느 정도 성공을 줄 수 있을 것 같지만 도박은 어차피 실패로 끝나게 되어 있다. 전쟁은 우연성이 지배한다. 그것이 전쟁의 본질이다. 그 이유는 전쟁의 복잡한 성질 때문이다. 전쟁은 매우 다양한 영역들이 있고 관계가 복잡해서 위험성을 줄이려고 애쓰는 전략가라도 도박판처럼 상황을 자신 있게 통제할 수 없다. 판돈이 커질수록 그 돈을 따기 위한 노력 또한 점점 더 치열해지지만, 돈을 딸 확률은 점점 더 낮아지기 마련이다. 위험이 따르지 않는 전투행위는 세상에 없다.

불확실성이 생기는 근원은 크게 세 군데다. 적, 아군, 그리고 더 고상한 개념이 없기 때문에 우리가 그저 예기치 못한 것이라고 부르는 것이다. 물론 유능한 군부라면 그러한 불확실성을 줄일 수 있겠지만, 이 격언은 전쟁에 대한 필연적 진리를 지적한다. 전략가들이 전쟁에서 가장 예측하기 힘든 부분은 물론 적의 독자적인 의지다. 우리의 행동을 스스로 통제할 수 있는 것은 적과 처음 대면하는 시점까지다. 그때를 넘어서면 이전에 유리하다고 판단했던 것이 모두 추측에 불과한 것이 되고 만다.

전쟁이라는 도박은 두 개의 차원, 군사적 차원과 정치적 차원에서 작용한다. 군사적으로 전투력의 예측은 전술 자체보다 그 전술이 작전 수행에 어떤 영향을 끼치는지에 초점이 맞춰질 때, 그 뒤 교전 과정에서 전체적으로 작전의 성패가 갖는 의미가 무엇인지로 초점이 이동할 때 훨씬 더 불확실해진다. 알다시피 여기서 주목하는 대상은 전쟁이지 실제로 수행되는 전투행위가 아니다. 도박꾼들이 도박판에서 딴 칩들을 현찰로 바꾸는 것처럼, 정책결정자들이 승리를 거둔 전투행위를 정치적 의미로 바

꿀 필요가 있을 때, 그 도박은 실제보다 과장된 모습을 보이기 마련이다.

이 책에 나온 격언들의 대표적인 특징은 그것들이 몇몇 예외를 인정하고 있다는 점이다. 포스트모던적인 사고방식으로 말하자면, 그것은 지극히 이단적이다. 그렇다. 〈격언 10〉에 따르면, 전쟁을 벌이거나 또는 거부하기로 결단을 내리는 것은 그와 동시에 국가의 명운을 걸어야 한다는 것을 뜻한다. 그것은 모든 경우에 들어맞는 전략의 진실이다. 우리는 이 진실이 시사하는 바를 의식적으로 줄일 수도 있지만, 실제적으로는 그 완전한 배제가 아니라 그것을 경감하는 것을 목표로 삼아야 하는 것이다. 막상 전쟁에 돌입하면 위험한 길을 택할 수도 있지만, 전쟁에서 승리의 가능성을 높이기 위해 사람들이 가장 선호하는 방법은 기습 공격으로 군사적, 전략적 우위를 유지하면서 적을 장악하는 것이다. 그런데 그때 대체로 적이 어떻게 나올지는 예측 불가능한 요소로 보고 고려 대상에서 빼기 일쑤다.*55 적이 아군의 공습으로 결국 학살당하고 말 표적이거나 지휘부를 잃고 허둥대다 포위 작전으로 전멸당할 집단처럼 단순히 불운한 희생자에 불과하다면, 〈격언 10〉은 더 이상 의미가 없는 것처럼 보일 수 있을 것이다. 그러나 이 격언에 담긴 진실은 방금 인용한 아주 드문 예외적 상황에서 일어날 수 있는 것보다 더 강력하다. 성공적인 선제 기습 공격과 그에 따른 완벽한 전멸 작전이 전쟁의 도박성을 확실하게 제거한다 해도, 그렇게 적을 대대적으로 무력화시키는 유리한 고지를 확보하기 위해서는 그에 따른 엄청난 위험을 감수해야만 한다. 적을 크게 기만하는 교활한 작전을 전개할 때는 언제나 실패했을 때 그만큼 큰 위험에 빠질 수 있다.

정책 결정자와 군인들은 철학자가 아니라 실용주의자들이다. 따라서 그들이 필요해서 찾는 진리는 현실에서 훌륭하게 잘 작동하는 진리다.

그러한 요구는 영리한 사람들과 단순히 그럴 듯한 사람들, 그리고 때로는 명백히 무능한 사람들도 끌어당긴다. 전쟁과 전쟁 수행에 대한 책임의 짐은 매우 무겁다. 그런데 국가의 명운이 걸린 전쟁의 불확실성을 해소하는 데 전혀 도움이 되지 않는 아이디어들이 난무한다면 그것은 매우 괴이한 일이 아닐 수 없다. 〈격언 10〉의 가치는 안이한 생각에 단단한 갑옷을 입힌다는 것이다. 이것은 영원한 진리를 불완전하거나 심지어 불확실한 진리로부터 격리시켜야 가능하다. 전쟁은 언제나 도박이라는 격언은 어떤 예외도 없으며, 있을 수도 없다. 이 격언의 중요성은 더 말할 나위도 없다. 정책결정자들이 그것을 무시한다거나 전쟁의 우연성 때문에 발생할 수 있는 정치적, 전략적, 군사적, 심지어 문화적 위험 요소들을 처리할 수 있다고 자신 있게 주장하는 ― 그러다 언제고 달아날 수 있는 ― 사람들의 말에 현혹된다면, 극도의 긴박한 위험이 틀림없이 뒤따를 것이다.

지혜와 진부한 지식을 가르는 것은 하나의 미세한 선이다. 격언이란 거의 모든 사람이 알지만 완벽하게 이해하는 경우는 매우 드문 보편적인 진리를 말한다. 대부분의 방위 전략 분석과 군사 계획, 그리고 첨단 장비 배치, 새로운 작전 개발, 이것들을 실행으로 옮기는 조직은 사실상 전쟁과 전투행위가 끊이지 않는다는 특성을 고려할 때, 거기서 발생하는 문제들을 대비하기 위해 어느 정도 필요한 노력이다. 책임감 있는 장교라면 그러한 문제들을 실천적으로 해결하는 사람들이 되어야 한다. 장교 개인뿐 아니라 정부도 지식과 혁신의 엔진에 연료를 계속해서 공급해야 한다고 생각하기 때문에 당면의 문제를 풀 수 있는 훌륭한 해법을 제시하는 이론들이 부족한 경우는 거의 없다. 그렇다면 이 격언은 어떤 역할을 해야 할까?

〈격언 10〉은 다른 격언들과 마찬가지로 우리를 역사 속에 있게, 다시 말해서 역사적 경험에 근거해서 생각하도록 조언한다. 실제로 이 격언은 우리가 그렇게 역사 속에 남아 있어야 한다고 주장한다. 사람들은 전쟁이 우연성의 영역이라는 생각을 너무나 뻔뻔하다고 경멸한다. 따라서 정책 결정자들은 이러한 진리가 자신의 생각에 영향을 끼치는 것을 극도로 꺼릴 수밖에 없다. 격언은 환영받지 못하는 현실을 말로 표현하는 한 방법이다. 정치인들은 전쟁이 도박이라는 말을 듣고 싶지도, 사람들에게 상기시키고 싶어 하지도 않는다. 그들은 적어도 본능적으로 그것을 안다. 그들은 그 격언의 잠재력을 무력화하고 상쇄시키고 어떻게 해서든 회피하는 방법을 알고 싶어 한다. 그들 주변에는 고색창연한 격언들을 왜곡하지 않는 한에서 사람들의 생각을 바꾸고 적어도 길들일 수 있다고 믿게 만들 수 있는 조언자들이 부족하지 않을 것이다.

전쟁과 평화, 전략에 관한 일련의 격언들은 겉보기와 달리 전략적 사고를 즐기는 사람들이 한가하게 지식 놀음이나 하다가 나온 산물이 아니다. 오히려, 그 격언들은 나름의 역사적으로 정당성이 입증된 내용으로서 현실에 적용하기 위해 생겨난 것 가운데 가장 중요한 내용들을 추려낸 말이다. 실용적 생각을 가진 지도자라면 반드시 다루기 힘든 특성이 있는 전략적 맥락의 구조를 통제하려고 애쓰기 마련이므로, 불가능한 것을 인정하지 않으려고 한다. 위대한 정치인이나 군인들은 절대로 넘어설 수 없는 한계가 있음을 숙명적으로 받아들이는 것을 거부한다. 다행히도 이론가의 역할은 군사적, 전략적 성과를 높이고자 애쓰는 데 찬물을 끼얹는 것이 아니다. 사실은 정반대다. 오히려 이론가들의 임무는 적어도 격언들과 관련해서 정치인과 군인들이 전쟁에서 승리를 보장하는 방법이 있다고 현혹하는 사람들에게 휘둘리지 않도록 하는 것이다.

우리는 주된 진리와 부차적 진리라는 관점에서 이 문제를 논의할 수도 있다. 부차적 진리는 우리가 전쟁과 전투행위의 위험성, 우연성, 불확실성을 줄일 수 있다는 것이다. 유능하고 운이 좋은 사람과 조직들이 바로 그 상서로운 결과를 얻기 위해 생산적으로 열심히 일한다. 그러나 주된 진리는 전쟁은 언제나 도박이라는 것이다. 전쟁은 매우 복잡하고 다면적이고 비선형적이며 완전한 혼돈 상태를 말한다. 사건은 계획한 대로 일어나지 않는다. 따라서 그 모든 중대한 위험은 결코 확실히 제거될 수 없다.*56 지금까지와 마찬가지로 앞으로도 계속 이럴 수밖에 없는 이유는 여러 가지가 있다. 그러나 그중에서 가장 큰 이유는 비협조적이며 속내를 모를 적이 존재한다는 불편한 사실이다. 산에 오르는 것도 치명적인 위험이 따르는 우연성의 영역이다. 그러나 산은 인간의 접근을 막기 위해 적극적인 조치를 취하지 않는다. 그러나 인간의 행동은 다르다. 적은 우리가 마음대로 조종할 수 있는 생명이 없는 대상이 아니다. 대개 적은 공격을 막기 위한 여러 가지 방법들을 선택할 줄 안다. 그들의 선택이 늘 같지도 않을뿐더러 효과적이지도 않을 것이다. 그러나 그들이 선택한 방법이 우리가 위험을 무릅쓰고 시도한 어떠한 작전도 모두 실패하게 만들 수 있다.

격언은 전략가들에게 양심의 목소리 구실을 한다. 지도자들이 자기 코앞에 있는 위험을 무시한다는 중요한 진리를 일깨워준다. 정책결정자들이 전쟁은 언제나 도박이라는 말을 듣는 것이 특별히 그들에게 유익한 것은 분명 아니다. 그러나 그들이 정책이 수립할 때는 그것과 관련된 맥락을 꼼꼼히 살펴야 하고, 당면한 난제들을 효과적으로 해결할 수 있는 방법을 찾기 위해서 모든 행동 단위들에 가하는 관료 사회의 압박이 있을 수 있다는 점을 반드시 고려해야 한다. 이런 환경에서, 계획만 잘 세운다면 전쟁에서 불확실성을 제거할 수 있다고 믿고 싶어 하는 조급하고 무모한 사람들이 전쟁은 언제나 도박이라는 전쟁의 본질을 경시하지 않

도록 하는 것은 매우 중요한 일이다. 〈격언 10〉을 마음에 새기고 이해하
고 충분히 음미한 사람들은 어쩌면 치명적일 수 있는 이런 잘못을 저지
르지 않을 것이다.

그러나 불확실한 것이 하나도 없는 완벽한 계획은 모든 군사적 실수 가운데
최악의 것이다.

– 와일리J. C. Wylie, 1989년[57]

제 2 부
전략

전략이 **무엇인지 아는 것은** 매우 중요하다 : 전략을 **이해하는 불꽃은** **영원히** 타올라야 한다

> **"** 요즘 같은 때 전략에 관한 책을 쓰는 사람은 무모하다는 말을 들을 정도로 대담해 보일 수 있다. 오늘날 천재 전략가가 있다고 믿는 사람은 아무도 없다. 위대한 전략가들은 모두 두 차례의 세계대전이라는 대격변과 날마다 일어나는 사건들의 압박에 밀려 모두 휩쓸려갔다. 그들은 원시적인 소박함과 강렬한 색상이 남아 있는 오래된 채색 판화와 부식 과정에 있는 고대 문명의 그림들처럼 그렇게 사라졌다.
>
> — 앙드레 보프르André Beaufre 장군, 1963년[1] **"**

〈격언 11〉은 아마도 이 책에 나온 격언 가운데 가장 중요한 격언일 것이다. 이것은 확실히 매우 사적이다. 필자는 스스로 전략가라고 생각한다. 그리고 많은 사람들이 그렇게 인정해주는 것에 대해서 어느 정도 만족한다. 이 격언이 명백하게 전쟁과 평화의 관계와 관련된 1부의 격언들보다 정말로 더 중요하다고 말할 수는 없다. 그러나 이 격언은 그 의미를 잘 이해할 수 없다는 사실 때문에 더 중요성이 높아진다. 실제로, 사람들은 이 문구가 풍부하게 분석하는 다른 개념과 기능들을 이해하는 데 전혀 어려움이 없다. 물론 그러한 개념과 기능들 사이의 관계 때문에 이해가 쉽지 않을 수도 있다. 그러나 전략은 다른 것과 비교할 수 없을 정도로 이해하기가 매우 어렵다. 이러한 어려움은 두 가지 차원에서 나타난다. 한편으로 전략의 의미와 목적이 일반적으로 확실하게 이해되지 않는다. 다른 한편으로 방금 언급한 이해 문제의 논리적 결과로 어느 정도 전략가 앞에 숨어서 기다리고 있는 어려움은 정말 엄청나다. 그러한 어려움에 대한 논의는 〈격언 12〉로 미룬다.

무심코 필자를 치켜세웠지만, 민간에서든 군대에서든 전략을 집행하고 이론화하거나 정부를 자문하는 사람을 전략가로 볼 수 있다. 어떤 안보공동체에도 전략가들이 많을 필요는 없다. 실제로 서로 다른 견해를 가지고 전략가들이 모여서 논쟁을 벌이는 경우가 아니라면, 한 공동체에 단 한 명의 권위 있는 전략가, 최소한 하나의 전략만 있으면 된다.

〈격언 11〉은 전략이 도대체 무엇인지 잘 모르겠다는 가정을 바탕에 두고 있다. 따라서 전략을 이해하는 불꽃은 영원히 타올라야 한다.[2] 스스로 당당하게 전략가라고 말할 수 있는 극소수의 학자와 전문가들은 성직자에 가깝다. 그들은 수가 많지 않다. 그들이 다루는 주제는 본디 극도로 어렵다. 그들이 안보공동체에 전하는 메시지는 대개가 불완전하게 이해되고 행동의 근거로 사용하기에는 훨씬 더 불완전하다. 왜 그럴까?

전략과 관련된 핵심 문제는 그것이 가상 행동이라는 것이다. 전략은 물질적으로 존재하지 않는다. 전략은 추상적 개념이다. 사랑과 공포 같은 또 다른 중요한 추상적 개념보다 실체를 확인하기가 훨씬 더 어렵다. 그렇다면 무엇이 전략인가? 그것을 군사적 차원으로 좁혀서 생각하면, 정책의 세계와 군사력을 이어주는 다리라고 할 수 있다.[3] 정책의 의미를 군사력으로 재해석하는 것이 바로 전략이다. 그것은 정책의 목적을 달성하기 위해 군사력의 위협이나 사용에 대한 계획을 수립해야 한다. 실제로 전략은 전시 또는 준전시에 끊임없이 작동해야 한다. 정책이 자기의 본분을 뛰어넘어 군사적 수단의 수행을 요구하면 안 되기 때문이다. 마찬가지로, 정책 목표를 앞당기기 위해서는 반드시 군사 계획을 수립하고 집행해야 한다. 군인과 민간 정치인은 전략이라는 다리에서 만나 대화를 나누며 상대방의 요구 사항을 충족시키기 위해서 서로 우선으로 생각하는 것들을 조정할 필요가 있다. 그러나 그 대화의 핵심 기능은 정책과 군사력을 대변하는 사람들이 서로 상대방의 논리와 원칙의 핵심 내용을 그대로 존중하는 것이다.

전략을 군사적 측면에 한해서 다루는 것만으로도 논의를 충분히 이어갈 수 있다. 나중에 〈격언 20〉에서 대전략이라는 차원에서 좀 더 폭넓게 전략 문제를 다룰 것이다. 클라우제비츠는 "전략은 전쟁의 목적을 달성하기 위해서 교전하는 것"이라고 말한다.[4] 이것은 전략을 군사력 집행 수단으로 간결하게 표현했다는 점에서 훌륭하다. 나는 "전략은 정책의 목표 달성을 위해서 무력을 사용하고 위협하는 것"이라고 정의한다.[5] 사람들이 전략의 정의를 더 크게 확대하려고 하지 않는 주된 이유는 정책을 수행하는 수단으로 안보공동체의 모든 자산을 동원하는 대전략을 검토할 때, 서로 경쟁하는 모든 정책 수단들 가운데 군사력이 아닌 문제들을 놓치기 쉽기 때문이다. 대전략을 분석할 때는 해당 정치조직체가 보유한 전략 연장통 안에 있는 군사력이라는 정책 수단의 고유한 특성을 못 보고 지나쳐서는 안 된다.

〈격언 11〉은 전략적 사고와 성실한 전략적 행동이 우리에게 영구적으로 필요하다는 것을 알려준다. 앞서 말한 것처럼, 전략이 어려운 이유는 〈격언 12〉에서 나온다. 여기서는 뛰어난 전략이 드물다고 말하는 것으로 충분하다. 이러한 판단은 행정가로서의 전략가와 이론가로서의 전략가 양쪽에 모두 해당된다. 전략에 관한 훌륭한 일반 이론서들을 도서관 책장에서 거의 찾아보기 힘든 까닭은 바로 이런 이유 때문이다. 필자는 30년 이상 해온 일로 볼 때 이론가로서의 전략가에 가깝다고 볼 수 있는데, 정부에서 이런 사람을 직접 찾는 경우는 거의 없다. 그것은 전략이 중요하지 않기 때문이 아니라, 대다수 정부 관리와 군인들이 이런 전략가의 전문 지식이 자신들에게 얼마나 중요한지 알 정도로 전략에 대해서 잘 이해하지 못하기 때문이다. 자기네 안보공동체를 위해서 반드시 전략이 필요하다고 생각하는 사람들은 극히 적다. 그들은 그저 일시적인 전략만이 필요할 뿐이다. 따라서 진정으로 전략에 관한 전문 지식을 간절히 바라는 것은 물론이고 지속적으로 찾는 경우가 없다. 매우 현실적 영역에서 전략 연구의 의제가 정부 관리가 재임하는 아주 짧은 기간의 전략적 관심에 따라 정해지기 때문에 학자들은 전략적으로 사고하고 이론화할 기회를 얻지 못한다.

오늘날 실제로 전략적 분석이라고 하는 것은 대부분이 전혀 그런 종류의 것이 아니다. 전략적이라는 말은 군사적 초점이 맞춰져 있다는 것을 가리키거나 해당 제품의 유의성 향상을 주장하기 위한 수식어로 널리 쓰인다. 전략적이라는 말은 하나의 좋은 설명어이다. 그것은 힘을 정당화하는 말이다. 실제로 전략적이라는 말은 대개 어떤 제시된 연구나 착상에 점수를 두둑이 얹어주는 구실을 한다. 공정하게 말하면, 방위공동체들은 전략이 당연히 중요하다고 인정하지만 그것이 다른 것에 비해서 훨씬 더 중요하다고 생각하는 경우는 별로 없다. 예컨대, 미국은 주기적으로 국방 예산을 짜면서 고차원의 전략적 사고가 부족하다는 경고가 한 차례씩 휘몰아친다. 청문회가 열리고 법의 정당한 절차에 따라 보고서가 채택된다. 그러나 미국은 전쟁 때마다 매우 심각한 전략적 열세를 보여준다. 때때로 이 문제가 특별히 언급되면 관료 세계는 전략이 필요하다고 말하고 그에 따라 또 한 차례 반짝 문제가 되는 전략을 연구하다고 난리를 치다가 끝난다.*6 그러나 이렇게 이따금씩 발생하는 전략의 중요성에 대한 승인은 오래 지속되지 않는다. 군인들은 자신의 본업인 군사적 의무에 초점을 맞추는 반면에 정치인들은 정책 수립에 힘을 쏟는다. 두 세계, 두 문화를 이어주는 다리인 전략은 대개 아무도 별로 신경을 쓰지 않고 방치된다. 이러한 상황은 다시 국가적 위기가 닥쳐서 전략의 필요성이 또 다시 제기될 때까지 그대로 유지된다.

〈격언 11〉은 전략을 개발하고 토론하기 위해서는 전략가들이 반드시 있어야 한다고 담담하게 주장한다. 흔히들 말하기를, 천재 전략가는 만들어지는 것이 아니라 타고난다고 하지만 그렇다고 한 나라가 천재 전략가를 정말 필요로 할 때, 국민들의 유전자 풀과 그 나라의 군사와 정치 직업공무원 제도에 기대어 그런 사람이 나타나기를 손 놓고 기다릴 수는 없는 노릇이다. 생각이 있는 국가라면 당연히 전략적으로 사고할 수 있는 사람들을 민간인과 군인 모두에서 적어도 몇 사람은 양성하려고 애써야 한다. 물론 이것은 다음 격언에서 설명하는 것처럼 쉽지 않은 일이다. 그러나 진실로 전략가를 양성하는 임무가 아무리 어렵다고 해도 그 임무를 완수하지 못했을 때 치러야 할 대가는 너무도 커서 견뎌내기 힘들 수 있다. 왜 그런지는 다음에 나오는 인용문이 핵심을 찌른다.

> **❝** 당신은 전략에 관심이 없을 수도 있다. 그러나 전략은 당신에 관심이 있다.
>
> — 작자 미상 **❞**

전략은 정책이나 전술보다 더 어렵다

> 당신이 반란군을 격퇴하는 전쟁을 수행 중일 때, 당신의 전략은 옳은데 전술은 틀릴 수 있다. 그런 경우는 마침내 전술을 올바르게 수정할 것이다. 그러나 처음부터 전략이 틀리고 전술만 옳다면, 전술은 끊임없이 수정되겠지만 결국에는 전쟁에서 지고 말 것이다. 그것이 바로 우리가 베트남에서 저지른 과오다.
>
> — 로버트 킬리브루Robert Killebrew, 2006년[7]

〈격언 12〉는 정말 말한 그대로를 의미한다. 어떤 다른 뜻도 없다. 이 말은 전략이 정책이나 전술보다 더 중요하다고 주장하는 것이 아니다. 다만 더 어려울 뿐이라는 것이다. 이 격언에 나오는 세 가지 차원의 행동은 서로 밀접하게 의존하는 관계다. 정책 결정에 따라 전략 수립의 방향이 정해지고 선정된 전략은 전술적 수단에 직접적인 영향을 미친다. 이러한 상호의존성은 1차 세계대전의 역사에서 완벽하게 볼 수 있다. 여기서 가장 큰 문제로 드러난 것은 정치적 문제였다. 적이든 아군이든 정책은 결정적인 군사적 승리를 요구했다. 그것은 전략에서 생각하는 희생으로는 도저히 이룰 수 없는 결과였다. 전략이 이렇게 실패한 이유는 작전과 전술적 한계가 너무 극명했기 때문이다. 1914년부터 1918년 말까지 그랬던 것처럼 전술적으로 궁지에 몰린다면, 아무리 높은 수준 ─ 작전, 군사전략, 대전략, 정책에서 ─ 의 전쟁을 수행해도 그 결과는 미미할 것이다. 이 모든 것들은 결국 군대가 전술적으로 수행해야 하는 일이기 때문이다. 군대가 그 일을 수행할 수 없거나 하지 못한다면 더 높은 차원에서 탁월한 성과를 논하는 것은 무의미하다.

여기서 말하는 3가지 차원의 행동은 하나하나가 다 매우 중요하다. 어리석고 심지어 역효과를 초래할 수 있는 정책에서 뛰어난 전략과 전술이 나오기를 바라는 것은 헛된 기대다. 앞서 인용한 킬리브루 대령의 말처럼 전술은 우수한데 전략이 잘못 되었다면, 군사적으로 유익한 결과를 거두기는 거의 힘들 것이다. 결론적으로 여기서 주장하는 바는 정책이 만족스럽고 전술이 적당히 융통성이 있다면, 작전 계획의 성공 여부는 전략을 얼마나 잘 짜느냐에 달려 있다는 것이다. 전략은 정책 결정 기능과 군인들의 전투 수행 기능을 연결하는 다리라는 사실을 기억하라.

사람들은 대개 정책과 전술의 의미와 목적은 잘 이해하지만 전략은 잘 이해하지 못한다. 따라서 전략의 중요성을 무시하기 쉽다. 게다가 전략의 의미를 설명할 때 전략은 어떤 특별한 재능이 없어도 수행할 수 있는 하나의 기본적인 기능으로 들릴 수도 있다. 이 지점에서 전략과 전략가의 기능에 대해 다시 한 번 생각하는 것이 정말 필요하다. 우리는 다음과 같은 사실을 이해해야 한다. 1. 전략가는 군사 행동과 정치적 목적 추구를 하나로 묶는 계획을 짜야 한다. 다시 말해서, 정치적 목적 달성을 위한 군사 행동 계획이 나와야 한다. 2. 이 과정은 전략가가 정책 결정자와 군인, 양쪽과 협의하는 것을 필요로 한다. 그들은 저마다 자기네가 주장하는 것이 옳다고 고집을 피우기 마련이다. 3. 총체적으로 전략은 정책이 전쟁터와 만나는 곳이다.

정책결정과 전술에 따른 작전 수행도 쉬운 일은 아니지만 그런 활동을 하는 사람들은 경험 많고 숙련된 전문가들이다. 그러나 전략을 수립하는 정책결정자나 군인에게는 그만한 전문 능력이 없다. 늘 뛰어난 통찰력을 제공하는*8 클라우제비츠는 더 높은 차원에서는 전쟁 수행과 정책이 효과적으로 융합한다고 말한다. 그 말은 사실일지 모른다. 실제로 모든 전투행위는 폭력 수단을 이용한 정치적 행위라는 점에서 맞는 말이다. 그러나 오늘날처럼 심각하게 관료화된 세계, 특히 법과 관습으로 군인들이 국가 정치에 관여하는 것을 막는 나라들에서는 클라우제비츠가 말한 그런 융합은 현실에서 일어나기 어렵거나 불가능하다. 그러한 융합이 이루어지면, 정책과 전술을 연결하는 다리와 같은 전략은 거의 소멸되고 정책결정과 전쟁 수행은 하나로 합쳐져 파멸적 결과를 초래하기 마련이다. 오늘날 서구 민주주의 국가들에서는 확실히 정책을 군사적 수단과 연결해야 하는 다리를 지탱할 전략가들을 양성하는 문제에 대해서 아무도 신중하게 생각하고 있지 않다. 전략가는 전략이라는 다리를 지키는 사람으로서 정치인들과 군인들이 끊임없이 대화를 나누도록 그들을 훈육해야 한다. 그것은 전략가의 의무다. 전략가는 결국 정치적 목적을 반드시 달성하기 위해 그에 알맞은 군사력 사용 계획을 짜야 한다. 그러나 그러기 위해서는 전술과 군수 계획의 실행 가능성을 고려해야 한다.

사람들은 전략이 왜 어려운지 그 이유들을 제대로 알지 못한다. 특히 전략가들이 그렇다. 왜 그런지 크게 다음 3가지로 설명할 수 있다.

첫째, 앞에서 설명한 것처럼, 전략가는 공식 환율이 정해지지 않은 상태에서 외환 거래를 하고 있는 셈이다. 그는 어떤 유형의 군사적 위협이나 행동이 정치적 목적을 달성하기 위해 필요한 전략적 효과를 얼마나 크게 발생시켜야 하는지 결정해야 한다. 그 방정식에서 가장 중요한 요소의 값, 이를테면 적의 저항 의지가 얼마나 큰지 알 수 없을 가능성이 크기 때문에, 전략가는 그것을 계산하지 못하고 추측해야 한다. 무력행사는 저항을 억제하기보다 더 강화시킬 수 있다. 비정규전에서 더욱 그렇다.

둘째, 전략가는 민간 정치인들과 군인들을 나누는 사회적, 문화적, 직업적 전선에서 양다리를 걸치고 거래를 한다. 민간 정치인과 군인이 서로 협력하기를 모든 사람이 바라고, 그들의 협력을 촉진하고 심지어 그것을 보장하도록 설계된 관료주의 제도가 있음에도 그들 사이에 여전히 다리를 놓지 못할 수 있다. 늘 그렇듯이 클라우제비츠가 말한 요점을 조금 범위를 넓혀서 말한다면, 전략을 수립하는 단계에서 정책의 논리와 전쟁의 원리가 만난다고 할 수 있다.*9 정책결정자는 군대가 전술적으로 수행할 수 없는 것을 군대에 요구할 수도 있다. 군대는 자신들이 잘하는 방식으로, 그리고 자신들이 이해하는 전술적 목적을 위해 싸우고 싶어 할 것이다. 그러나 그러한 방식은 정책결정자가 바라는 투자 대비 유익한 정치적 효과를 전혀 보장하지 않는다.

셋째, 전략은 전쟁 준비와 전쟁 수행의 모든 측면을 포괄하는 차원들을 가지고 있기 때문에 특히 어렵다. 필자는 오컴의 면도칼Occam's Razor이 말하는 단순한 것이 더 진리에 가깝다는 매우 유익한 논리에 맞서 전략이 포괄하는 차원을 무려 17가지로 나누었다.*10 클라우제비츠는 전략을 5가지 요소, 곧 도덕, 물리, 수학, 지리, 통계적 요소로 설명했다는 점에서 오컴의 논리에 훨씬 더 충실한 사람이었다.*11 최근에 마이클 하워드는 전략을 4가지, 곧 사회, 군수, 작전, 기술적 요소로 설명했다.*12 필자는 클라우제비츠가 전략의 복잡성을 설명한 방법을 빌려와서 17가지 차원을 3가지 범주, 곧 "국민과 정치", "전쟁 준비", "전쟁 자체war proper"로 묶었다. 두 번째와 세 번째 범주는 클라우제비츠의 전쟁론과 직접 관련이 있다. 전략의 영역들을 얼마나 자세하게 세분화하느냐 하는 것보다 그것들을 인식하고 분석하는 틀이 더 중요하다. 끝으로 17가지 전략의 영역들이 어떻게 세 범주로 분류되었는지를 살펴보자. 첫 번째 범주인 "국민과 정치"는 사람, 사회, 문화, 정치, 도덕의 차원들로 구성된다. 두 번째 범주인 "전쟁 준비"는 경제와 군수, (방위와 병력 계획을 포함한) 조직, 군사 정보와 정보 기관, 군사 이론과 정책, 기술로 구성된다. 세 번째 범주인 "전쟁 자체"는 군사 작전, (정치적, 군사적) 지휘, 지리, (우연성과 불확실성을 포함한) 마찰, 적, 시간으로 구성된다.

전략의 차원을 이렇게 17가지로 세분화하여 백과사전식으로 나열하더라도 〈격언 12〉가 전하고자 하는 요점을 놓쳐서는 안 된다.*[13] 전략은 그 많은 차원들 가운데 어느 하나라도 잘못되면 전체 전략 수행에 치명적인 영향을 끼치기 때문에 그만큼 어렵다. 처음에 전략적으로 의도했던 것과는 다르게 갈 수 있는 가능성도 많다. 그러나 원칙적으로는 전략의 차원들 가운데 하나 또는 몇몇 차원들이 약점이 있다고 해도 그 밖의 다른 차원들이 월등히 우수해서 그러한 약점들을 상쇄할 수 있다고 주장할 수 있다. 그러나 그것은 원칙을 가장한 추상적인 희망사항에 불과하다. 역사적으로 볼 때, 대개 전략의 성과가 공식적으로 기대했던 만큼 만족스러웠던 경우는 별로 없다. 그것은 쉽게 약점이 교정되거나 상쇄될 수 없는 이유들이 있기 때문이다. 만일 우물쭈물하다 적절한 시점을 놓쳤다면(격언 17 참조) 그 전략은 그 문제를 보완해서 성공할 수 있는 방법이 없기 쉽다. 요컨대, 전략적 차원에서 전쟁을 수행하는 것은 실패할 수 있는 서로 다른 종류의 많은 요소들이 있기 때문에 단연 가장 어려운 문제이다. 〈격언 12〉에서 말하는 경고를 인식하고 잘 이해해서 어느 정도 대처하지 못할 경우 전략적으로 패배하는 것은 필연적일 수 있다. 그리고 전략이 실패한다면 정책도 그에 따른 군사적 수단도 실패한다. 그러나 찰스 콜웰Charles E. Callwell이 100년도 더 전에 그럴 듯하게 주장한 것처럼, 전략적 차원에서의 오류 가능성이 전쟁 패배의 유일한 원인은 아니다.

> **❝** 그러나 전략은 전쟁의 최종 심판자가 아니다. 그것을 결정하는 것은 전쟁터다.
>
> – 찰스 콜웰, 1906년[★14] **❞**

나쁜 전략은 사람을 죽인다. 그러나 나쁜 정책과 전술 또한 사람을 죽인다

> **"** 전략적 실수는 다음 번 전쟁에 가서야 비로소 고칠 수 있다.
>
> — 작자 미상 **"**

어떤 전략을 선택하느냐에 따라 정책 목표를 달성할 수 있는지 없는지가 결정된다. 그리고 그러한 선택은 전술적 행동을 위한 가장 중요한 배경이 된다. 정책 목표가 결정되었다면 이제 어떻게 하면 전쟁에서 승리할수 있는지 이론이 필요한데, 그것을 제공하는 것이 바로 전략이다. 그 이론이 부적절하다면 정책은 실패하고 말 것이며 군인들은 헛된 죽음을 맞을 것이다. 따라서 왜 전략이 전쟁, 더 일반적으로 말해서 치국의 성패를가늠하는 기준이 되는지 쉽게 알 수 있다.

정치적 목표를 달성 가능한 목표로 바꾸는 것이 전략의 역할이다. 군사전략을 놓고 말한다면 그 문제는 아마 가장 중요한 군사력의 운용에초점이 맞춰질 것이다. 좀 더 넓게 생각하면, 대전략에서의 많은 선택들은결국 전체적으로 어떻게 전투를 수행할 것인가를 결정하는 것이다. 모든정책 수단들이 중요하기는 하지만, 당면한 문제가 군사안보 문제라면, 군사전략의 문제는 무엇보다 중요하게 된다. 나라를 다스리는 데 필요한 다른 수단들 — 외교, 선전, 경제적 압박, 체제 전복 등 — 은 군사 행동을 최우선으로 지원하는 요소들이 될 수밖에 없다.

원칙적으로 정책은 전략을 이끌고 전략은 전술을 이끌어야 한다. 그러나 역사적 경험으로 미루어 보건대, 전쟁 때 정책, 전략, 전술의 관계는 그렇게 단순한 위계 관계가 아니다. 매콜리Thomas Babington Macaulay 경이 쓴 서사시 『고대 로마의 민요Lays of Ancient Rome』에 등장하는 용감한 호라티우스처럼 도시로 연결된 다리를 지키는 역할을 하는 전략가는 높은 차원의 전쟁에서든, 낮은 차원의 전쟁에서든 언제나 경찰관 같은 존재다. 전략가는 전략이라는 다리에서 정치적 목표를 실제로 달성할 수 있는 계획으로 바꿔주어야 한다. 그러나 전략가가 이것에 자신이 없다면 그는 어쩔 수 없이 정책을 좀 더 소극적인 방향으로 고쳐야 한다고 제안하거나 주장할 것이다.

그럴 경우, 전략은 정치적 목표를 달성하기 위해서 필요한 것보다 더 많은 무력을 요구하기 마련이다. 전략가는 전쟁 승리를 위한 이론을 마련하고 그것을 수행할 전략을 짜느라 바쁘다. 그 전략은 해당 국가(또는 기타 안보공동체)의 강점을 뒷받침하고 약점을 보완할 방법을 제공해야 한다. 그러나 실전에서는 확정 또는 잠재된 전술적 제약이 늘 있기 마련이다.

같은 말을 되풀이하는지 모르지만, 좋은 전략은 대개 역동적이기 마련인 정책의 요구 사항들을 충족시키기에 충분한 전략적 효과를 발휘한다. 모든 군사 행동에서 공통적으로 거두는 중요한 전략적 효과는 모두 전투에 투입된 군인들의 노력과 숙련된 전투 기술, 희생을 대가로 얻는다.

정치와 군사력을 이어주는 전략이라는 다리를 지키는 전략가를 어떤 확정된 위대한 계획을 마지막까지 방어하는 사람으로 보는 것은 아주 큰 잘못이다. 전략가는 실제로 거의 신성불가침의 신임을 받지만 그렇다고 전략이 꼭 고정되어 있어야 하는 것은 아니다. 오히려 전략가는 궁극적으로 정치적 효과를 높일 수 있는 방식으로 군사적 자산들을 쓸 수 있게 전략을 운영해야 할 책임이 있다. 전략을 다리에 비유한 것은 정치인들과 군인들이 서로 소통하고 대등하게 대화를 나눌 수 있도록 둘 사이를 이어주는 기능을 하기 때문이다. 그러나 전략가는 단순히 교통정리를 해주는 사람이 아니다. 전략가가 현실에서 딛고 서야 하는 다리는 긴 다리도 있고 짧은 다리도 있으며 여기저기 많이 부서진 다리일 수도 있다. 하지만 그는 어떤 상황에서도 외환거래 기능을 수행해야 한다. 정치적 요구와 군사적 실행 가능성에 대한 주장 사이의 대화는 정치와 군사 영역 양쪽을 만족시키는 행동 이론으로 바꾸어야 한다. 나쁜 전략은 정치적 요구들을 충족시키지도 못할 뿐더러 군수 지원과 관련해서 군대에 비현실적인 요구를 하거나 군대 자산들을 효율적으로 배분하지 못한다.[15]

〈격언 13〉은 전략의 역할과 전략 대비 정책과 전술의 관계를 깊이 이해하는 데 도움을 준다. 정책 결정자와 군인들의 비교적 명백한 역할과 비교할 때 전략가가 해야 하는 일에 대해서 잘 이해하지 못했던 사람들도 〈격언 13〉의 설명을 통해 전략가의 임무를 명확히 알았을 것이다.

정치, 전략, 전술과 관련된 모든 차원의 행동이 다 중요하지만, 이 격언은 전략이 전쟁에 기여하는 고유한 특성에 초점을 맞춘다. 이 격언은 전쟁뿐 아니라 평화에 대해서도 전체론의 관점에서 본다. 그러나 그러한 관점 때문에 전략의 기능과 전략가를 너무 소홀하게 평가해서는 안 된다. 물론 궁극적으로 행동의 방향을 정하는 것은 정책이다. 정책은 전쟁이라는 계획된 폭력에 유일하게 의미를 부여한다. 그리고 전술 또한 말 그대로 매우 중요한데, 정책과 전략을 전선에서 실행하는 것이 전술이기 때문이다. 군인들이 전술을 제대로 수행하지 못한다면 정치적 목표를 달성하기 위해 채택된 전략이 아무리 뛰어나도 소용 없다. 결국 작전은 실패하고 말 것이다.

전략의 중요성은 모든 전투에서 때로는 매우 극적인 형태로 나타난다. 예컨대, 1812년과 1941년에 각각 나폴레옹과 히틀러는 결국 잘못된 것으로 판명된 전략과 승리 이론을 채택했다. 두 사람은 모두 러시아 전선 근처에서 러시아군을 무찌를 수 있을 것으로 생각했다. 그런 뒤에 1812년 나폴레옹은 차르가 무릎을 꿇고 화평을 청할 줄 알았고 1941년 히틀러는 스탈린 공산정권이 무너질 줄 알았다. 이 두 역사적 사례에서, 러시아 내륙의 험악한 지형을 잘 알고 있었던 침략군은 몇 주 또는 몇 달 만에 군사적 승리를 이루고 곧바로 정치적 승리를 거둘 전략을 택했다. 1941년 7월, 계속 이어지는 승전의 도취감에 한껏 취해 있던 독일군은 개전 5주 만에 옛 소련과의 전쟁에서 이미 승리했다고 믿었다. 그들은 적어도 휴식과 재정비를 위한 3주를 포함해서 11~14주 안에 결정적인 승리를 맞을 거라고 자신만만해 했다.*[16]

더 최근에 미국이 베트남전에서 거둔 전략적 성과는 여러 가지 긍정적이거나 부정적인 교훈들로 가득한 전략의 아주 전형적인 사례다. 윌리엄 웨스트모얼랜드William C. Westmoreland 장군이 지휘하던 베트남 미군사지원단MACV은 베트콩과 그들을 직접 지원하는 북베트남군NVA과의 전쟁에서 승리 전략이 없지 않았다. 그러나 불행하게도 MACV가 택한 전략은 잘못된 것이었다. 웨스트모얼랜드 장군은 클라우제비츠가 지적한 가장 기본적인 전략적 실수를 저질렀다. 그는 자신이 싸우고 있는 전쟁의 성격을 이해하지 못했다. 그 결과, 그는 베트남 지역의 전략적 문제들에 적절히 대처하기보다는 자기가 좋아하고 이해하는 방식으로 전쟁을 수행했다.*[17] 〈격언 12〉에서 인용한 킬리브루 대령의 지적처럼, 전략이 잘못되면 아무리 훌륭한 전술을 써도 패배를 면할 수 없다. 전체적으로 잘못된 전략적 인식으로 매우 부적절한 작전 목표를 설정했을 때는 아무리 뛰어난 전술을 구사해도 실패하기 마련이다. 반면에 미국이 국내의 정치적 문제로 시간이 너무 오래 지체되기는 했지만 베트남에서의 전략적 실수를 스스로 깨달을 수 있음을 확인했다는 사실은 주목할 만한 가치가 있다. MACV는 1968년에 지휘관이 바뀌면서 전략을 수정했다. 1969-1970년에 미 육군과 해병대, 그리고 베트남공화국군ARVN의 일부 부대는 베트콩을 진압하는 작전에서 결정적인 것처럼 보이는 승리를 거두었다. 1975년 사이공이 함락되었을 때, 그것이 대규모 민중 반란 같은 것에 무너진 것이 아니었다는 것은 상기할 필요가 있다. 사이공 함락은 오히려 옛날 방식처럼 전통적인 정규군의 침공으로 이루어졌다.

전략이라는 다리를 차지하고 있는 전략가는 전략적 문제를 푸는 핵심 요소가 될 수도 있고 문제 그 자체를 일으키는 요인이 될 수도 있다. 총명한 정책과 헌신적이고 유능한 군사력을 갖추고 있다고 해도 전략이 견고하지 못하면 목표 달성에 실패하거나 패전에 이를 수도 있다. 오늘날까지 사람들은 전략의 역할이 얼마나 중요한지 제대로 인식하지 못하고 있다. 어떤 나라에서 정책을 군사 행동으로 전환할 때 전략이 얼마나 중요한 역할을 하는지에 대해서 그다지 주의를 기울이지 않는 경우가 아직도 너무 많다. 전쟁의 신들을 경시해서는 안 된다. 전략을 경멸하고 무시하거나 게을리하는 사람들은 반드시 비싼 대가를 치를 것이다.

" 바깥주인은 갑옷을 수선하고
투구에 꽂힌 깃털을 손질하고,

안주인의 북은 흥겹게

베틀 위를 휙 하고 지나가고,

울고 웃으며

이야기는 여전히 이어지는데

호라티우스는 얼마나 다리를 잘 지켰던가

그 용감했던 옛날에.

— 토머스 바빙튼 매콜리 경, 1842년[18] "

투키디데스, 손자, 그리고 클라우제비츠가 말하지 않은 것이 있다면, 아마도 말할 가치가 없다고 생각해서 그랬을 것이다

> 역사를 쓰면서 모험과 사랑 이야기가 없다면 솔직히 좀 재미가 없을 것 같아서 두렵다. 그러나 미래를 이해하기 위해서 과거를 정확하게 알고 싶어 하는 사람들에게 그것이 유용하다고 인정을 받는다면, 그래서 앞으로 똑같은 행태를 되풀이하지 않을 수 있다면, 그것으로 나는 만족할 것이다. 요컨대, 나는 오늘날 찬사를 받기 위해서가 아니라 영원히 기억되기를 바라며 이 작품을 썼다.
>
> — 투키디데스, 기원전 400년[19]

전략에서 새로운 생각은 없다. 어디서 유래되었는지 알지도 못하고 알수도 없는 아주 오래된 생각들이 쌓여서 전략이 된다. 대부분의 세대는 당대의 현실에 잘 들어맞게 고전들을 새롭게 고치려는 학자와 전략가, 인기 작가들을 배출한다. 그러나 그러한 노력의 결과는 늘 기대에 어긋난다. 적어도 지금까지는 그랬다. 미래를 정확하게 말할 수 있는 사람은 아무도 없다. 전략 이론은 매우 현실적이고 모험의 요소가 많기 때문에 어떤 상황을 전략적으로 생각할 때는 언제나 역사적 맥락을 세부적으로 아주 면밀하게 주목할 필요가 있다. 그러나 그러한 생각들은 현실에서 지나치게 다양한 형태로 나타날 수 있는 만큼이나 늘 변하지 않는다. 영원히 죽지 않는 전략적 지식체가 있는 것이다. 〈격언 14〉에서 말하는 세 작품이 바로 그러한 지식의 결정체들이다.

문체는 서로 크게 다르지만, 투키디데스의 『펠로폰네소스 전쟁사』와 손자의 『손자병법』, 클라우제비츠의 『전쟁론』은 전략을 이해하기 위해 반드시 읽어야 할 3권의 책이다.[20] 실제로 이 책들을 잘 모른다면 전략에 대해서 아는 게 없다고 말해도 무방하다. 더군다나 국가 전략을 짜는 사람들이 이 책들의 내용을 습득하지 못했다면 그들은 전략가로서의 책임을 스스로 부인하는 것과 마찬가지라고 할 수 있다. 이 책들의 가치는 미국의 지성을 겸비한 군인이자 전략가인 조지 캐틀린 마셜 육군대장이 입증했다. 1947년 2월 22일, 당시 국무부 장관이었던 그는 프리스턴 대학에서 청중들을 대상으로 연설하면서 "적어도 펠로폰네소스 전쟁과 아테네 함락의 시기를 마음속에 떠올리지 못하는 사람이 오늘날 기본적인 국제 문제들을 신념을 가지고 아주 지혜롭게 생각할 수 있을지" 의문이라고 말했다.[21] 따라서 그렇게 하려면 오늘날 그 주제에 대한 유일한 원천인 투키디데스를 반드시 공부해야 한다.

〈격언 14〉는 이 고전 3부작에 전략과 관련해서 사람들이 반드시 알아야 할 모든 내용이 들어 있다고 주장한다. 세 저자 ─ 손자만 유일하게 혼자서 책을 저술한 것으로 알려짐 ─ 가 저마다 책을 쓰게 된 배경과 목적은 모두 실용적 관심에 있다. 기원전 400년 무렵, 중국의 전국시대(기원전 475~221)에 병법을 쓴 손자는 제왕을 자문하는 사람이었다. 그는 스스로 전략을 짜는 사람이었을 수 있다. 투키디데스 또한 기원전 400년 경, 무고하게 쫓겨난 아테네 장군이었다. 칼 폰 클라우제비츠는 자신이 실제로 전략 수립의 임무를 맡아 본 적이 없다. 그러나 그는 12살 때 몸소 전쟁을 겪으면서 프로이센과 러시아의 전략가들과 친밀한 사이였다. 이 세 저자 가운데 학자 출신은 한 명도 없었지만 학문을 하는 사람들의 중요한 덕목인 진리 추구는 그들의 공통점이었다. 그러나 그들이 찾고자 애썼던 진리는 전쟁과 평화, 질서와 무질서의 세계에서 유용한 진리였다. 그들의 책은 내용이나 형식이 서로 크게 달랐지만 아무튼 전략 교육의 기본적 내용들을 제공하는 것을 목적으로 했다는 점에서는 모두 같았다. 모든 점을 고려할 때, 이 3권의 책은 전략의 규범이라고 할 수 있다.

　오늘날에도 전략 이론과 관련된 책을 쓰려는 많은 시도들이 있었다. 그러나 현대의 사례들을 열심히 연구하면 할수록 옛날의 지적 유산들이 말하는 내용들이 더욱 더 명확해졌다. 필자는 〈격언 14〉에 담긴 진리를 굳게 믿지만, 그렇다고 투키디데스, 손자, 클라우제비츠의 저작들에서 개선할 내용이 전혀 없다고 주장하는 것은 아니다. 그것보다는 오히려 지금까지 그런 일에 성공한 사람이 없었다는 것이 요점이다. 오늘날 이들 세 사람을 제외하고 지적으로 뛰어난 차별성을 보이는 전략비평가나 이론가로 한두 명을 더 추가한다면, 에드워드 루트왁Edward Luttwak과 마틴 반 크레벨드Martin van Creveld를 들 수 있다.*22 그러나 그들이 아무리 뛰어난 연구 성과를 거두었다고 해도 투키디데스, 손자, 클라우제비츠 세 사람들이 이룩한 전략적 지식체에 비하면 미미한 수준이다. 그러나 이것 때문에 오늘날 뛰어난 재능을 가진 전략이론가 두 사람을 무시해서는 안 된다. 루트왁은 전략의 역설적 본성에 특별히 중요성을 부여했다. 말하자면, 오늘 잘 먹혀든 전략은 내일은 잘 먹히지 않는다. 그 전략이 오늘 잘 먹혔기 때문이다. 신중한 적은 상대방이 언제나 똑같은 전략 수단을 쓸 경우 그것을 역으로 이용할 줄 안다. 1939~1945년 독일의 전쟁 방식은 작전과 전술 개념이 지나치게 경직되었다는 것이 나중에 밝혀졌다. 러시아와 심지어 영국도 이미 그들의 전략을 간파했고 따라서 비록 고통스럽기는 해도 어떻게 해야 그것에 가장 잘 맞설 수 있는지 알았다.

마틴 반 크레벨드는 3명의 대전략가들이 했던 것처럼 과감하게 자신의 전략 이론을 세웠다. 그러나 국가의 중요성이 점점 희미해지고 있는 세계화 시대에 맞게 전략 이론을 다시 쓰려던 그의 급진적 노력은 개방적인 학자와 언론인들을 빼고는 많은 지지층을 확보하지 못했다. 필자는 혁명적일 수도 있었던 크레벨드의 저작 『전쟁의 변환The Transformation of War』이 훌륭하고 자극적이며 통찰력 있는 작품이지만 근본적으로 문제가 있다고 지적한다. 무엇보다도 클라우제비츠가 16세기 발명품인 근대국가의 소멸을 목격하고 있는 후기 산업시대에 더 이상 적합하지 않다는 반 크레벨드의 비판은 커다란 잘못이 아닐 수 없다.

〈격언 14〉에서 말한 3명의 전략 이론가들의 가장 중요한 공통점은 그들의 뛰어난 추론 능력과는 별개로 그들이 완성한 전략 사상이 시대를 초월해서 영원하다는 데 있다. 그들의 전략 사상을 개선할 수는 있지만 — 그것도 몸통보다는 곁가지 내용에 불과하겠지만 — 유용하게 새로 고칠 수는 없다. 모든 세대는 투키디데스, 손자, 클라우제비츠의 책에 나온 사상들이 강력하게 주장하는 바를 당대의 요구에 맞게 아주 신중하게 역으로 적용하고 해석할 줄 알고 실제로 그렇게 해야 한다. 그들의 사상이 현재 활동하고 있는 전략가들의 매우 실용적이고 끊임없이 변화하는 세계에서도 부적절한 것으로 전락하지 않고 여전히 건재할 수 있는 것은 오로지 그 3권의 고전 속에 담긴 전략 사상의 보편성 덕분이다.

〈격언 14〉는 우수한 전략 교육을 위한 지적 기반이 무엇인지 확인시켜 준다는 점에서 매우 중요하다. 바꿔 말하면, 경험이 가장 훌륭한 선생님

이라고 할 수 있다. 그러나 전쟁이 한창 진행 중에 투입된 풋내기 전략가는 나라를 잃게 만들 수도 있다. 전략가의 경험은 큰 대가를 치르고 어렵게 얻기 마련이다. 〈격언 14〉는 전략과 관련된 문헌들과 상대적으로 친숙하지 않은 사람들에게 지나치게 앞서 나가는 주장처럼 들릴지도 모른다. 기원전 400년에 고대 그리스와 중국에서, 1820년대 프로이센에서 발간된 3권의 책이 정말로 우리가 반드시 알아야 할, 아마도 전략과 전쟁에 관한 모든 것을 담고 있을 수 있을까? 무지에 바탕을 둔 불합리한 반대가 아니라면 그 대답은 당연히 "그렇다"이다. 물론 더 개선되어야 할 여지는 늘 있다. 〈격언 14〉는 투키디데스, 손자, 클라우제비츠가 쓴 책이 흠잡을 데 없이 완벽하다고 주장하는 것이 아니다. 다만 그 3권의 고전이 서로 내용을 보완하면서 그 책들을 통해 배우고자 하고 배울 수 있는 사람들에게 매우 훌륭한 전략 교육서 역할을 할 것이라는 점을 강조하는 것뿐이다.

전략 교육을 견고하게 하기 위해서는 클라우제비츠의 『전쟁론』만으로도 충분하다. 모든 것을 고려할 때, 그 주장은 아마도 사실이거나 충분히 근거가 있다. 그러나 클라우제비츠는 투키디데스와 손자가 채택했던 방식과는 매우 다른 접근 방식을 썼다. 〈격언 14〉가 칭송한 그 전략 규범은 그것의 다양성 때문에 특히 의미가 강하다. 좀 더 자세히 말하면, 이 3권의 책은 고대 그리스와 고대 중국, 그리고 19세기 프로이센만큼이나 다양한 맥락으로 구성되어 있다. 그 책들은 역사서의 형태(투키디데스)를 띠기도 하고, 거의 "간결한 지령"들을 모아 놓은 포괄적인 지침서 형태(손자)를 띠기도 하며, 철학 논문의 형태(클라우제비츠)를 띠기도 한다. 그러나 그 3권 모두 전략적으로 필수적인 내용들에 대해서는 같은 목소리를 낸다. 투키디데스는 긴 역사 서술만큼이나 자세하게, 손자는 인색할 정도로 매우 간결하게 글을 쓴 반면에 클라우제비츠는 셋 중에 유일하게 매우 추상적이다. 그 책들은 저마다 전략 교육서로서 서로를 보완하면서 강화한다. 투키디데스는 자기 책의 독자들이 풍부한 역사 서술의 구체적 사실 속에서 전략과 전쟁, 평화에 대한 보편적 진리를 발견하기를 바란다. 손자는 포괄적인 형태로 자문을 받고 싶어 하는 정책 결정자와 전략가들에게 비록 대개 미묘하기는 하지만 아주 전면적인 전략의 진수를 제공한다. 『손자병법』은 간결하게 지시를 내릴 수 있는 전략 교육서의 최고봉이라 할 수 있다. 반면에 클라우제비츠의 책은 그가 뜻하는 바를 완벽하게 이해하려면 매우 세심하게 읽고 또 읽어야 한다.

〈격언 14〉가 말하는 3권의 고전은 서로 다른 점들도 많다. 당연히 그럴 수밖에 없지 않겠는가? 그러나 그 차이는 그것들이 서로 본질적으로 일치하는 대의와 비교할 때 극히 사소한 문제다.[23] 그렇게 많은 문제들에 대해서 근본적으로 서로 의견이 일치한다는 사실은 전혀 불가사의한 일이 아니다. 3권 모두 공통적이고 변하지 않는 역사적 현상들을 기록하고 있기 때문이다. 전쟁과 전략이 바로 그것이다. 모든 상황에 잘 들어맞는 하나의 이론이 있다는 것은 아주 드문 일이다. 앞서 인용했던 투키디데스의 말과 비슷한 클라우제비츠의 말을 하나 더 인용하면서 이 글을 마무리한다.

> 나의 바람은 2, 3년 후면 잊어버리고 말 그런 책이 아니라 그 주제에 관심 있는 사람들이 한 번 이상 꺼내 읽을 그런 책을 쓰는 것이다.
>
> – 칼 폰 클라우제비츠, 1818년[24]

"오늘의 개념"이라는 전략 개념은
새로운 진리로 재발견되고 재순환되어
재탄생하지 않는다면
조만간 썩은 쓰레기처럼 될 것이다

> **당신은 좋은 생각이든 나쁜 생각이든 그것을 억누를 수 없다. 그것은 반드시 또 다른 전략적 논쟁거리가 되어 되돌아온다.**
>
> — 워싱턴 DC의 전래 금언

〈격언 15〉는 전략적 논쟁의 3가지 특징을 알려준다. 첫째, 대개 지배적인 생각이 하나 있다는 사실을 보여준다. 이것은 따라서 서로 보완적일 수도 있고 아닐 수도 있는 생각들이 여럿 있다는 것을 의미한다. 둘째, 현재의 지배적인 생각, 곧 "오늘의 개념Concept du Jour"은 오직 잠시 동안만 세상을 지배할 뿐이다. 셋째, 이 격언은 위대한 전략적 사상들은 결코 사라지지 않는다는 것을 단호하게 주장한다. 아무리 위대한 개념들이라도 현재 진부해지거나 신뢰를 잃었을 때는 다시 부름을 받을 때까지 휴식을 취하며 기력을 회복하기 위해서 도서관으로 결국 돌아가기 마련이다.

<격언 14>에서 주장하는 것처럼, 전략에서 새로운 생각이란 없기 때문에 모든 새로운 주장이나 혁신적 생각인 척하는 모든 것은 논리적으로 볼 때 다 가짜일 수밖에 없다. 그런 거친 판정은 사실이기도 하고 사실이 아니기도 하다. 권위 있는 이론가들의 저작을 통해서 간접적으로, 또는 역사 속의 전략들을 스스로 연구함으로써 보다 직접적으로 접할 수 있는 전략적 지식체 안에 사실상 정체되고 한정된 생각들이 들어 있다는 점에서 그러한 평가는 사실이다. 그러나 오늘날 전략가가 되려고 하는 사람들 가운데 그 고전들의 표지 안에 숨어있는 많은 개념과 통찰들을 잘 알지 못하는 사람들도 있을 수 있다. 더 나아가 그렇게 야심만만한 전략가들 가운데 전략의 역사에 대해서 널리 알려진 몇몇 특징들을 제외하고는, 그것도 어쩌면 믿을 수 없는 것인지도 모를 그런 내용만 알고 나머지는 전혀 모르는 사람들도 있을 수 있다.

다시 말하지만, <격언 15>는 우리가 결코 사라진 것이 아니라 다만 엉뚱한 자리에 가 있거나 잠시 잊어버린 것, 그리고 처음부터 결코 잃어버리거나 폐기해서는 안 되는 것을 재발견할 줄 아는 강력한 성향이 있다고 주장한다. 이 격언은 국제적인 방위공동체에서 전략적 논쟁이 일정한 주기를 두고 반복되고 있다는 것을 보여준다. 전략 개념은 정책과 전략적 의제에 따라서 성쇠를 거듭하고 나타났다 사라졌다 다시 약간 다른 형태로 나타나기를 반복한다. 그렇다고 이 격언이 오늘날의 전략가를 비판하는 것은 아니다. 전략가들은 다행히도 당면 과제들을 충분히 이해할 수 있는 수준 이상으로 개념적 도구들을 잘 갖추고 있다. <격언 15>가 그렇게 부정적, 심지어 냉소적 형태로 표현되는 이유는 옛날에 나왔던 전략 개념들이 다시 등장한 것뿐인데도 그것이 마치 혁신적인 것인 양 순진하지만 부당하게, 또는 일부러 과장해서 선전되기 때문이다. 그러한 속성

은 여기서 설명하는 여러 이유 때문에 정말 문제가 아닐 수 없다. 그러나 우리는 먼저 이 격언이 쓰인 맥락과 관련해서 그것이 기본적으로 뜻하는 바가 무엇인지 간략하게 말하고 넘어가야 한다.

〈격언 15〉는 격렬한 방위 논쟁에 시달리는 방위공동체에 아주 적절한 말이다. 한편에서 그런 논쟁은 현재의 또는 잠재적인 외부의 다양한 위협들에 의해서 불규칙하게 영향을 받는다. 또 한편으로 전략적 논쟁은 군사 조직과 그 조직을 뒷받침하는 산업적 하부구조라 부를 수 있는 것의 기득권에 의해서 더 불붙는다. 이것을 기업과 관련해서 고쳐 설명하면 이렇다. 상업 기업들은 시장에서 자기네 제품 수요를 뒷받침하는 것처럼 보이는 전략 개념들을 마치 상품처럼 사고 팔 수 있다. 전략 개념은 국가와 같은 공적인 소비자말고도 자기네 제품을 팔고 싶어 하는 기업인들에게도 긴요한 상품이 되었다. 따라서 오늘날 그들이 필요로 하는 전략 개념들을 전문으로 제공하는 싱크탱크 산업이 성행하고 있다. 이렇게 전략 이론가를 대여하는 현상은 역사적으로 볼 때 비교적 최근의 일이다. 실제로 그것은 1940년대 초, 새로 독립한 미 공군에게 전략을 제공하는 랜드연구소RAND Corporation의 창립과 더불어 시작된 것으로 볼 수 있다.*
[25] 여기서 말하고자 하는 것은 싱크탱크가 아니다. 독자들은 필자가 미국의 한 싱크탱크에서 17년 동안 일했으며, 심지어 싱크탱크 두 군데를 직접 설립했다는 것을 알 필요가 있다. 〈격언 15〉는 수요와 공급에 의해서 설명될 수 있는 관계를 가리킨다. 전략 개념이라는 상품에 대한 수요는 불규칙하지만 늘 있기 마련이다. 어느 나라 정부든 대전략의 면밀한 검토와 때로는 군사적 전략 해법이 필요한 여러 가지 문제들과 맞부딪치는 상황이 끊이지 않기 때문이다.

어떤 특정한 전략 개념이 인기가 있느냐 없느냐 문제는 정확하게 수요와 공급의 법칙에 따르기 때문에 각종 전략 개념, 이론, 조직, 교활한 계획들이 치열하게 경쟁하는 시장이라는 맥락을 염두에 두어야 한다. 지식 시장에는 아마도 정부나 기업, 기타 전문 분야의 눈길을 끌기 위해 경쟁하고 있는 방위 전문가, 대개 전략사상가들이 수백, 수천 명이 있다. 따라서 그 시장에서의 성패는 그들의 명성, 경력, 영향력, 돈과 직결된다. 그렇다고 그들에게 애국심, 지적 만족과 같은 순수한 덕목이 있다는 것을 부정하는 것은 아니다. 또한 정부가 국가 전략 수립을 민간 싱크탱크에 맡기는 것이 오히려 유익하고 당연하다는 점도 잊지 말아야 한다. 그러나 때로는 아무 생각이 없는 것보다 허접한 생각이나 뛰어나긴 해도 맥락을 이해하지 못한 생각이 그나마 더 낫다고 하는 것이 정말 맞는 말인지 의심스러울 때가 있다. 정부 관리와 군인들은 자신들의 지적 능력을 넘어서는 문제에 부딪쳤다는 것을 인정하지 않을 수 없을 때까지는 외부에 전략 계획 수립에 대해서 도움을 요청하지 않는다는 것을 기억하자. 정부 관리들은 대개 자신들이 어떻게 전략을 짜는지 안다고 생각하지만 전문가의 승인을 받아야 마음이 편한 게 사실이다. 그러한 승인은 여러 정책을 두고 심각하게 고민할 때 정치적으로 매우 유용할 수 있다.[*26]

〈격언 15〉는 '오늘의 개념'이라는 전략 개념이 정상적인 전략적 지식에서 많은 것이 삭제된 것이라는 사실 때문에 중요하다. 유감스럽지만, 아마도 대개 정부 관리든 전략을 제공하는 사람이든 그런 삭제 사실을 모를 수 있다. 근현대 전략의 역사는 이러한 오늘의 개념들이 황제 즉위식처럼 너무도 당연하게 계승된다는 것을 보여준다. 하지만 그것은 공공연하게 언급되는 것처럼 전혀 정상적인 것이 아니었으며, 오늘날에는 더욱 그렇다. 이제 지난 20년 동안 나왔던 '오늘의 개념'들을 몇 가지 살펴보자.

경쟁전략은 1980년대 중반에서 후반에 모습을 드러냈다. 그것은 언제나 그랬던 것처럼 뛰어난 생각이었다. 명백하게 침체의 늪에 빠진 소련과의 대결이라는 맥락에서 소련의 약점을 생각할 때, 높은 성과를 올리는 정책을 채택하는 것은 누가 보아도 합리적 선택이었다. 다음으로 1990년대 10년을 지배한 전략 개념은 군사 부문의 혁명Revolution in Military Affairs, RMA이었다. RMA라는 전략 개념에서 자질구레한 학문적 치장과 지나친 기대감을 벗겨내고 나면, 그것이 제공한 것은 기껏해야 전쟁의 특성과 수행에는 때때로 급격한 변화가 있다는 번득이는 통찰 말고는 없다.*27 이 개념이 현실에서 아무런 기여도 하지 않는 것은 아니다. 하지만 그것은 또한 위험한 박테리아를 옮기기도 했다. 그것은 지나친 단절을 초래했고 가뜩이나 기술을 추종하는 미국 방위공동체가 기술의 놀라운 능력을 과신하게 만들어, 마침내 기술을 맹신하는 사람들이 전쟁의 다양한 맥락과 배경들을 모두 무시하도록 이끌었다.

오늘날 사람들이 적극 선호하는 전략 개념은 이른바 네트워크 중심전NCW과 효과 기반 작전EBO이다. 이 전략 개념들은 전혀 비난받을 여지가 없는 생각들이다. 하지만 그것들은 옛날에도 그랬다. 실제로 사람들은 NCW와 EBO가 오늘날 새로운 정보기술 덕분에 가능하게 된 최고의 군사 전략이라고 간단히 말한다. 좀 더 자세히 보면, NCW는 모든 병사들이 하나의 네트워크처럼 서로 긴밀하게 연결되어 있어서 전장의 정보를 똑같이 공유하며 작전과 전투를 수행할 수 있게 하는 전략이다. EBO는 그 자체로 훌륭한 착상이다. 하지만 그것을 아주 심도 있게 평가할 수는 없다. "모든 작전이 본디 어떤 목적하는 효과를 달성하기 위해서 수행되어야 하는 것 아닌가?" 또는 "지금까지 모든 작전이 언제나 어떤 효과를 바라고 개시되었던가?"와 같은 회의적인 질문들에 적절히 답을 내놓지 못하기 때문이다. 달리 말해서, EBO는 개념적으로 볼 때 지극히 평범하고 진부하다. 그것은 매우 합리적인 생각이지만 너무 뻔하다. 그러나 유감스럽게도 EBO는 완전히 합리적이지는 않다. 정부 관리들이 NCW와 함께 EBO를 오늘의 개념으로 환영하는 것은 그것들의 효과를 계산할 수 있다는 데 주목하기 때문이다.*28 여기서 계산할 수 있는 것은 모두 엄격하게 말해서 전술적 효과다. 그러나 전략의 규범에 따르면, 전술은 군사 작전이라는 의미에서만 가치가 있는데, 군사 작전은 전략 없이는 전혀 이해할 수 없다.

지금까지 오늘의 개념이라는 전략 개념의 계승은 그것을 옹호하는 사람들도 솔직히 그 속내를 잘 모르는 가운데 마침내 훌륭한 군사적 성취를 이룰 것이라는 거짓 약속을 기반으로 많은 지지자와 인기, 그리고 공식적인 승인을 얻었다. 전략 지식이 없고 남의 말을 잘 듣는 정부 관리들은 전쟁을 어떻게 하면 가장 잘 수행할 것인가에 대한 지극히 중요하지만 근본적으로 평범한 불변의 진리를 그런 방식으로 공급받는다. 시장에는 언제나 전문용어와 산뜻하게 약자로 새로운 것처럼 보이게 포장된 전략 개념들이 등장하기 마련이다. 그것들은 나왔다 사라졌다 훗날 또 다시 약간 겉모습을 바꿔서 다시 나타난다.

새롭게 유행하는 '오늘의 개념'이라는 거짓되거나 적어도 과장된 전략 개념들에 현혹되지 않는 방법이 있다. 투키디데스, 손자, 클라우제비츠가 쓴 영원한 고전들이 말하는 것처럼<격언 14> 참조, 상식, 경험, 그리고 전략 지식의 올바른 교육을 바탕으로 전략을 생각하면 된다.

> **“** 장님들의 왕국에서는 애꾸눈이 왕이다.
>
> – 데시데리위스 에라스뮈스Desiderius Erasmus, 1466~1536년 **”**

적도 전쟁에
영향을 끼칠 수 있다

> **어떤 작전 계획도 적의 주력 부대와 처음으로 맞부딪친 이후까지 상정해서 계획을 확정하는 경우는 없다. 전쟁을 모르는 문외한만이 처음에 여러 상황을 예상해서 매우 세부적으로 수립한 계획대로 끝까지 작전을 일관되게 수행해야 하는 것으로 안다.**
>
> — 헬무트 그라프 폰 몰트케, 1871년[29]

정의에 따르면, "전쟁은 규모가 큰 결투에 불과하다."[30] 그것은 자연적인 조건에 맞서 싸우는 것이 아니라 자신의 목적에 굴복시킬 필요가 있는 적을 상대로 싸우는 게임이다. 전쟁의 적대적 차원은 단순히 우발적인 불편이 아니다. 그것은 어쩌다 한 번씩 적의 공격과 반격을 예의주시하고 방어하고 주도권을 빼앗고 되받아치면 되는 그런 경우가 아니다. 오히려 결투는 전쟁에 없어서는 안 될 필수 요소다. 클라우제비츠는 전쟁을 결투에 비유해서 이권을 놓고 전면적으로 싸우는 것으로 확장한다. "수없이 많은 사람이 결투를 벌이면 전쟁이 된다. 한 쌍의 레슬링 선수를 상상하면 그림이 그려질 것이다. 두 사람은 서로 물리력을 써서 상대방을 강제로 굴복시키려고 애쓴다. 저마다 당장의 목표는 상대방이 더 이상 저항할 수 없게 하기 위해서 그를 쓰러뜨리는 것이다."[★31]

적이 없으면 전쟁은 있을 수 없다. 자기 의지가 있는 적이 있어야만 전쟁이라고 할 수 있다. 여기에 나온 많은 격언들과 마찬가지로 이 주장에는 예외가 없으며 있을 수도 없다. 이 격언이 무슨 말인지 자명하다는 것은 그만큼 극도로 중요하다는 것을 의미한다. 어쩌면 이상하게 들릴지 모르지만 현실에서는 이 격언이 암시하는 것이 무시될 정도로 그런 상황이 자주 발생한다.

적은 서로에게 단순히 전쟁의 실체를 밝히는 요소가 아니다. 적과 이루어지는 정치적, 군사적, 사회적, 문화적 온갖 상호작용들이 전략의 역사를 굴러가게 하는 엔진을 구성한다. 여기에 나오는 것은 단순히 전쟁과 전투행위의 한 특징이 아니라 전쟁 그 자체를 의미한다. 전쟁은 자기의 행동 기준에 따라 자율적으로 움직이는 활동일 수 없다. 서로에게 아무 전제 조건이 없는 결투로 정의된 전쟁은 당연히 교전국들이 전투행위를 통해 서로 상대방에게 어떻게 충격을 주는가와 관련해서만 의미가 있을 수 있다.

〈격언 16〉이 아무리 불변의 진리라 해도 적과의 싸움에서 벗어날 방법이 없지는 않다. 다시 말해서, 정교하게 수립된 계획을 교란할 수 있는 요인으로서 적의 존재를 어쩔 수 없이 인정한다고 해도 적이 작전에 끼칠 수 있는 영향력을 줄일 수 있는 방법은 여전히 많다. 이것은 힘과 상상력을 동원해서 반드시 추구해야 할 지적 욕구이다. 더 나아가 그것은 헛된 희망이 아니다. 다만 〈격언 16〉이 말하고 싶은 것은 적도 전쟁 과정에 영향을 끼칠 수 있다는 것이다. 그러나 그것이 결정적이거나 특별히 아주 큰 영향을 끼친다는 말은 아니다.

이 격언의 의미는 다른 격언들과 마찬가지로 아주 명쾌하다. 전쟁의 본질은 결투다. 따라서 적이 있어야 한다. 전쟁은 생명이 없고 스스로 움직이지 못하는 상대를 대상으로 싸우는 게임이 아니라는 것을 잊지 말라는 것이 여기서 최소한으로 요구하는 내용이다. 독일군과 K2*는 둘 다 치명적인 적이다. 그러나 둘 사이에는 아주 중요한 질적 차이가 있다. 그 차이는 없앨 수도, 필요에 따라 줄일 수도 없다.

적이 존재하며 그들이 해를 끼칠 수 있다는 명백한 사실을 강조하는 것이 왜 필요할까? 확실히 모든 사람들은 전쟁이 일종의 결투라고 알고 있을까? 이론적으로는 그렇다. 그러나 실제로 교전국들은 저마다 역사를 자기 뜻대로 이끌어가는 것처럼 행동하기 일쑤다. 이런 격언들은 그 속에 담긴 생각의 힘과 중요성이 대개 그 기본 논리에 있는 것 같지 않다. 그렇지 않다면 이상할 것이다. 모든 시기 모든 상황에 맞는 불변의 진리를 말하는 격언들은 오늘날 거의 찾을 수 없고 재발견되지도 않는 것 같다. 격언의 목적은 당대의 지혜를 한 문장으로 압축하고 증류하는 것이다. 그러한 맥락에서 완전히 새로운 것은 없을 것이다. 하지만 그 가운데서도 좀 특별하고 이상해 보일 수도 있지만 사람들에게 들려줄 영원한 충고의 말을 발굴해낼 필요도 있다.

격언은 그 말이 흥미진진하고 신기해서가 아니라 거기에 담긴 의미가 중요하다는 데 의의가 있다. 격언의 내용이 우리의 주변에서 자주 접할 수 있을 정도로 매우 익숙한 것이라 실제로 경멸은 아니더라도 그냥 무시하고 넘길 만큼 우리의 일상에서 중요한 의미를 내포하고 있다. 기본적으로 적의 역할과 중요성을 인정해야 하는 것처럼, 적에게 경의를 표하는 것도 기본적으로 필요하다. 그러나 적에게 경의를 표할 때 신중하게 행

* 중국과 파키스탄 경계에 있는 세계에서 두 번째로 높은 산.

동하지 않고 그냥 정신을 놓고 있다가는 큰 낭패를 당할 수 있다는 점도 명심해야 한다. 그 경계선은 아주 불분명할 수 있기 때문이다. 많은 군사 지도자들이 〈격언 16〉에서 말하는 것에 지나치게 신중한 태도를 취했다. 그 좋은 예가 미국 남북전쟁 때 조지 매클렐런George B. McClellan 소장이다. 클라우제비츠가 지적한 것처럼, 군대의 최고지휘자는 매우 다양한 품성과 의지, 지식을 필요로 한다. 두려움을 먼저 고민하는 장군은 누구든 병사들을 지휘하는 자리에서 물러나야 한다. 적이 자신의 의도를 알아챌 때까지 넋 놓고 기다리며 주저하는 지도자들은 전투도 하기 전에 이미 반 이상 진 거나 다를 바 없기 때문이다. 어떤 군대든 병사들의 사기는 전투력과 군사적 효율성을 가늠하는 단 하나의 가장 중요한 요소이기 때문에, 지휘부의 결단력 부족이나 자신감 결여는 전염병처럼 부대 전체로 퍼져나간다. 스스로 판단하고 믿는 것을 단호하게 명령하지 못하는 장군은 휘하의 병사들이 목숨을 걸고 싸울 수 있게 용기를 북돋을 수 없다.

〈격언 16〉은 두 가지 측면에서 매우 중요하다. 첫째, 대개 좀 중요도가 떨어지지만 이 격언은 적이 행사할 수 있는 영향력은 2~3배 클 수 있는 가능성, 더 나아가 개연성이 있음을 강조한다. 원칙적으로 실제 군수 문제에서는 드물지만 적은 선택의 폭이 넓다. 우리는 적의 선택에 영향을 끼칠 수 있기를 바라지만 결국 적은 자기 판단에 따라 선택한다. 이 격언이 말하고자 하는 요지를 다시 한 번 말한다면, 적은 우리와 서로 상호작용을 하지만 우리가 적어도 아직은 통제할 수 없는 독립적인 행위 주체다. 우리가 싸우기 위해 선택할 수 있는 것은 바로 그러한 통제를 확보하는 것이다.[*32]

그러나 〈격언 16〉의 중요성은 우리가 알지 못하고 알 수도 없는 적의 선택이라는 블랙홀이 초래할지도 모를 무시무시한 결과를 경고하는 데 있지 않다. 오히려 이러한 진실 뒤에 숨어 있는 가장 위험한 것은 우리가 현실에서 그러한 적의 선택을 애써 무시하려고 한다는 사실이다. 전쟁은 정신과 육체 모두를 통제하는 문제에 관한 것이다. 우리는 우리의 결정과 행동이 적의 승패에 영향을 끼칠 수 있게 조정될 수 있어야 한다고 생각하지만 우리가 실제로 통제할 수 있는 것은 우리 자신의 행동뿐이라는 것을 안다. 그러나 우리가 적의 행동이 초래할 사건들에 대한 중요성을 모두 인정한다고 해도 우리 자신의 행동에 가할 수 있는 통제와 적의 행동에 대해서 확보할 수 있는 통제는 여전히 밤과 낮의 차이만큼이나 크다. 너무도 당연한 말이지만 적은 나와 결투를 벌이는 동등한 상대가 아니라 우리 군사 작전의 희생자, 목표물, 대상이다. 이것은 흠을 잡기 위한 말이 아니라 이치가 그렇다는 말이다. 이것이 바로 전투행위의 본질이다.

우리는 적보다 우리의 능력, 계획, 의도에 대해서 훨씬 더 많이 안다. 게다가 그 적을 우리의 뜻대로 제압하는 것이 우리의 의무다. 적이 우리에게 하려고 하는 것보다 우리가 적에게 하려고 하는 것에 모든 정신을 집중하는 것은 당연하고도 현명한 자세다. 적의 의도와 능력, 그리고 적 자신들에게는 별로 비밀이 아닐 수 있는 자료에 대한 믿을 만한 정보가 없으면, 우리는 우리가 알고 있는 것에 주목한다. 모든 사람은 전쟁이 우연성^{격언 10}과 마찰^{격언 18}의 영역이라는 사실을 알아야 한다. 그러나 그런 영원히 변치 않는 귀중한 지혜는 작전 수행에 특별히 도움을 주지 못한다. 따라서 아주 현명한 판단이지만 우리는 두려움과 우유부단으로 꼼짝 못하고 주저하기를 거부하고 전투행위의 본질 속에 살아 있는 위험에 맞서 싸운다. 적도 영향력을 끼친다고 주장하는 〈격언 16〉은 역사적 경험 속에서 전혀 예외가 없지만, 바로 이러한 전쟁의 본질적 차원 때문에 발생하는 도덕적 마비 상태는 예외가 많다.

유감스럽게도 〈격언 16〉은 보편적 진리에 가까워서 과거에 있었던 역사적 정황을 현재에 그대로 적용하기는 매우 어렵다. 따라서 실제로는 그냥 무시하고 넘어가는 경향이 있다. 그래서 결국은 아무 도움도 주지 못하고 그냥 방치된다. 필자는 결단력이 없고 우왕좌왕하는 사람들을 전혀 동정하지 않는다. 그들은 적도 영향력을 끼칠 수 있다는 것을 안다. 하지만 그 결과는 물론이고 어떻게 영향을 끼칠지는 모른다. 결국 그들은 자신들이 통제할 수 있는 것, 곧 자기네 군사 전략 계획에만 집중한다. 전쟁을 하기 위해서는 모든 노력을 집중해야 하고 그만큼 위험하기 때문에 아주 평범한 능력을 가진 지도자들이 아군과 적군을 모두 깊이 통찰하면서 전쟁을 이끌어 주기를 바라는 것은 지나친 기대다.

> **❝** 지휘관이 자기 생각을 정교하게 다듬는 데 아무리 열중한다고 해도 때로는 적을 반드시 고려해야 할 때가 있다.
>
> – 윈스턴 처칠이 한 말로 추정, 1874~1965년[33] **❞**

시간은 전략에서 가장 용서가 안 되는 차원이다

> " 전쟁에서 시간은 …… 무게와 힘 사이에 있는 가장 중요한 요소다.
> – 나폴레옹, 1809년[34] "

전략은 여러 차원들이 있다. 대부분의 차원, 예컨대 정치, 사람, 사회, 문화 같은 차원은 그 중요성을 누구나 인정한다. 그러나 시간이라는 차원은 깊이 있게 논의되는 경우가 드물다. 오히려 그 문제는 간단히 언급하고 좀 더 다루기 쉬운 문제들로 넘어가기 일쑤다. 〈격언 17〉은 시간이 전략에서 가장 중요한 차원이라고 주장하지 않는다. 그것은 어리석은 짓이기 때문이다. 그러나 시간은 전략의 다른 차원들과 질적으로 완전히 차별되는 고유한 특성이 있다. 전쟁, 평화, 전략의 세계에서 시간을 잘못 쓰면 그것은 되돌릴 수 없다. 이 말은 너무 당연해서 평범해 보이기까지 한다. 그러나 전략의 역사는 전쟁에서 시간을 적절하게 사용할 줄 아는 것이 결코 평범한 일이 아니라는 것을 아주 확실하게 보여준다.

시간이 흐르면 그것으로 끝이라는 사실은 물리학의 기초다. 따라서 많은 기회들을 놓치거나 위험을 무릅쓰고 시도하려 했던 새로운 선택들이 실행에 옮겨지지 못한 채 끝나고 만다. 실제로 모든 종류의 전투행위들을 시간적 차원에서 면밀히 검토하면 할수록 시간의 중요성이 점점 더 커지는 것을 인정하지 않을 수 없다. 따라서 시간의 불가변성이라는 고유한 특징 때문에 전략을 짤 때는 시간이라는 요소에 특별히 주의를 기울여야 한다. 전략에서 시간을 제외한 다른 모든 차원들은 잘못되었을 경우 원칙적으로 잘못을 고치거나 개선할 수 있다. 실제로 교전 당사자들 입장에서 전투행위를 하나의 체험 학습으로 생각하는 것은 유익할 수 있다. 자기가 무슨 잘못을 저질렀는지 알고 그것을 다시 반복하지 않도록 노력한다. 심신이 건강하지 못하고 판단력이 부족한 지휘관들은 갈아치우면 된다. 그러나 잃어버린 시간은 영원히 되찾아올 수 없다. 아무리 신비한 방법을 써도 시간은 되돌릴 수 없다. 평시에 군인들은 가상 작전 계획에 따라 죽어라 군사 훈련을 반복한다. 그러나 역사를 보면 시간의 흐름을 타는 것은 딱 한 번의 기회밖에 없다. 독일군은 1914년 8~9월에 프랑스 침공을 멈출 수 없었다. 그것은 다시 시도할 수 없는 단 한 번의 기회였다. 최근의 예로 2003년 연합군의 침공과 그 이후 몇 달 동안 저지른 실수 때문에 사담 후세인 이후 이란의 정치적 미래가 어쩌면 치명적일 정도로 암담한 상황에 빠지게 되었다는 것을 누구나 인정한다.

〈격언 17〉은 시간에 대해서 전쟁, 평화, 전략과 관련해서 오랫동안 진지하게 생각할 것을 요구한다. 무엇보다도 시간은 적어도 무기가 될 수 있다고 강력하게 주장한다. 시간은 중립적이지 않다. 시간을 지혜롭게 쓰지 못한다면, 그것의 적의 수중에 들어가 치명적인 무기로 바뀔 수 있다.

시간을 무기로 쓴다는 생각을 모든 사람이 쉽게 이해하는 것은 아니다. 사람들에게 시간과 관련된 더 익숙한 군사적 인용문들은 대부분이 앞에서 인용한 나폴레옹의 말을 변용한 것들이다. 대개가 시간을 허비하거나 질질 끌지 말라는 그런 종류의 말들이다. 그러나 시간이 무기라고 하는 의미는 좀 더 확장될 필요가 있다. 시간을 끄는 것, 특히 오랫동안 질질 끄는 것은 전략적으로 유리할 수 있다. 교전을 뒤로 미룬다고 그것이 시간을 허비하는 것은 아니다. 시간을 끌고 말고는 교전의 성격과 교전국마다의 장단점에 따라 달라진다. 이론적으로 모든 교전국은 결정적 작전을 통해서 속전속결로 군사적 승리를 거둘 수 있는 막강한 군사력을 보유해서 적의 주력군을 섬멸할 수 있기를 바란다. 그러나 현실에서는 전력이 상대적으로 약한 교전국은 전투에서 질 수밖에 없는 직접적인 대규모 교전을 피하려고 할 것이다. 역사상 그것의 가장 명백한 사례는 해양의 강대국과 대륙의 강대국 사이에서 발생한 충돌에서 볼 수 있었다. 예컨대, 영국과 나폴레옹이 이끄는 프랑스, 그리고 영국과 나치 독일 사이에서 일어난 전쟁을 생각해 볼 수 있다. 또는 한니발이 이끄는 무적의 카르타고 군대에 맞서 로마군이 전혀 싸우지 않고 시간을 끌며 소모전을 벌였던 파비우스 전략을 떠올리는 사람도 있을 수 있다. 200년 전, 페리클레스는 아테네 사람들에게 버티기 전략을 권했고, 마침내 스파르타와 동맹군들은 그들이 원했던 육상 전투를 통해 결정적인 공세도 펴지 못한 채 제풀에 지쳐 쓰러졌다.

전략적 공감은 대개 그것이 가장 필요한 사람들에게 부족하다. 비대칭 전투, 좀 더 정확하게 말하면, 서로 다른 종류의 교전국들 사이에 벌어지는 전투는 적의 전략에 대한 철저한 연구가 꼭 필요하다. 그런 전투행위는 대개 불규칙한 특징이 있다. 그러한 상황에서 시간은 아주 중요하고 결정적 영향을 끼칠 수 있는 무기다. 〈격언 17〉은 전략적으로 위험한 것이 시간을 지체하는 것이라고 말하는 것 같지만 그것은 너무 좁은 시각으로 본 것이다. 좀 더 시각을 넓혀 보면, 시간은 남용하지만 않는다면 적에게 치명적인 타격을 줄 수 있는 강력한 무기다. 전략의 역사는 덧없는 기회를 잡기 위해서 급히 서둘렀던 시간들도 있고 그 반대로 시간을 질질 끌었던 때도 있다는 것을 보여준다.

지금까지 사람들은 시간이라는 무기의 엄청난 영향력을 대개 과소평가했다. 그 대표적인 예를 들자면, 게릴라군과 정규군 사이에서 벌어지는 비정규전에서 시간은 실제로 전력이 약한 쪽의 주력 무기가 될 수 있다. 반란군들은 전력의 불균형이 극심하기 때문에 군사적 승리를 생각하지 않을 수도 있다. 그러나 종종 비정규군들은 전형적인 클라우제비츠 방식으로 전투를 수행한다. 비정규군들은 전쟁터에서의 결판이 아니라 정규군의 정치적 의지와 심리적 결의를 꺾어야만 승리할 수 있다. 따라서 반란군은 정부군의 정치적 목적이 지속적으로 유지되지 못하게 하기 위한 소모전을 펼친다. 비정규전에서 군사 행동은 보통 생각하는 그런 전투의 모습이 아니다. 소소한 폭력 사태를 끊임없이 일으키고 이따금씩 대규모 매복 공격을 하는 것과 같은 군사 행동은 상대방의 군사력에 타격을 가하기 위한 것이 아니라 정치적 의지를 꺾기 위해 수행되는 전투행위다. 게릴라군의 지도자들은 정규군의 인내와 결의, 국내의 정치적 지지가 바닥날 때까지 시간을 끌고 싶어 한다. 1919-1921년의 이른바 아일랜드 독립전쟁은 이러한 현상의 거의 완벽한 예이다. 아일랜드공화국군IRA은 그 전쟁에서 군사적으로 승리하지 못했다. 사실상 1921년 여름부터 패색이 짙어지기 시작했다. 그러나 IRA는 전투 현장에 여전히 남아서 싸우고 있었고 당시의 영국 총리 데이비드 로이드 조지가 이끄는 자유당 정부의 정치적 의지는 거의 바닥을 드러냈다.[*35]

아주 신중하게 선택된 시간은 결정적인 무기가 될 수 있다. 예컨대, 1939~1940년 영국과 프랑스 정부 — 적어도 1940년 5월 10일 독일군의 공격이 개시되기 전 — 는 장기전을 계획했다. 시간이 흐를수록 자신들에게 물질적으로 유리할 것이라고 생각했다. 런던과 파리는 1차대전 때처럼 2차대전에서도 물자가 풍부한 연합군이 마침내 승리할 거라고 믿었다. 아아, 슬프도다. 전략의 역사는 그러한 특별한 승리의 이론을 매복 공격했다. 의도적으로 시간을 무기로 사용하는 것은 그것이 필요하다고 생각해서 나온 결과이지 전략적 문화나 사전에 세심하게 계획해서 나온 결과가 아니다. 영국군은 1940년 뎅케르크 철수 작전 이후에 나치 독일에 대하여 그럴 듯한 승리의 이론을 경험하지 못했다. 대신에 영국은 전략적 우위를 다지기 위해서 섬나라 특유의 지형을 이용할 줄 알았다. 영국 해군RN이 근해를 지배하는 한, 히틀러는 서부 전선에서 군사적 결단을 강행할 수 없었다. 영국 해군과 공군은 지연 작전을 지속했다. 독일은 1940~1941년 영국에 대해서 유보트 공격을 제외하고는 효과적으로 전쟁을 수행할 수 없었다. 처칠의 전략은 기회가 올 때까지 기다리는 것이었다. 그것은 2가지 가능성 중에 하나만을 의미하거나 둘 다를 의미할 수 있었다. 그는 미국이 참전할 때까지, 아니 오히려 참전하기를 기대하면서 그동안 영국을 전쟁에서 지켜낼 수 있었다. 또한 그는 히틀러가 어떤 치명적인 잘못을 저지를 것이라는 희망을 키웠다. 1941년 6월 22일 독일의 소련 침공과 1941년 12월 11일 히틀러의 미국에 대한 불필요한 선전포고는 신이 포위당한 영국에게 준 진정한 전략적 선물이었다.

시간은 전쟁과 전략에 중립적인 차원인 것처럼 보일 수 있다. 그러나 역사적 경험을 통해 볼 때, 모든 교전 당사국들은 시간을 똑같이 사용할 수 있지만 그것의 의미는 저마다 다 달랐다. 대개는 어느 한쪽이 다른 한쪽보다 지구력이 약하기 마련이다. 그 지구력은 심리적이고 정치적일 수 있고 순전히 물질적일 수 있다. 전략가들이 〈격언 17〉의 타당성과 영향력을 올바로 인식하지 못한다면 그들의 나라는 심각한 위험에 처할 수 있다. 유능한 전략가는 시간과 싸우기보다는 시간을 먼저 자기편으로 만드는 전략을 짜야 한다.

이제 〈격언 17〉의 영향력을 잘 보여주는 2차대전의 잘 알려진 역사적 일화에 나온 말을 인용하면서 이 글을 마무리하려고 한다. 1943년 독일군은 쿠르스크 근처에서 벌어진 처절한 전투에서 소련군을 섬멸할 계획을 세웠다. 그러나 그들이 새로 개발한 매우 말썽 많은 팬더MK Vs와 타이거Mark VIs 전차의 공급이 심각하게 늦춰지면서 공격 계획은 계속해서 지연되었다. 그해 7월 5일, 히틀러가 공격할 준비를 갖추었을 때, 소련은 두 달 전에 이미 그 사실을 통보받았다. 주코프Georgy Konstantinobich Zhukov 원수는 그 사이에 쿠르스크 돌출부 지역에 6군데 방어 지대를 구축하고 무적의 연합부대 방어 체계를 마련했다. 1943년은 단연코 시간이 독일 편이 아니었다.

— 마틴 카이든Martin Caidin, 1974년[36]

마찰은 피할 수 없지만 그렇다고 꼭 치명적인 것은 아니다

> **"** 전쟁에서 모든 것은 매우 단순하다. 그러나 가장 단순한 것이 어렵기 마련이다. 그 어려움이 점점 쌓이면 결국 전쟁을 겪지 않고는 상상할 수 없는 그런 종류의 마찰을 초래한다. …… 마찰은 진짜 전쟁과 계획 속의 전쟁을 구별하는 요소들에 어느 정도 부합하는 유일한 개념이다.
>
> – 칼 폰 클라우제비츠, 1832년[37] **"**

폭력과 열정, 우연성과 가능성, 이성이라는 "놀라운 삼위일체", 그리고 "전쟁 환경"을 구성하는 요소들 – 위험, 힘의 행사, 불확실성, 우연성 – 과 더불어 마찰이라는 개념은 클라우제비츠의 전쟁과 전략론의 핵심을 이룬다. 마찰은 전쟁의 목표 달성을 위해서는 반드시 있기 마련인 불변의 고유한 특성이다. 위에서 인용한 문구는 그것을 명확하게 보여준다. 마찰은 자연뿐 아니라 인간이 초래한 크고 작은 모든 괴롭힘을 포함하는 복합적 개념인데 계획된 행동을 자연스럽고 효과적으로 수행하는 것을 방해한다.

전투행위의 수행이 특별히 여러 가지 형태로 갑자기 마찰의 기습을 받는 이유가 몇 가지 있다. 첫째, 전투행위는 가장 복잡한 인간의 활동들 사이에 있다. 요컨대, 군대는 인간과 기계와 같은 움직일 수 있는 것들이 많고, 거기다 요새는 고장 나기 쉬운 전자 부품과 같이 움직일 수 없는 것들도 많아서 오류나 사고, 파손이 일어날 가능성도 많다. 둘째, 아마도 대부분의 군대는 수십 년 동안 계속해서 전쟁에 나가지 못했다. 그들이 전쟁에 나간다면 병사들 가운데 전투 상황의 압박감과 긴장을 직접 겪은 사람은 거의 없을 것이다. 이러한 미숙함은 정책 방침을 제공하고, 군사 계획을 수행하고, 군수 임무를 담당하고, 전선에서 사람을 죽이고 적진 을 파괴해야 하는 사람들의 특징이 될 것이다. 셋째, 마찰이 극대화되는 상황을 제공하는 것은 "규모가 큰 결투"라는 전쟁의 본질 안에 있다. 전 쟁은 중립적이고 자유로운 자연에 맞서 싸우는 것이 아니라 — 비록 어 떤 작전에서는 그것이 실제로 중요한 문제이지만 — 오히려 민감하고 악 의적이고 매우 교활한 적에 맞서 싸우는 것이다. 마찰은 적이 의도적으 로 새로 창조해낸, 적어도 가중시켜 놓은 압박감과 어려움의 결과로서 일 어날 수 있다. 모든 교전국들이 마찰 현상을 겪는다는 것은 조금 안심도 되지만 현실적으로 어느 정도 유용한 측면도 있다. 그렇다고 마찰이 해 를 끼칠 가능성을 최소화하는 방법들이 있다는 것 — 여기서 가장 중요 한 주제 — 을 부인하는 것은 아니다.

마찰이라는 개념은 전혀 논란의 여지가 없이 명백하다. 〈격언 18〉은 이 격언집에서 이론의 여지가 있는 주장들 가운데 하나가 아니다. 그러 나 클라우제비츠의 개념은 실제로 적용해서 쓰기가 어렵지만 아주 명쾌 하게 잘 요약된 개념이다. 배리 와츠Barry D. Watts는 그의 뛰어난 연구에서 "일반적으로 마찰이라는 통합된 개념Gesamthegriff einer allgemeinen Friktion은 전 쟁에 대해서 너무 많은 의미를 포괄하고 있어서 문제가 되는 현상을 분석할 수 있는 도구 자체를 제공하지 못한다"고 반대 의사를 표명하여 주목을 끈다.*38 달리 말해서, 마찰이 군사 작전을 저해할 수 있음을 인정했지만, 마찰의 효과가 매우 다양하고 예상하기 어렵기 때문에 현실에서 그것은 유용한 개념이 아니다. 맞는 말이다. 그러나 마찰은 어떤 대처 수단을 써서 줄일 수 있는 것이 아니다. 그것은 너무 비관적 견해인지 모르지만 군인들이 마찰이라는 개념이 너무 일반적이라 실제로 적용하기가 어렵다고 생각하는 것에는 쉽게 동감할 수 있다. 그러나 좀 더 면밀히 살펴보면, 전투행위에서 일어나는 마찰의 대부분은 물론 자세히는 아니지만 본질적으로 예측할 수 있다. 또한 마찰에 대해서 양면적 태도를 취하는 것은 유용하다. 한편으로 우리는 마찰이 일어날 가능성이 최대로 높아질 환경을 피하려고 노력할 수 있다. 다른 한편으로 마찰을 아마 무엇보다도 전투행위를 포함해서 인간의 모든 활동의 본질적 특성이라고 받아들이고 그것이 어떤 형태로 나타나서 우리를 괴롭히고 방해하더라도 그것에 맞서 싸울 준비를 할 필요가 있다. 더 나아가 〈격언 17〉이 시간은 무기라고 주장한 것처럼 적을 공격하는 수단으로 마찰을 활용할 수 있는 방법도 개발할 수 있다. 우리는 마찰을 그렇게 우리의 무기고 목록에 추가할 수 있다.

〈격언 18〉은 전략 이론서들이 자주 생략하는 극도로 중요한 진리를 담고 있기 때문에 전략 규범에서 마땅히 영예로운 자리를 차지해야 한다. 마찰의 중요성을 잊거나 그것을 너무 평범하고 모호하게 보고 관심을 기울일 만한 주제로 생각하지 않는 사람은 이론가들만이 아니다. 전투행위를 수행하는 사람들도 마찰의 가능성을 말할 때 자기는 모른다는 태도를 취하기 일쑤다. 그들은 마찰이라는 개념이 근거는 명확하지만 별로 유용하지는 않은 것으로 생각한다. 사건들이 일어날 때 뜻밖에 터지는 일들은 예상할 수 없는 것이 당연한데, 불쌍한 병사들이 그 개념을 가지고 도대체 무엇을 할 수 있단 말인가?

방금 제기된 부정적 측면을 거꾸로 뒤집어 보면, 마찰이라는 개념이 다루는 전투행위에서 실제로 발생하는 뜻밖의 어려움들은 대부분 아주 세부적인 차원에서만 나타난다는 것을 알 수 있다. 따라서 작전을 위협하는 특정한 요소와 관련해서 마찰이라는 복합된 개념을 더 자세히 살펴볼수록 그것의 발생과 그것이 미치는 영향을 더 잘 통제할 수 있을 것으로 보인다. 경험과 상식을 대체할 수 있는 것은 아무것도 없다. 특정 지역에서 자기가 직접 전투를 수행해본 적이 없다면 다른 사람들의 경험을 활용할 수 있다. 전략과 전쟁의 역사를 반드시 잘 알아야 하는 많은 이유들 가운데 하나가 바로 이러한 사실 때문이다. 만일 사막 지대에서 전투를 벌여야 한다면, 그곳의 지형적 환경 때문에 생기는 마찰 요인에는 미세 먼지가 포함될 것이 틀림없다. 전투 차량의 엔진들이 작동을 멈추지 않게 하려면 고급 여과기를 써서 엔진을 잘 보호해야 한다. 또한 정책에 따라 포장도로도 거의 없고 봄과 가을 우기에는 주요 도로들도 진창으로 바뀌는 시골에서 기갑 부대를 중심으로 전투를 벌어야 하는 경우, 병력과 군수의 이동을 방해할 수 있는 마찰 요인들을 무한궤도가 달린 차량과 공수를 통해서 해결할 수 있다.

유능한 군대는 마찰을 쉽게 뚫고 나아간다. 그들은 뜻밖의 난관들이 자신들을 괴롭힐 것이라고, 은유적으로 말하면 매복하고 있다 기습할 거라고 예상한다. 병사들은 해결사가 되어야 한다. 좀 더 자세히 말하면, 그들은 문제를 풀 줄 알고 세부적으로 예상하지 못한 사건들이 초래한 결과에 익숙해질 줄 알아야 한다. 〈격언 18〉은 군사 작전이 "병력 절약economy of force"이라는 전쟁의 원칙을 준수한다는 미명 아래 부당하게 자의적으로 계획되고 최소의 노력으로 수행되어서는 안 된다고 넌지시 말한다. 불가피한 마찰이 초래하는 악영향에 맞서 싸우는 가장 확실한 방법은 반드시 예비 자원을 비축하도록 명령하는 것이다. 작전계획서에 기재된 수만큼의 헬리콥터만 가지고 작전을 수행해서는 안 된다. 요컨대, 혹시 실패할 수 있는 잘못이나 사건들이 터질 것에 대비해서 여유 물자들을 적절하게 비축해야 한다는 말이다. 1941년 독일의 소련 침공에 관한 최근의 뛰어난 한 연구는 여기서 주장하는 것과 일맥상통하는 결과를 보여준다. 제프리 메가지 Geoffrey P. Megargee는 러시아의 기후와 그것이 독일군의 사기를 저하시키고 마찰을 일으킨 결과에 관해서 언급하면서 "독일군이 패배한 것은 기후 때문이 아니다. 기후에 대비한 계획을 세우지 못했기 때문이다"라고 설득력 있게 주장한다.*[39]

마찰은 전투행위에서 정말 문제가 아니다. 문제는 풀릴 수 있다. 오히려 마찰은 하나의 활동조건이다. 이것은 신중한 군사 당국이라면 여러 종류의 마찰을 완충시킬 수 있는 방식으로 조직을 정비하고 장비를 갖추고 병사들을 훈련시키고 전투를 수행해야 한다는 것을 의미한다. 예컨대, 군수에서 당연히 잘못이 발생할 수 있다. 그러나 그러한 잘못을 전혀 예견하지 못했다면 작전은 막심한 피해를 입고 실패하고 말 것이다. 때로는 잘 수행만 한다면 군사적 성과를 높일 수 있는 특정한 작전 형태가 오히려 마찰을 일으키기 쉬운 경우가 있다. 그 훌륭한 예가 바로 나폴레옹이 대육군을 이끌고 군단 단위로 이동하는 작전 방식이다. 행진할 때는 군단으로 나뉘어서 행진하고 교전을 할 때는 연합하여 싸우는 전술이었다. 그러나 실제로는 예상치 못한 전투가 벌어질 때는 물론이고 대개 결정적 전투를 치르기로 계획된 시간에 핵심 군단들이 전장에 도착하지 못한 경우가 많았다. 나폴레옹의 용병술이 그렇게 비판받을 정도로 취약한 것은 아니다. 그는 군단 조직과 그에 따른 지휘권 이전 때문에 발생하는 위험요소가 거기서 얻어지는 이익과 비교할 때 충분히 상쇄되고도 남는다고 생각했다. 그의 도박이 물론 언제나 성공한 것은 아니었다. 사람들은 나폴레옹이 워털루 전투 막판에 "그루시, 넌 도대체 어디 있단 말인가?"라고 애처롭게 외친 것을 떠올린다. 그루시가 이끄는 30,000명의 군단이 쓸데없이 영국군과 다른 적들을 향해서 프로이센의 블뤼처 원수를 좇지 않고 그때 워털루에 있었다면, 워털루 전투는 아마도 프랑스의 승리로 끝났을 것이다.

〈격언 18〉은 마찰은 발생하고 그것을 피할 수는 없지만 그 결과는 기본적으로 통제될 수 있다고 주장한다. 따라서 이 격언은 완벽하고 흠 없는 작전 계획을 짜려는 사람들에게 자동차 범퍼 스티커에 쓰인 "마찰은 일어난다"라는 말을 상기시켜 준다는 데 의미가 있다. 배리 와츠는 오늘날 "클라우제비츠의 마찰을 재조명"하면서 그것의 뛰어난 가치에 대한 자기 의견을 밝히며 끝낸다.

> 인간의 여러 가지 한계, 정보의 불확실성과 비선형성은 단순히 귀찮고 어려운 것들이 아니다. 그것들은 기술과 공학이 발달하면 해결할 수 있다. 오히려 그것들은 이른바 전쟁이라고 하는, 서로 다른 목적을 추구하는 두 적대 국가 사이의 폭력적 상호작용 안에 내재된 구조적 특징이다.
>
> — 배리 와츠, 2004년[40]

모든 전략은 **지정학적** 전략이다
: 지리는 전략의 **기본 요소**다

> **"** 정치가 운명이라는 것을 이해하지 못하는 사람들이 오랫동안 지리를 가르쳤다. 또한 땅과 바다 공간도 운명이라는 것을 이해하지 못하는 사람이 오랫동안 정치를 주도하고 가르쳤다.
>
> — 한스 바이게르트Hans W. Weigert, 1942년[41] **"**

〈격언 1〉은 전쟁의 7가지 기본 맥락 — 정치, 사회문화, 경제, 기술, 군사 전략, 지정학·지정학적 전략, 역사 — 의 중요성을 확인했다. 〈격언 19〉는 대개 무시되거나 심지어 정당성을 의심받기까지 하는 전쟁과 관련된 불후의 진리를 역설하기 때문에 더 중요하다. 전쟁의 모든 맥락들은 영원히 살아 움직인다. 특히 다른 것들보다 지정학·지정학적 전략의 맥락이 더욱 왕성하게 작용한다. 이 격언은 전략은 반드시 지리적 관계를 고려해야 한다는 명백한 사실을 말한다. 따라서 전략은 지정학과 지정학적 전략 관계를 따지지 않을 수 없다. 전략은 특정한 지정학과 지정학적 전략의 이해관계라는 관점에서 설계되어야 한다. 대체로 전략을 짜는 주체는 그들 사회가 지리적 영향을 크게 받는 역사적 산물로서 문화화된 지정학적 단위들이다.

지리, 지정학 그리고 지정학적 전략은 국제관계와 전략을 연구하는 서양 학자들 사이에서 오랫동안 외면당했다. 따라서 거의 60년 동안 전략의 지리적 차원은 전쟁과 평화 이론을 주창하거나 전파하는 사람들 사이에서 인기가 없었다. 유감스럽게도 〈격언 19〉가 진실이 아니었던 적이 없었지만 그것은 비록 오랜 시간이었다 해도 잠시나마 학계에서 외면당하는 고통을 겪었다. 그렇다면 이 격언이 의미하고 암시하는 것은 정확하게 무엇일까? 요컨대,

- 모든 전략은 특정한 지리를 고려해서 행동을 지시한다.
- 5가지 지리적 환경 — 땅, 바다, 하늘, 우주, 가상 공간 — 은 저마다 단순히 영향만 끼치는 것이 아니라 그 안에서 군사적으로 무엇을 얻을 수 있는지를 결정하는 고유한 물리적 특성들이 있다.
- 안보공동체들은 특정한 지리에서 전쟁을 수행해야 할 뿐 아니라 대개 그 지리를 대상으로 전쟁을 수행한다.
- 심지어 전쟁이 주로 문제가 되는 지리를 대상으로 한 것이 아니라고 하더라도, 전략은 앞서 말한 것처럼 언제나 지리적 관계들을 반드시 고려해야 한다.
- 그 어디서든 정책 결정자와 군인들의 문화, 곧 그들의 가치관, 믿음, 사고방식, 표준 관행은 지리의 영향을 깊이 받는다. 어떤 공동체가 자리한 지리는 그들의 역사의 문을 여는 열쇠다. 다시 말해서, 그것은 그들의 역사를 만드는 힘이었다.

〈격언 19〉는 지리가 근본적으로 중요하다고 주장하는 것 말고도 감히 지정학적 전략이라는 용어를 쓴다는 조소도 무릅쓴다. 이제 핵심이 되

는 그 용어의 의미를 밝힐 때이다. 지리는 본디 아무 꾸밈없이 말하자면 단순히 사람들이 활동하는 자연 환경을 말한다. 특정한 지리적 환경에서 전쟁과 평화, 그리고 전략의 모든 문제는 서로 다투다가 풀리거나 그렇지 않으면 미해결 상태로 그대로 남는다. 이러한 초보적, 더 나아가 본질적인 사실은 그것이 자주 경시되거나 완전히 무시되곤 했지만 사실은 반대로 매우 중요하다. 지리는 전체론의 관점으로 볼 때, 전쟁과 전략의 한 차원이다. 지리는 그 자체에 또 여러 차원이 있다. 여기서 가장 중요한 두 가지 관심사는 정치적인 것과 전략적인 것이다. 사울 코언Saul B. Cohen이 지정학에 대해 내린 정의는 그 어느 것보다 훌륭하다. 그는 지정학이 "지리적 환경과 정치력의 관계"에 대한 것이라고 주장한다.[*42] 지정학적 관점의 중요성을 의심하는 사람들이 있다면, 그들은 당장 세계를 주도한 나라들의 지리적 환경이 세계 전략의 역사에 얼마나 큰 영향을 끼쳤는지 곰곰이 따져보아야 한다.

지정학적 분석은 방금 위에서 말한 주장을 넘어서거나 분쟁 이론들에 불씨를 제공할 때 논쟁을 불러온다. 예컨대, 서두에 나온 인용문은 조금 고치기는 했지만 지리가 운명이라고 주장한다. 바이게르트가 지리의 중요성을 강조하기 위해 한 말이기는 하지만 그것은 좀 지나친 과장이다. 지정학은 1940년대 초에 잠깐 인기를 끌었다. 특히 미국은 아돌프 히틀러가 끝없이 정복하며 대공세를 펼치는 행위의 배후에 칼 하우스호퍼Karl Houshofer 장군과 그가 이끄는 뮌헨의 지정학파라는 악령이 숨어 있다고 믿었다.[*43] 요컨대, "지리는 운명이다"라는 주장을 무비판적으로 적극 수용하는 사람이 있다면, 그는 역사를 결정론적 관점으로 바라볼 위험이 있다.

지정학 이론을 비판하는 사람들은 대다수가 독일의 지정학을 제3제국과 연관지어 생각하는 피상적 인식 수준을 벗어나지 못하는 것 같다. 이론적으로 그것은 기회주의적 발상에 불과하다. 히틀러의 유럽 지배, 나아가 세계 제패의 욕구는 그것의 지정학적 또는 지정학적 전략 차원에서 설명될 수 있지만 지정학 이론을 현실에서 실현시키기 위한 시도로서는 설명될 수 없다.

지정학적 전략이라는 용어, 심지어 그 개념을 쓰는 것은 대개 어떤 주장에 진지함을 더해주기 위한 것 말고는 다른 뜻이 없는 것처럼 보인다. 지정학적 전략은 뭔가 신중하고 엄숙하게 들린다. 바꿔 말하면, "지정학적"이라는 수식어는 어떤 것을 설명할 때 그것을 화려하게 보이기 위해서 붙인다는 말이다. 그러나 여기서 말하고자 하는 것은 이것이 아니다. 지정학적 전략은 〈격언 19〉에서 하나의 개념으로 승인된다. 그것이 전략, 곧 모든 전략이 매우 중요하다는 불변의 진리를 역설하기 때문이다.

이 격언은 전략을 짤 때 반드시 지리적 관계를 고려해야 한다고 주장한다. 전략은 전투의 방향과 결과에 영향을 주는 지리적으로 특화된 군사력의 전술적 효과를 고려한다. 과거, 현재, 미래를 통틀어 전략의 모든 사례는 지리적으로 해석될 수 있어야 한다. 이것은 말 그대로 피할 수 없다. 모든 군사 행동은 지리적 맥락을 고려해서 명령되고 수행되고 개발되어야 한다. 더 자세히 분석하면, 각각의 전투에 고유한 자연적, 정치적 지리는 교전국의 전략에 큰 영향을 끼치므로 그것들을 지정학적 관점에서 고려하는 것이 마땅하다.

여기서 오해가 있을지 모르기 때문에 조금 뒤로 물러설 필요가 있다. 〈격언 19〉는 모든 전략이 오직 지정학적 전략이라고 주장하지 않는다. 우리는 앞에서 전쟁과 평화, 그리고 전략이 7가지 맥락이 있다고 했다. 지리적 맥락은 그 가운데 하나일 뿐이다. 이 격언은 지리 또는 지정학이 가장 강력한 전략적 요소라고 말하지 않는다. 다만 모든 전략에 지리적 차원이 있다는 명백한 사실이 아직도 기이하게 과소평가되고 있다는 것을 확인시키고자 할 따름이다. 실제로 전투에서 지리는 매우 기본적 맥락이라서 지정학적 전략이라는 개념은 비록 오해를 불러올 여지가 있기는 하지만 그것이 아주 중요한 사실이라는 의미를 효과적으로 전달한다.

이미 언급한 것처럼, 지리는 수십 년 동안 전략을 연구하는 학계에서 거의 외면당했다. 지정학 이론들의 탄생과 관련해서 너무도 당연하게 나치와의 밀접하게 연관되어 있는 부당한 인식이 널리 퍼져 있었기 때문이다. 그러한 치명적인 인식에 "지리는 운명이다"라는 결정론의 부당한 오명까지 더해졌다. 따라서 오늘날 전략적 분석이 왜 〈격언 19〉의 중요성을 절실히 요구하는지 쉽게 이해할 수 있을 것이다. 나치와의 연관성이나 날조된 결정론과 같은 과거의 헛된 주장들을 고려하지 않더라도, 전략의 지리적 차원은 기술의 진보 때문에 많은 학자들에게 중요성이 떨어지고, 어떤 경우에는 심지어 중요하지 않다고 생각하는 데까지 간 것처럼 보였다. 몇 시간 안에 전쟁을 일으키고 끝낼 수 있는 핵무기들, 30분 만에 다른 대륙에 도달할 수 있는 장거리탄도미사일, 빛의 속도로 전투를 수행하는 전자전. 좀 생각 있는 사람들이라면 이런 것들을 보고 전략의 지리적 차원이 이제 그다지 중요한 문제가 아니라고 생각하지 않을 수 없을 것이다.

그러나 기술 때문에 전략에서 지리가 중요하지 않다고 생각하는 것은 틀린 생각이다. 지정학은 냉전 기간 동안에도 핵전략을 짤 때 기본적으로 중요한 문제였다. 미국과 나토는 40년 동안 소련과 상호핵억지전략을 유지해야 하는 맥락 속에서 미국과 유럽 대륙 사이의 물리적 거리를 상쇄할 수 있는 핵정책을 찾으려고 끊임없이 애를 썼다. 게다가 초강대국들의 핵전력 태세의 특징들은 대부분 명백하게 지리적 고려에 의해서 결정되었고 최소한 영향을 받았다.

오늘날 가상 공간은 세계 어느 곳이든 쉽게 갈 수 있으며 따라서 지리적 조건은 중요하지 않다는 주장에 대해서도 그것은 명백하게 잘못된 주장이라고 말할 수 있다.[44] 또한 마지막 수단으로 상식에 호소하려고 할 수도 있다. 가상 공간과 전자기 스펙트럼 무기의 개발 시대가 이미 도래했다. 그러나 그것은 전투행위의 또 다른 지리적 환경을 만들어냈다. 그것은 다른 4개의 지리적 환경들과 마찬가지로, 그 자체의 고유한 물리적 제약에 종속된다. 가상 공간이 흥미진진한 개념이기는 하지만, 군사적 현실은 생각보다 훨씬 덜 극적이다.[45] 더 나아가 가상 공간은 땅, 바다, 하늘, 우주라는 물리적 지리에 있는 사람과 기계를 연결해야 한다. 전투행위는 가상 공간에서만 일어나지도 않고 일어날 것 같지도 않다. 비록 그런다 하더라도 그런 전투는 도대체 무엇이란 말인가? 가상 공간의 무기도 다른 종류의 무기들과 마찬가지로 지리적 영향을 고려한 정책과 전략의 도구일 수밖에 없다. 끝으로 아래의 인용문은 제1차 세계대전 때 독일의 대해함대의 지리적 중요성을 지적한다.

> **"** 영국 해군이 자국의 지리적 위치 덕분에 북해의 출구들을 지배하는 한 북해에서 어떤 것도 성공할 수 없었다. 해군 전략의 핵심은 전함의 수가 아니라 지리였다.
>
> — 휴 스트라찬Hew Strachan, 2001년[46] **"**

전략은 **군사적**인 것만이 **아니다**

> 대전략, 곧 더 높은 수준의 전략이 하는 역할은 전쟁의 정치적 목표 ― 기본 정책 목표 ― 를 달성하기 위해 한 국가, 또는 국가 집단이 보유한 모든 자원을 조정하고 하나로 결집하는 것이다.
>
> ― 리델 하트B. H. Liddell Hart, 1967년[47]

전략가의 가장 중요한 관심사와 전문 지식은 주어진 목적 달성을 위해 무력으로 위협하거나 그것을 실제로 사용하는 것에 있지만, 사실은 폭력을 지휘하는 것보다 전략이 훨씬 더 중요하다. 영국에서 대전략이라고 부르는 것과 미국에서 국가안보전략이라고 부르는 것은 정책과 군사 전략의 영역 사이에 있다. 여기서 용어의 정의는 매우 중요한데 그것이 어떤 범주에 속하는지 정해지지 않은 상태에서는 사용하는 용어가 너무 평범해서 실전에서 심각한 잘못을 저지를 수 있기 때문이다. 그 문제는 이중적이다. 정책은 대전략과 혼동되고 대전략은 군사 전략과 혼동된다. 〈격언 20〉이 중요한 것은 이러한 혼동 때문이다. 일부는 언어적 문제도 있다. 학자와 평론가, 정책 결정자들은 대전략이라는 말을 쓰지 않는다. 그들은 순수하게 군사적 의미에서 전략이라는 말만 쓴다. 그러나 때로는 전략에 대해서 말할 때 무력으로 위협하거나 무력을 사용하는 것을 넘어서 좀 더 확장된 주제들을 포함하기도 한다. 그러나 개념이 모호한 상태에서 대전략을 짜기란 쉬운 일이 아니다.

위에서 인용한 리델 하트의 말은 논쟁의 여지가 없을 정도로 명백하다. 무엇보다도 실제로 그러한 대전략을 실행하는 것은 어렵다. 〈격언 20〉은 전쟁을 수행할 때 모든 자원을 하나로 결집해낼 수 있어야 한다는 점을 지적한다. 대전략은 교전 당사자, 곧 하나의 공통된 정치적 목표를 추구하는 국가나 안보공동체들이 보유한 모든 가용 자산을 쓰는 것을 말한다. 군사적 수단은 대개 가장 중요한 것이기는 하지만 그러한 가용 자산들 가운데 하나일 뿐이다. 따라서 사람들에게 군사적 수단이 매우 중요하다고 상기시키는 것은 자칫 오해를 불러일으킬 위험이 있다. 대전략이 전쟁을 수행하고 평화를 이루는 데 극히 중요한 작업으로 인식되지 않는다면 정책 결정자와 여론주도층은 정책의 의미를 군사적 용어로 부당하게 해석하기 쉽다. 군사 행동이 대전략이라는 차원에서 이루어지지 않는다면, 정책 선택과 군사 행동은 단순히 정책에서 군사적 의미의 전략으로 이동하는, 곧 작전과 전술 차원으로 전락하는 악순환을 거듭할 것이다.

덧붙여 말하건대, 전략가들이 그러한 사실을 전혀 모르진 않는다. 군사 전략으로서의 전략과 관련된 이론서가 많지는 않지만 대전략에 관한 통찰력 있는 저작들이 부족한 것과 비교할 때 충분하다. 그것을 둘러싼 문제들이 심각하다. 학자들이 전략적 사고와 행동의 진정한 주제가 안보라는 주장에 대해서 불만을 토로한 것은 나름 이유가 있었다. 1990년대 초부터 널리 확산된 안보 연구는 〈격언 20〉에 담긴 진리에 대한 사람들의 인식을 반영하지만 지나치게 멀리 나간 면이 없지 않았다. 서양의 대학들에서 안보 연구는 너무 포괄적이어서 대개 전략적 안보라고 부르는 군사적 안보는 단순히 여러 영역들 가운데 하나로 다루어진다.[*48] 군사적 차원은 뒤로 밀려나고 때로는 거의 주목을 받지 못할 때도 있다. 사람들은 신중하든 안 하든 스스로 판단해야 한다. 그러나 확실한 것은 아직도 일부 전략가 집단이 군사 행동을 전략의 결정적 특징으로 이해하고 그것을 발전시켜야 한다고 생각하고 있다는 점이다.

〈격언 20〉은 전략가들이 군사적인 것을 뛰어넘어 시야를 넓히라고 요구하지만 그렇다고 군사 전략적 관점을 모두 버리라고 강요하는 것은 아니다. 우리 가운데 실제로 전략을 짜는 사람은 극히 드물지만 전략가들은 무력의 위협과 사용을 연구하고 실행한다. 그것은 전략가의 임무다. 전투행위를 위한 전략은 적의 사기에 영향을 주기 위해서 위협을 가하거나 실제로 고통, 죽음, 파괴 행위를 수반해야 하기 때문에 그 주제는 당연히 대중적이지 않다. 오늘날 정치적 올바름[*]을 추구하는 시대에 대학들이 전통적 자유주의 가치관에 (대개 편협한 시각으로) 물든 상황에서 전략적 지식 탐구의 불길은 금방 사그라들 수 있다. 이 격언은 다만 군사 전략이 가능한 한 비군사적인 다른 자산들을 동원하는 전략에도 사용된다는 관점에서 개발되고 적용되어야 한다고 지적한다. 언제 전쟁을 막고 언제 전쟁을 치를 것인가의 문제는 순수하게 군사적 계획으로만 접근해서는 안 된다. 〈격언 20〉이 주장하는 것이 바로 그것이다. 그것은 반드시 필요한 이론의 여지가 없는 신중한 태도다. 그러나 대개 정책결정자들은 당면한 전략적 과제들을 역사적으로 살펴보지 않고 무력 사용이라는 결론에 이른다.

---

*   political correctness, 지역·종교·사상·인종을 근거로 차별적 언어 사용과 행동을 금지하자는 의미.

　군사 전략을 중시하는 전략가들이 무력이 아닌 다른 수단들의 필요성을 인정하는 이론과 실천의 문제에 대해서 전혀 적대적이지 않다는 사실을 여기서 명백히 할 필요가 있다. 한 국가의 정치외교, 경제, 사회문화, 정보와 정부 전복, 선전 자산들은 모두 평화와 전쟁 수행에서 없어서는 안 될 필수 구성 요소들일 수 있다. 전략가들은 다만 군사적 차원이 전략에서 무시되어서는 안 된다고 주장할 따름이다. 그러나 현실적으로 특히 어려운 점이 2가지 있다.

　첫째, 본디 군사력과 군사 행동을 통해 정치적 목표를 달성하는 일은 쉬운 일이 아니다. 더군다나 한 안보공동체가 보유한 자산을 모두 동원해서 정치적 목표를 달성하는 것은 훨씬 더 어렵다. 그 작업은 심지어 사람들이 선의를 가지고 할 때조차도 매우 복잡하다. 문제는 그러한 선의가 있는 경우가 매우 눈에 뜨일 정도로 빈번하고 규칙적으로 일어난다는 사실이다. 이것은 또 다른 어려움을 야기한다.

　둘째, 명백히 말해서, 대전략은 개인이든 조직이든 전체적으로 문제를 바라보라고 요구한다. 그것은 또한 지속적인 조정을 필요로 한다. 제병협동부대*를 조직하고 연합전을 실제로 수행하는 것은 매우 어려운 일이다. 이러한 사실을 명심하고 시너지 효과를 발휘하기 위해서 한 국가의 외교, 경제, 정보, 문화, 대중매체를 군사적 노력과 결합해야 할 때 부딪칠 문제들을 생각해야 한다. 또한 정치인과 군인들이 서로 다른 입장에서 끊임없이 대화를 나누어야 하는 것은 군사 전략만이 아니다. 대전략 또한 작전이 진행되는 과정에 따라서 당연히 수정될 수 있음을 알아야 한다.

　한편으로, 군인과 정책결정자들이 군사 전략에 대해서 의견을 나누고

---

*　작전 수행을 위해 2개 이상의 병과가 결합하여 상호 지원할 수 있는 부대 형태.

한 국가의 모든 관련 자산들의 대표자들이 대전략에 대해서 의견을 나누는 것의 중요성은 아무리 강조해도 부족하지 않다. 그러나 다른 한편으로 군사 전략이든 대전략이든 현재 일어나는 사건들에 지나치게 빨리 반응하여 가볍게 방침을 바꾸지 말아야 한다. 엄밀히 말해서 대전략도 하나의 수단이므로 정책과 혼동되지 말아야 하지만 어떤 특정 시점에서는 그것도 확실히 어떤 지속적인 특성을 가지고 있다. 이 격언의 범위를 넘어서는 전략사의 특징에 특별히 주목하면서 수세기 동안 핵심적 사항들을 계속해서 견지한 고유하고 정체성이 있는 대전략들이 있는 나라들이 적지 않았다. 예컨대, 수백 년 역사의 영국은 유럽에서 힘의 균형을 유지하기 위해서 두 번째로 강한 나라나 동맹국들과 손을 잡거나, 그런 나라를 지지하거나 새로 만들어냈다.

대전략은 확실히 정책과 매우 유사해서 둘을 구분하기 어려울 때도 있다. "전쟁술은 가장 높은 차원에서 정책으로 바뀐다"라는 클라우제비츠의 말은 오히려 더 제한적이면서 매우 적절한 주장이다.[*49] 그럼에도 불구하고 대전략을 포함해서 어떤 종류의 전략도 정책과 절대 혼동되어서는 안 된다.[*50] 평화를 이루고 전쟁을 수행하기 위한 수단으로 사용할 수 있는 많은 자산들이 국가에 있다는 사실을 쉽게 잊어버리는 사람들에게 〈격언 20〉은 각성제 구실을 한다. 당면한 문제를 전체론에 입각해서 접근하려고 의식적으로 노력하기만 한다면, 국가는 자신의 강점을 적극 활용하고 약점을 보완할 수 있을 것이다. 따라서 모든 전쟁은 대전략 차원에서 연구되고 수행되어야 한다. 〈격언 20〉이 참이 아니라면, 교전국들은 전쟁을 순전히 전투행위로만 생각하고 수행할 것이다. 거기서 전투의 역사는 군사적 행동과 결과를 의미하게 된다. 그런 엉터리 개념은 군사 전략과 작전, 전술을 역동적인 국내의 정치, 외교, 경제, 사회문화적 맥락에서 분리시킨다.

불규칙한 특성이 있는 하나의 큰 부류로 무력 충돌이 있다. 거기서 군사 전략은 정치 전략에 결정적으로 종속된다. 게릴라전에서는 어느 편도 확실하게 군사적 승리를 보장받을 수 없다. 이러한 상황을 인정한다면, 양쪽 교전 당사자들은 군사 전략을 군사적 목적뿐 아니라 정치적 목적을 위해 설계하고 수행한다. 이것은 클라우제비츠가 말한 영원한 진리, "전쟁은 단순한 정책의 집행이 아니라 진정한 정치적 수단, 곧 다른 수단에 의한 정치 활동의 연장이다"라는 격언의 극단적 사례에 불과하다.[51]

"전략은 군사적인 것만이 아니다"라고 주장하는 〈격언 20〉은 "전쟁에는 전투행위 말고도 고려해야 할 것이 더 많이 있다"고 주장하는 〈격언 8〉을 강력하게 지지하고 보완한다. 끝으로 〈격언 20〉은 동서고금을 통해서 가장 뛰어난 전략가 세 사람, 투키디데스, 손자, 클라우제비츠가 쓴 전략서의 고전들을 통해서 그것이 진리임을 확인할 수 있다. 〈격언 14〉 참조 이 세 사람의 저자 가운데 어느 누구도 군사 전략에 대해서만 편협하게 쓴 사람은 없다. 실제로 투키디데스와 손자는 대전략에 대해서 썼고 클라우제비츠는 군사적 문제에 초점을 맞추되 그것의 정치적, 심리적 맥락을 따져 자세하게 기술했다.

> 무엇보다 대전략은 어떤 경우에도 외교, 선전, 비밀 작전, 경제 전반, 그리고 군사 정책을 모두 서로 조율할 것을 요구한다. 비록 의회가 대전략의 집행과 계획을 거부하지 않고, 필수 정책에 반대할 수 있는 이익집단들이 없다고 하더라도 현대 국가의 고도로 분화된 관료 조직은 그 자체가 대전략의 포괄적 계획을 수행하는 데 거대한 장애물이다.
>
> — 에드워드 루트왁 Edward N. Luttwak, 2001년[52]

불가능한 것은 하지 말아야 한다. 해결책을 아직 찾지 못한 것은 문제가 아니라 현재의 조건이다

> 아프가니스탄 중앙 부대에 나토 전투 병력을 크게 늘려야 하는 문제를 두고 벌어진 논쟁들은 매우 합당한 이유들이 있다. 그러나 그에 못지않게 전략 논쟁 또한 시급한 상황이다. 나토, 특히 영국군은 탈레반을 무찌르면서 동시에 유럽에서 불법 마약으로 취급되는 아편 제조를 위한 양귀비 재배를 막는 일을 하고 있다. 그 정책은 아프가니스탄 농부들의 주 소득원이 되는 작물 재배를 막는 일이기 때문에 농촌 현장의 지역민들의 열렬한 지원을 받지 못하는 것이 당연하다.
>
> — 프랭크 필드Frank Field, 영국 하원의원, 2006년 9월 6일[53]

〈격언 21〉의 중요성은 지나치게 강조해도 부족하지 않다. 필자는 지난 200년 동안의 전략사에 관한 책을 최근에 발간했는데, 교전국들이 대개 자기네 군대가 할 수 없는 것들을 매우 자주 요구한다고 확신한다.[54] 논리학자와 역사학자들이 이 격언에서 주장하는 것을 결정론이라고 몰아붙이며 비판하기 전에 그들이 상식적으로 이해할 수 있게 설명해 줄 필요가 있다. 말 그대로 미래에 이룰 수 없는 역사적 발전은 실제로 거의 없다. 그러나 어떤 임무나 과업은 성공률이 너무 낮아서 합리적 판단을 내릴 줄 아는 전문가라면 그런 임무를 달성하기 힘들다고 주저 없이 선언할 것이다. 다시 한 번 말하지만, 이것은 임무를 절대로 달성할 수 없다는 것을 뜻하는 것이 아니라, 오히려 성공할 가능성이 희박하다는 판단이라고 보아야 한다. 오로지 너무 지나친 대가를 치러야만 성공할 수 있기 때문에 그런 임무는 포기해야 한다는 의미다.

〈격언 21〉은 처음부터 하지 말았어야 할 일에 병력을 지나치게 투입한 전략의 역사 기록을 통해서 그 정당성을 확인할 수 있다. 그 역사 기록을 현실적으로 신중하게 재검토해 보면 실제로 작전 성공이 어렵다고 공정한 판단이 내려지는 순간, 바로 작전을 중단해야 마땅했을 전략의 사례들을 많이 볼 수 있다. 그러나 〈격언 21〉을 일이 터지고 나서 하는 말로 이해해서는 안 된다. 이것은 어떤 작전에서 실패의 원인된 측면이 모든 경우에서 실패의 원인이 된다는 것을 의미하는 것이 아니기 때문이다. 이 격언은 늘 나중에 결론을 보고 말하는 역사가들의 추정에 기대어 하는 말이 아니다. 그것은 오직 과거와 현재의 전략의 역사 속에 많은 사례들이 있다고 주장하는 것뿐이며, 미래에 대해서는 향후 성공 가능성이 그에 따른 비용과 위험 대비 너무 낮다고 평가된 전략은 중도에 포기하는 것이 마땅하다는 것을 말하는 것이다. 클라우제비츠가 "전쟁은 우연성의 영역이다"라고 주장했다고 해서 전쟁의 결과 또한 임의로 정해지는 것은 절대 아니다. 객관적으로 전력이 우세한 군대가 전력이 약한 군대보다 훨씬 더 많은 행운을 만들어내고 불운과 마찰에 더 잘 대처할 수 있다.

〈격언 21〉은 불명확하거나 심지어 맹목적인 낙관주의에 반기를 든다는 점에서 중요하다. 그것은 적어도 지나친 자만에 사로잡힌 정책 결정자와 군인들의 마음에 건전한 의심의 씨앗을 뿌린다. 그들은 자기들의 한계가 무엇인지 정확히 알아야 한다. 앞에서 이미 언급한 것처럼, 강대국들은 자기네가 늘 전쟁에서 이긴다는 만성병에 걸려 있기 쉽다. 독일군은 4년 반의 제1차 세계대전 동안 이루지 못했던 프랑스 침공을 1940년 5~6월 사이 6주 만에 성공하고 나서 이제 자기네가 마음먹으면 무엇이든 할 수 있다고 믿었다. 1941년, 독일군은 자기들이 전쟁에서 질 수 있다는 것은 전혀 상상도 하지 못했다. 독일군은 자신들의 우월한 전쟁 방식과 이미 파악하고 있는 소련군의 약점을 고려할 때 필승을 확신했다. 하지만 그들의 판단은 틀렸다. 독일군이 소련을 정복하려는 시도가 본디 불가능한 임무였는지 아니었는지는 알 수 없는 일이다. 그러나 당시에 나치의 소련 침공 의지를 꺾을 만한 몇 가지 문제들이 매우 명확하게 드러난 상태였다. 독일군은 비록 나중에 어려움은 있었지만 소련의 날씨, 지형, 거리, 소련군의 정확한 전투 체계와 예비군, 군수물자 생산 능력을 모두 파악할 수 있었다. 그러나 아무리 군사적으로 우월하다고 하더라도 전쟁 승리를 앞당기기 위해 결정적으로 중요한 군수 문제를 무시한 것은 치명적 결함이었다. 독일군의 전쟁 방식은 무엇보다도 작전 개념에 대한 무조건적 믿음에 의존했다.*[55] 독일군이 4년 반의 전쟁을 전략적으로 헛되이 날려버린 것은 1914년 마른전투에서의 작전 실패 때문이었다.

어떤 과업이 전략적으로 실행 가능한지 아닌지를 명확히 알지 못하는 경우가 많이 있다. 역사적으로 보면, 1982년 영국 정부는 군사력을 남대서양 깊숙이 투입시켜 포클랜드 섬에 있는 아르헨티나 사람들을 쫓아낼 수 있을지 확신이 없었다. 그것은 불가능한 임무가 아니었지만 당시에 성공과 실패가 반반인 아슬아슬한 작전으로 인식되었다. 영국이 군사원정대를 파견해서 그 섬을 탈환하려는 이유는 당시 영국 총리였던 마거릿 대처가 정치적 필요성이라고 믿었던 모험적 성향과 관련이 있었다. 그러한 군사적 주장은 불안하기 그지없었다.

1982년 마침내 영국은 매우 위험이 컸지만 성공을 거둔 군사 작전 사례 가운데 하나를 제공했다. 전체 작전 수행 과정에서 항공모함 1대가 침몰하는 피해만을 입었다. 그러나 분명한 것은 런던이 지나친 자만심만으로 그 작전을 수행하지 않았다는 사실이다.

〈격언 21〉은 무엇이든 할 수 있다고 확신하는 사람들이 꼭 알아야 할 사실을 알려준다. "어려운 것은 금방 하지만 불가능한 것은 조금 더 오래 걸린다"는 말이 있듯이 할 수 있다는 정신은 오늘날에도 건재하다. 유감스럽게도 〈격언 21〉의 의미를 가장 먼저 알아야 할 사람은 바로 그것의 논리와 그것을 입증하는 수많은 역사적 경험들을 무시하는 사람들이다. 그럼에도 불구하고 승리할 경우 아무리 멋진 결과를 얻을 수 있다고 예견되더라도 처음부터 시도하지 말아야 할 임무들이 늘 있기 마련이다.

나는 전략가로서 그것이 현실에 도움이 되는 직업이라는 것을 잊지 않으려고 애쓴다. 아직 현실에 적용되지 않은 전략은 나쁜 전략이 될 수도 있고 아닐 수도 있다. 그러나 현실에서 잘 작동되지 않는 전략은 나쁜 전략이 틀림없다. 그리고 그런 나쁜 전략은 전략가라는 공인된 직업인의 입장에서 볼 때 전문가로서 자질이 부족하다는 것을 의미한다. 좋은 전략이든 나쁜 전략이든 그것이 현실에서 수행될 때는 정치뿐 아니라 사람들에게 다양한 형태로 고통과 죽음, 피해를 안겨줄 수 있다는 것은 두말할 나위도 없다.

세상은 낙관주의자들로 가득하다. 그들은 역사적으로 그 반대의 증거가 있음에도 정말로 불가능한 것이 하나도 없는 것처럼 행동한다. 특정한 시간과 예외적 환경 아래서는 어쩌면 그들이 맞을지도 모른다. 예컨대, 1945년 이후 두 세대가 지나기 전에 독일과 일본은 사회군국주의를 탈피한 사회가 되었다. 그러한 발전은 1930년대 말과 1940년대 초의 합리적인 평론가들이 생각하기에 불가능해 보였다. 이러한 강제된 문화 전환의 사례들은 역사적 충격이 매우 강력하다면 어떤 것도 가능하다는 것을 보여준다. 그러나 추축국들의 명백한 부정적 사례들이 〈격언 21〉를 무효화하지는 않는다. 전략적 임무 수행의 실패 때문에 생긴 어려움은 말할 것도 없고 처음부터 시도되지 말아야 할 어려운 전략 과제들이 있다. 도덕적 불법행위, 의도의 진정성, 심지어 계획의 비범함에 이르기까지 그 가운데 어느 것도 불가능한 것은 진실로 하지 말아야한다는 원칙에서 벗어날 수 없다.

서두에서 인용한 말은 아프가니스탄에서의 나토의 임무가 왜 부질없는 희망인지를 부분적으로나마 설명해준다. 아프가니스탄 반군 소탕 작전은 그곳 사람들과 그들의 생계와 장래 희망을 보호하기 위한 것이다. 나토는 그들에게 매력적인 대안을 제시하지 못한 채, 단순히 그들의 헤로인 기반의 경제를 파괴함으로써 실패의 길로 접어들었다. 오늘날 불가능한 임무의 또 다른 명백한 사례는 매우 인위적으로 구성된 이라크 국가를 아랍 세계의 민주주의를 밝힐 외로운 봉화로 전환시키려는 무분별한 임무를 들 수 있다. 그것은 성공할 수 없다. 그것이 군사 개입으로 이어지는 바람직한 결과를 초래할 것이라는 사실은 정말 부적절하다. 그런일은 절대 해서는 안 된다. 강대국들은 〈격언 21〉이 전하는 의미를 배우고 마음에 새겨야 한다. 불가능한 것은 하지 말아야 한다. 2006년 미국의 『4개년 국방검토보고서』에서 발췌한 다음 인용문은 현실적 계획으로 가장한 실현 불가능한 임무의 전형적 사례를 제공한다.

(테러집단 네트워크에 대한) 승리는 적의 극단적 이데올로기가 공산주

의나 나치즘처럼 낡은 신념이 되어서 그들 국민과 암묵적 지지자들에게 신뢰를 받지 못하고 기억에서 사라질 때 올 것이다. 승리를 위해서는 전 세계에 테러리즘을 반대하는 분위기가 만들어져야 한다. 또한 그들이 스스로 치안을 유지하고 테러분자들의 은신처와 그들의 생존에 필요한 자원들의 제공을 거부할 수 있는 합법 정부가 들어서야 한다. 그리고 전 세계의 유력한 대표적 시민 사회들의 정부 당국에 대한 지지 또한 필요하다. 자유에 대한 호소는 극단주의자들의 이데올로기에 맞설 수 있는 가장 좋은 장기적 대응책이기 때문이다.[*56]

이러한 말들이 실제로 실현되기까지는 너무 많은 시간이 걸리기 때문에 오늘날 적어도 정책과 전략의 관점에서 볼 때, 그것은 불가능하다고 말할 수 있다.

> "그것은 당시에 좋은 생각인 것처럼 보였다."라는 말은 사후약방문이다.
>
> — 브루스 플레밍Bruce Fleming, 2004년[*57]

제3부
군사력과 전투행위

사람이 제일 중요하다

> **진짜 혁명은 무엇보다도 사람의 마음속에서 일어난다.**
>
> — 랠프 피터스Ralph Peters, 1999년[1]

전략론, 전쟁론, 군사 혁신에 관한 주장 등은 모두 인간의 차원에 기울이는 관심이 두드러지게 약한 경향이 있다. 두 세대에 걸친 핵 시대 전략가들은 합리적 선택의 정교한 이론을 고안하고 다듬었는데, 이 노력은 안정된 상호 억제stable mutual deterrence 이론으로 꽃을 피웠다. 개념적인 구조물에서 두 요소만이 부족했다. 매우 엄격하게 만들어진 합리적인 지식 체계를 가동시켜야 하는 인간 행위에 대한 그럴 듯한 처리와 경험적 증거가 그것이다.[2] 사실 현대의 전략과 군사 분석에서 어디를 보든 간에 인간의 발자국은 원래 필요한 것보다 훨씬 희미하다. 〈격언 22〉의 필요성은 바로 이런 점에서 나온다. 랠프 피터스의 말은 언제나 인용할 만하며 더군다나 위에서 인용한 말은 정말로 맞다. "전쟁, 평화, 전략"은 사람과 관련된다. 게다가 이런 거대하고 위험한 사업은 언제나 결국 사람과 관련된다. 물론 이 사업은 인간적 차원과 관련될 뿐만 아니라 인간 행위의 역할이 절대적으로 중요하다. 인간 행위의 역할은 전술에서 정치에 이르는 충돌의 모든 차원에 스며든다. 그리고 기술이나 사회문화, 또는 전쟁의 다른 중요한 맥락상에서 변화가 생기더라도 인적 요소의 중요성은 손상되지 않는다. 게다가 인간적 차원을 부당하게 동질화하지 않도록 밝혀 두자면, 개인들은 전쟁과 평화, 전략 실행에서 정말로 중요한 차이를 만들어낼 수 있다. 이것이 〈격언 22〉의 의미이다. 전쟁, 평화, 전략의 작용에는 정말로 추적 불가능한 엄청난 복잡성이 있지만, 그중에서 가장 중요한 것은 인간적인 차원이다. 언제나 그랬다. 지금도 사정은 마찬가지이며, 군사력을 변형하려는 어떤 원대한 구상이나 전쟁 성격에서 예상되는 급진적인 변화도 이 격언의 영원한 가치를 바꾸지 못한다.

〈격언 22〉를 오해하지 않는 게 중요하다. 클라우제비츠는 걱정할 필요가 없다. 사람이 제일 중요하다는 주장은 이 프로이센 사람의 정전과 모순되지 않는다. 전쟁은 정책 수단이다. 조직화된 폭력은 정치적 목적에 이바지해야 한다. 이따금 전쟁 자체가 결정권을 쥐고 국가 정책에 자신의 요구를 충족시킬 것을 명령할 때 실제로 이런 도구적 견해가 도전받을 수 있는 것만큼이나 이 견해는 논리적으로 안전하고 확실한 면에서 신성하다. 그럼에도 전쟁, 평화, 전략의 원천과 작동을 탐구할 때마다 우리는 개인들을 비롯한 사람의 영향을 피할 수 없다. 사람들이 무척 다양하고 군이나 기타 합리적 조직을 통해 목적을 추구하는 집단행동이 필요하다는 점을 감안하면, 분석의 시각에서 흔히 개별 인간이 사라지는 이유를 이해하는 것도 어렵지는 않다. 자기만 아는 이유로 행동하는 분별없는 한두 명의 개인 — 항상 이유를 아는 것도 아니다 — 이 많은 인상적인 국가 운영statecraft과 전략 이론을 당혹스럽게 만들 가능성이 있다. 그러나 우리는 보통 일류 테니스 선수처럼 신중하고 안전하게 경기를 하게 된다. 우리가 만약 저널리스트로서 글을 쓰고 다채로운 이야기를 찾지 않는다면, 전쟁과 평화의 인간적 차원을 깊이 탐구하려는 동기는 저항에 맞닥뜨리기 십상이다. 문제는 커다란 쟁점에서 인간의 줄거리로 관심을 돌리는 일을 피하려는 전반적으로 타당한 바람 속에서 우리가 사실은 인간적 차원이 줄거리임을 잊을 수 있다는 점이다. 적어도 정치적인 것과 나란히 이 줄거리에도 정당한 중요성을 부여해야 한다.

군사적 효율성은 많은 요소들의 산물이다. 예를 들어 지도력뿐만 아니라 훈련, 장비에 대한 신뢰, 병참 능력 등도 필요하다. 그러나 전쟁의 무용武勇에 가장 중요하게 기여하는 요소는 사기이다. 사기는 이기려는 의지, 또는 적어도 맞서 저항하고 개죽음을 하지 않으려는 의지이다. 어떤 군대가 고위 정책의 수단으로서 갖는 가치의 핵심에는 이런 인간적 요소가 자리한다. 병사들은 자기 자신과 동료들, 지도자들을 믿어야 한다. 그렇지만 사기는 군대가 새로운 무기처럼 사들이거나 훈계나 선전으로 확실하게 주입할 수 있는 성질의 것이 아니다. 사기가 강한 데는 여러 가지 이유가 있을 수 있다. 과거에 이룬 업적에 바탕을 둔 자신감, 공동의 위험과 고통을 겪는다는 동지애, 지도부에 대한 신뢰, 적에 대한 경멸, 대의에 대한 믿음 등 여러 가지가 이유가 될 수 있다. 그렇지만 대체로 군대의 높은 사기는 군사적으로 우수하다는 인식의 소산이다.

사기가 얼마나 중요할까? 되풀이해 말하지만, 사기가 군사적 성공에 이바지하는 가장 중요한 단일 요소라는 주장은 결코 과장이 아니다. 〈격언 22〉를 통해 우리는 다음과 같은 사실, 즉 국가를 비롯한 정치 집단의 이익을 증진하기 위해 전쟁, 평화, 전략이 수행되고 정책과 전략에 관한 주장이 무척 세밀하게 다듬어지더라도, 사람들의 효과적인 행동이 없이는 어떤 효과적인 일도 일어날 수 없다는 사실을 상기하게 된다. 사람이 전쟁을 수행하고 전략을 실행한다. 그리고 전략은 그 자체로는 아무것도 아니다. 전략은 전술적 교전의 세계를 정치적 목적의 세계와 연결하는 다리일 뿐이다. 요컨대 명령에 따라 목숨을 걸 의지와 능력이 있는 사람들이 존재할 때만 전쟁이 효과를 발휘할 수 있다. 사기가 상대적으로 낮아서 많은 병사들이 군사적 사건을 빨리 끝내는 일보다 전투행위가 끝날 때까지 살아남는 일에 훨씬 더 많은 관심을 기울이면, 지도자들은 보상의 원천을 찾아서 활용할 필요가 있을 것이다. 예를 들어 1944~1945년에 북서 유럽에서 영국—미국—캐나다 군대는 열렬한 전사들, 즉 독일군과 맞붙어 싸우는 데 혈안이 된 병사들로 넘쳐나는 상황이 아니었다. 연합군 장성들은 병사들 사이에 쓸데없다고 생각하는 위험을 무릅쓰려 하지 않는 태도가 만연한 상황을 인식하고, 따라서 부하들에게 심하지 않은 요구만을 하는 경향이 있었다. 독일인들은 종종 서구의 적들이 활력과 상상력이 부족한 모습을 보고 당혹스러워 했다. 주된 이유는 이 서구 군대들이 적어도 기꺼이 복무하고 임무를 수행하려는 병사들로 이루어졌지만, 그래도 어쨌든 이기게 돼 있는 싸움에서 대담하게 행동하면서 목숨을 위태롭게 할 각오는 되어 있지 않았다는 점이다.[3]

〈격언 22〉는 얼마나 중요할까? 여기 있는 모든 격언과 마찬가지로, 이 격언도 워낙 단순하고 익숙하기 때문에 군대와 정책 결정자들이 위험을 무릅쓰고 과소평가하는 심대한 진실이 잘 보이지 않을 공산이 크다. 이언 해밀턴Sir Ian Hamilton 장군의 말을 인용하자면, 클라우제비츠는 인간적 차원이 왜 군대의 정수를 이루는지를 설명한다.[4] 전쟁에서 군대가 추구하는 목적은 적을 물리치는 게 아니다. 물론 대개 이것이 수단적인 목적임은 분명하지만 말이다. 진짜 목적은 적에게 그들이 패배했음을 납득시키는 것이다. 거의 모든 경우에 적의 군대를 파괴하는 것, 즉 적의 부대를 몰살시키는 것은 군사적인 면이나 다른 면에서 그 자체로 전혀 목적으로서 가치가 없다. 어떻게 이럴 수 있을까? 몇 차례 인용한 것처럼, "전쟁은 이와 같이 적에게 우리의 의지를 따르도록 강요하는 무력행위"이기 때문이다.[*5] 어떤 적 조직은 순전히 상징적인 저항을 보인 뒤에 항복할 것이고, 운이 없다면 적이 나치 독일의 공군과 같은 낙하산 부대를 구성할지도 모른다. 이 부대는 전사율이 아무리 높아도 카시노Cassino에서 항복하지 않았다. 그러나 두 극단적인 경우 모두 똑같은 결론을 가리킨다. 사람이 제일 중요하다는 것이다.

클라우제비츠는 이 주제의 변치 않는 구조를 드러낸 바 있다.

> 적을 정복하고자 한다면 적의 대항력에 필적하는 노력을 기울여야 한다. 이 대항력은 2가지 불가분의 요소, 즉 동원 가능한 수단 전체와 의지의 힘의 소산이라고 말할 수 있다. 적이 동원 가능한 수단의 범위는 – 전적으로는 아닐지라도 – 수치의 문제이며 따라서 측정 가능해야 한다. 그러나 적의 의지의 힘은 측정하기가 훨씬 쉽지 않으며, 의지를 움직이는 동기의 힘으로 대략적으로 잴 수밖에 없다.[*6]

존 키건John Keegan의 선구적인 연구서인 『전투의 얼굴 The Face of Battle』이 출간된 1970년대 이래, 전투행위의 인간적 차원이 어느 때보다도 더 많은 주목의 대상이 되었다.[*7] '전투의 얼굴'과 비슷한 부류의 개별 이야기들의 결점은 실제로 공공연하게 주장하지는 않았지만 전략이 크게 중요하지 않다고 암시하는 불행한 결과를 낳았다는 점이다. 전쟁의 현실은 개인의 전투 경험, 적어도 군대 생활 경험이다. 어떤 의미에서는 분명히 키건의 관점이 유효하다. 전략은 사람 손으로 실행되어야 하며, 실제로 열성적이지는 않더라도 지나치게 의지가 없는 사람이어서는 안 된다. 그렇지만 전투의 얼굴이 전쟁의 모든 것은 아니다. 전투행위에서 인간적 요소의 이런 측면에 지나치게 초점을 맞추면 이 요소를 과대평가할 위험이 있다. 어쨌든 보통 남자다움을 비롯한 문화적 가치를 시험하기 위해 전투행위를 수행하지는 않는다. 오히려 전투행위는 정치적 목적에 이바지해야 한다. 〈격언 22〉에서 전쟁에서 제일 중요하다고 주장하는 사람들은 모든 위험한 사업에 중추적인 기여를 하기 때문에 중요하다. 그리고 그들의 싸우려는 의지의 힘이 핵심적인 변수이다. 세계에서 가장 기술에 집착하는 미국 군대는 이제야 기계 및 교의와 대조되는 인간의 결정적인 중요성을 인식하면서 문화의 힘을 인정하기에 이르렀다. 인간의 행동은 언제나 우리가 문화라고 부르는 뿌리 깊은 태도와 신념, 사고 습관에 영향을 받으며 때로는 이것들에 의해 움직인다. 전쟁과 평화는 사실 심리 게임이기 때문에 〈격언 22〉의 중요성을 강조하고 예증하기는 너무나 쉽다. 서구의 억제 이론은 왜 합리적인 적 지도자를 억제해야 하는지를 반박의 여지없이 증명할지 모른다. 그러나 낯선 문화의 지도자가 적절한 정책 목표에 관한 자기 나름의, 아니 적어도 그 사회 나름의 정의에 따르면 합리적인 경우는 어떨까? 엄밀히 말하면 이 지도자가 합리적일지도 모르지만, 미국 억제 이론의 논리에 따르면 합리적이지 않다.

> 역사를 살펴보면, 형편없는 배를 가진 훌륭한 사람이 훌륭한 배를 가진 형편없는 사람보다 낫다. 프랑스혁명은 거듭해서 이런 교훈을 가르쳐 주었지만, 물질적으로 향상된 최신의 물건에만 열광하는 우리 시대는 이런 기억을 대부분 잊어버렸다.
>
> — 앨프리드 세이어 머핸Alfred Thayer Mahan, 1892년[8]

MAXIM

군사력은 정치의 **으뜸패**이다

> ❝ 무장하지 않은 부자는 가난한 군인의 전리품이다.
> — 니콜로 마키아벨리, 1521년[9] ❞

　정치는 권력의 문제이며 국제정치는 안보공동체 사이의 상대적인 권력 배분의 문제이다. 어느 곳에서든 정치인은 권력을 유지하고 휘두르는 기쁨을 제외한 모든 것들을 직업적 동기라고 주장한다. 정치인의 말은 믿으면 안 된다. 인간은 개인적으로든, 집단적으로든 권력을 목적 자체로 추구한다. 이것은 의도적인 약간의 과대평가지만 주변적인 과장일 뿐이다. 〈격언 23〉은 클라우제비츠의 격언에 암묵적으로 이의를 제기하는 것처럼 읽힐 수 있다. "전쟁은 정치 활동의 파생물일 뿐이다. (…) 전쟁은 절대 자율적이지 않다. (…) 전쟁은 다른 수단을 통한 정치 관계의 지속이다."[*][10] 전투행위가 지배적인 생활양식이 되면, 합리적인 행동을 규정하는 수단과 목적의 관계가 전도되기 쉽다. 정치적 수단이 군사적 목적에 밀려날 수 있다. 전략이 작동할 테지만, 정치적 목적과 군사력은 전략의 다리로 연결된 둑 위에서 서로 위치가 바뀔 것이다.

　이 격언은 앞에서 지적한 것처럼 정치는 권력의 문제라는 주장에 의지하며, 군사력이 권력의 궁극적인 형태라고 주장한다. 이 주장은 국내 정치와 국제 정치 모두에 적용된다. 〈격언 23〉은 군사에 대한 정치의 권위를 부정하려는 어리석은 말이 아니다. 또한 이 격언은 오로지 군사적 성공만이 오랫동안 확실하게 정치적 동의를 대체할 수 있다고 주장하지도 않는다. 전쟁이 끝난 뒤에 안정된 정치 질서에 바탕을 둔 지속적인 평화가 이어지려면, 패배한 사회가 자신이 패배했다는 정치적 사실과 강요되거나 교섭된 권력관계의 새로운 질서를 받아들이는 게 중요하다.

이 격언의 취지는 실질적으로 탈전쟁화한 사회', 즉 세계화한 번영 속에서 상당히 만족스럽게 살아가는 사회들에게 그들이 누리는 좋은 시절이 얼마나 허약할 수 있는지를 잊지 않도록 하기 위함이다. 많은, 아니 대부분의 정치체는 보통 군사 전략적 해법을 필요로 하는 국내 문제나 대외 문제에 직면하는 일이 없기 때문에 안보의 군사적 차원을 망각하기 쉽다. 정치체는 이런 안보를 자신이 지닌 덕에 대한 보상으로 섭리에 의해 선물로 받았다고 볼 수 있다. 심지어 군사력이 정치의 수행에 대해 갖는 관련성이 급격하게 줄어들고 있고, 적어도 특권을 누리는 자기네 이웃에서는 원시 시대의 유물에 지나지 않는다고 확신할 수도 있다. 이런 사람들에게 해줄 수 있는 최고의 조언은 5세기 서로마제국의 몰락에 관해 읽어 보라는 것이다. 서로마제국은 국내의 부패나 기독교의 유해한 영향 때문이 아니라 당시의 군사적 도전에 대처하는 능력을 갑자기 잃었기 때문에 몰락했다.[*11]

야만인이나 악당이 위협을 가할 때 어떤 것도 군사력을 대신하지 못한다는 사실은 계속해서 입증되었다. 분명히 말하건대, 정치적 고려 사항보

---

* 탈전쟁화debellicization란 원래 영국의 역사학자 마이클 하워드가 만들어 낸 신조어로 "어떠한 상황에서도 전쟁을 합당한 선택지로 여기지 않는 태도"를 가리킨다.

다 군사적 고려 사항이 우선한다고 주장하려는 게 아니다. 내 말의 취지는 모든 정치적 위협이 정치적 수단에 굴복하지는 않는다는 것이다. 외교관은 세련된 언어의 달인과 교활한 정치 기획의 고안자뿐만 아니라 칼을 든 거친 사람들의 지원도 받을 필요가 있다. 이 격언은 군사력이 제일이라고 주장하지 않는다. 이 격언은 국제적으로든 국내적으로든 간에 정치나 외교가 방위의 최우선이 되어야 한다는 견해와 전적으로 일치한다. 게다가 이 격언은 기독교의 정전론에서 말하는 '싸우는 목적에 관한 정의jus ad bellum'를 위한 전통적인 기준의 6번째 및 마지막 기준과도 그대로는 아니지만 대체로 부합한다. 6번째 기준에서는 무력 호소가 "최후의 수단"으로만 이루어져야 한다고 요구한다. 이 말 자체가 논쟁의 여지가 있는 개념이기는 하지만 말이다.

〈격언 23〉은 세계적 범위의 진리이자 여러 세기에 걸쳐 이 말을 기억하고 존중하려 하지 않은 사회들이 거의 잊어버린 진리를 표현한다. 예측 가능한 결과로, 특히 경제적 조건에 대체로 만족하는 사회들은 중대한 안보 맥락을 당연한 것으로 받아들이는 경향이 있다. 이런 맥락 덕분에 이 사회들은 가지지 못한 자, 아니 더 정확히 말해서 덜 가졌으면서 더 많은 것을 원하는 자들에게 심각하게 시달리지 않은 채로 번영을 구가할 수 있다. 상대적인 평화와 번영의 시대에 관해서는 신의 은총에서부터 경제적 상호의존, 문화적 수렴 현상 등에 이르기까지 많은 대중적인 설명이 있었다. 각각의 장점이 무엇이든 간에, 지금까지 어떤 이론도 거친 시대가 다시 돌아오면 살아남지 못했다. 힘들지 않은 정치적 상황에 대해 좋은 조언을 내놓은 격언들은 조심해야 한다. 모름지기 전략가는 우호적인 안보 환경보다는 열악한 환경에 관한 격언을 선택하지 않으면 안 된다.

〈격언 23〉은 주로 2가지 이유에서 중요하다. 첫째, 앞서 지적한 것처럼,

이 격언은 안보의 군사적 차원을 곧잘 잊어버리는 사회에 간결하고 무뚝뚝하게 메시지를 전달한다. 사실 사회가 이제 안보에서 유의미한 군사적 차원이 아예 없어졌다고 믿기에 이른 것도 당연하다. 오늘날 유럽연합―유럽에서는 이런 믿음이 진부해졌다. 물론 옛 소련 위성국가들은 예외겠지만 말이다. 이슬람을 비롯한 테러리즘의 문제도 이제 흔히 군사보다는 본질적으로 경제와 문화, 정치의 문제로 여겨진다. 이런 시각에는 어느 정도 장점이 있지만, 결국 자신들의 안락한 유럽연합―유럽 세계가 전략사戰略史의 원시적이고 야만적인 범위에서 벗어났다는 환상에 의존한다. 민주주의 사회는 역사적으로 지금은 군사적 위협이 존재하지 않거나 있다 하더라도 비군사적인 수단으로 억제하거나 통제할 수 있다는 잘못된 생각에 특히 취약하다.

두 가지 사례로 이야기를 할 수 있다. 1920년대와 1930년대 초에 많은 사람들이 비무장 외교를 이례적으로 신봉한 사실을 생각해 보라.*12 최근 사례로는, 핵무기 보유국이 되고자 하는 이란의 오랜 노력을 위협보다는 경제적 유혹으로 전환하고 막을 수 있다는 유럽연합―유럽의 완고한 확신을 주목하라. 때로는 오로지 군사적 수단으로만 국내·국제질서와 안보를 유지하거나 복원할 수 있다는 것은 일반적인 진리이며, 여기에 〈격언 23〉으로 실리는 것도 이 때문이다. 그렇다고 해서 정치를 격하하려는 건 아니다. 이 격언에서 주장하는 것은 정책 결정자는 이따금 내키지 않더라도 필요하다면 총을 꺼내서 쏘는 것 말고 달리 선택의 여지가 없기도 하다는 사실이다.

모든 정치적 문제가 순전히 정치적인 해결 수단에 굴복하지는 않는다. 무력 호소를 가장 권위 있게 정당화하는 근거가 무시할 수 없는 문제를 해결하는 다른 가능한 방도가 없다는 주장임을 상가하라. 전쟁으로는 어떤 문제도 절대 해결하지 못한다는 믿음은 잘못된 생각이다. 비록 확실히는 아니고, 또 다른 문제가 생기기도 하지만 전쟁으로 문제를 해결할 수 있다. 그러나 이 격언록의 독자 가운데 전쟁은 언제나 무익하다는 그릇된 믿음에 동의하는 이가 있다면, 독일인이나 일본인을 붙잡고 전쟁이 결정적인 영향을 미칠 수 있는지를 한번 물어보라. 정치로 갈등을 해결하지 못할 때, 정책결정자들은 불만족스러운 상황을 감내하고 살지 아니면 이 상황을 개선하기 위해 무력에 호소할지를 결정해야 한다. 1941년의 일본은 전쟁 말고는 다른 받아들일 만한 선택지를 모두 잃어버린 현대 정치체를 극명하게 보여주는 사례이다. 또는 1973년의 이집트와 시리아를 예로 들 수도 있다. 당시 두 나라는 전투에서 이스라엘을 물리칠 수 있다는 기대보다는 이스라엘과 갈등하는 정치적 상황에 근본적인 변화를 야기한다는 목적으로 전쟁에 호소하기로 결정했다. 대개 전쟁의 전략적 결과를 안정되고 평화로운 국제질서로 전환하는 일이 가장 어려운 과제라는 사실을 굳이 덧붙일 필요는 없을 것이다.

이 글을 시작하면서 나는 정치가 군사를 지배할 필요성에 관한 클라우제비츠의 주요 원칙이 역사적으로 확실히 증거로 뒷받침되는 건 아니라는 취지의 주장을 했다. 무력 사용으로 정치적 상황이 바뀌는 경우가 다반사이며, 실제로 대개 그런 의도로 무력 사용이 이루어진다는 것은 기록해둘 만한 매우 중요한 사실이다. 물론 그렇다고 해서 조직화된 폭력, 또는 전투행위보다 우선하는 정치의 역할에 관한 이 프로이센인의 말이 틀렸다는 이야기는 아니다. 사실 이것은 유명한 격언에서 주장하는 것처럼, 전투행위의 경과가 정치를 움직이는 것이지 그 역은 아니라는 의미이다. 전투행위의 성쇠에 따라 정치 현실이 바뀔 때, 정책의 논리는 이론이나 사전의 정치적 의도와 기대만큼 지휘권을 발휘하지 못하기 쉽다.

<격언 23>은 좋은 시절과 번영, 건전한 토대에 입각한 안보 의식, 국제·국내 질서의 안정된 미래를 지켜야 한다는 기본적이고 심지어 초보적인 메시지를 전달한다. 자신들의 상대적인 권력 지위를 개선하기 위해 무력을 사용할 의사가 있고, 다양한 능력이 있는 안보 공동체는 언제나 있었고, 앞으로도 있을 것이다. 매우 작은 것(예를 들면 테러 집단이나 반정부 운동)을 포함해서 크고 작은 공동체가 존재한다. 군사적 대응으로 대처해야 하는 위협도 일정하게 존재한다. 이런 대응만이 아니라 효과를 낼 수 있는 군사적 선택지를 포함하는 일련의 방위로 대처해야 한다. 마이클 하워드Michael Howard의 글에서 고른 관련된 두 인용문으로 이 글을 마무리하고자 한다.

> 국가 독립을 판단하는 최종적인 기준은 핵 시대에도 핵 이전 시대와 마찬가지다. 국민들이 국가 독립을 획득하고 보존하기 위해 자기 목숨을 무릅쓸 태세가 되어 있는가 하는 점이 그것이다.
>
> — 마이클 하워드, 1964년[13]

> 나 자신은 어떤 단순한 "역사의 교훈"도 믿지 않으며, 역사적 유추는 분석적 사고를 게으르게 대체하는 것으로서 믿어서는 안 된다고 배웠다. 그러나 과거의 제국 확장의 힘을 보면 일정하게 되풀이되는 양상이 존재하는데, 대단히 지속적으로 나타나기 때문에 무시하기 힘들다. 작고 부유하지만 군사적으로 약한 국가가 국경을 맞댄 크고 강력한 이웃나라와 정치적 경쟁에 휘말리고도 오랫동안 자주권을 유지한 경우는 거의 들어 보지 못했다.
>
> — 마이클 하워드, 1980년[14]

군사적 우수성은 전쟁 수행을 통해서만 **입증**된다

> **"** 아주 좋아, 대령, 그런데 이 친구들이 싸울 수 있나?
>
> — 영화 「특공대작전The Dirty Dozen」 대본 중에서, 1967년 **"**

〈격언 24〉는 정전집의 중요한 항목으로 첫 번째 팀을 꾸릴 때 포함시켜야 할 만큼 맞는 말이다. 다만 몇 가지 중요한 단서를 덧붙일 필요가 있다. 기본적인 의미에 관한 한 이 격언은 매우 자명하다. 군대는 무엇보다도 전투라는 목적을 위해 존재한다. 군대에게 요구되는 핵심적인 능력 중에서도 가장 핵심은 사람을 죽이고, 재산을 부수고, 영토를 차지할 수 있어야 한다는 것이다. 물론 군대는 정치적 지휘에 순종하는 전략이 지시하는 대로만 이런 행동을 해야 한다.

군대는 평시에 분노의 총탄을 한 발도 쏘지 않은 채 군대 생활을 하면서 오랫동안 느긋한 시기를 보낼 수 있다. 현실 세계에서 본래의 목적에 적합한지를 시험할 기회가 없기 때문에 군대는 어쩔 수 없이 잘 짜인 훈련을 통해 자체적으로나 때로는 동맹국 군대를 상대로 능력을 평가할 수밖에 없다. 비판하려고 하는 말이 아니다. 실전 경험을 하지 못할 때는 전투 상황을 모의 훈련하는 것 말고 선택의 여지가 없다. 역사적으로 볼 때, 군대는 언제나 다양한 강도와 집중도를 갖춘 평시 훈련을 했다. 전통적으로 이런 평시 훈련은 독일군의 기본적인 힘이었다. 예를 들어, 1940년 5~6월 6주 동안 독일 국방군이 프랑스군과 영국군을 물리칠 수 있었던 데는 여러 이유가 있다. 그러나 독일 군사 훈련의 명백한 우수성만으로도 군사 행동을 승리로 이끈 이점이었다.

이 격언은 지극히 중요하고 영원한 진리를 말한다. 군대는 오로지 전투행위를 통해서만 자신의 참된 기개를 과시한다. 거의 모든 군대에는 의식儀式의 기능이 있다. 군대는 국가적 자부심과 통일 및 역사적 연속성의 의식을 한데 모으는 초점이다. 또한 군대는 국내 안보, 즉 영국에서 말하는 민간 권력 보조에서부터 재난 구호와 국가 발전에 이르기까지 중요한 국내적 역할을 할 수 있다. 극히 사소한 몇 가지 예외가 있긴 하지만, 군대는 세계 도처에 존재한다. 마키아벨리의 다음과 같은 말은 정확한 진단이다.

다른 많은 도시들(스파르타와 로마를 제외한)은 무장을 해제하고 40년도 자유롭지 못했다. 도시에는 무기가 필요하며, 도시 자체에 무기가 없으면 외국인에게서 무기를 빌리는데, 외국인들이 가진 무기는 자신들의 무기보다 공공의 이익에 해를 끼치기가 더 쉽기 때문이다.[15]

물론 여기서 마키아벨리는 도시국가라는 정치적 상황에 대해 처방을 내리고 있으며, 시민군으로 이뤄진 아마추어 군대를 보유한 로마공화국 모델로 돌아가는 대담한 조치를 취할 것을 주장한다. 그렇지만 그는 모든 정치체는 군대가 필요하다는 핵심 원칙을 지지한다.

〈격언 24〉의 의미에는 떼려야 뗄 수 없는 아이러니가 존재한다. 평화의 축복을 더 오래 누리는 사회일수록, 병사들이 자기 직업을 실천한 지 오래된 곳이다. 다시 말해, 군대의 독특한, 아니 유일한 능력은 위협이나 무력행사를 통해 강제할 수 있는 역량에 있다. 모든 전문적인 기술은 자주 써먹어야만 우수한 상태까지 연마할 수 있고 또 그런 수준이라고 증명될 수 있다. 대부분의 군대는 전쟁 경험을 통해 발전할 기회가 부족하다. 군대가 전투 명령을 받는 경우는 흔치 않다. 또한 정치적 주인들이 군대에 전쟁과 전투행위를 맡긴다고 해도 해당 군대가 이런 전쟁에 대한 준비 태세가 제대로 되어 있지 않은 것도 당연하다. 이런 점은 〈격언 24〉에 담긴 주장의 신빙성이 의심 받을 만한 이유이다.

군사적 우수성은 객관적인 군사적 장점뿐만 아니라 상황의 문제이기도 하다. 어떤 정도의 군사적 우수성이 군사적 도전, 전략적 필요, 정치적 요구의 모든 상황에 맞지는 않는다. 한 군대가 특정한 전투행위 방식을 수행하는 데는 우수하면서도 다른 방식에서는 거의 전적으로 무능한 일도 다반사이다. 최근 미국이 경험한 두 사례를 살펴보자. 1960년대 베트남과 2000년대 아프가니스탄과 이라크에서 미군은 재래식 정규전을 벌이는 데서 다양한 강점을 보여주었다. 그러나 유감스럽게도 세 경우 모두에서 적은 재래식 정규군이 아니었다. 전쟁은 성격 자체가 경쟁 활동이기 때문에 군사적 우수성을 판단하려면 완고한 적에 맞서 실제로나 가능성으로나 어떤 성과를 보이는지를 참조해야만 한다. 그림을 아름다움으로 평가하는 것과 같은 식으로 군대의 우수성을 평가할 수는 없다. 군대는 자신에게 주어진 전략적 요구를 충족시키는 능력과 관련해서만 정책의 수단으로서 자기 값어치를 해야 한다.

전략의 역사에서 배울 점이 있다면, 그것은 군사적 적응성의 가치, 아니 필연성이다. 〈격언 24〉는 군대의 전쟁 수행에서 적응성의 입증을 요구하는 것으로 이해해야 한다. 매우 유능한 군사 기구가 미처 준비 태세가되어 있지 않은 상태에서 전쟁을 벌일 수밖에 없었을 때 기력과 사고력이소진된 일이 많았다. 데니스 E. 쇼월터Dennis E. Showalter는 1941년에 독일이소련에서 벌인 군사 행동에 관해 흥미로운 평을 하면서 요점을 정확히 지적한다.

> 가까운 장래(1930년대와 1940~1941년)에 집중하느라 독일군은 자신들이 예측한 변화 이외에 어떤 것도 고려할 시간도 없었고 의향도 없었다. 1914년의 경우에 그랬던 것처럼, 1941년 가을에 스몰렌스크와모스크바 사이 어딘가에서 처음에 준비한 모든 수단이 동이 나면서독일군은 점점 닥치는 대로 임시변통에 의지할 수밖에 없었다.[16]

루퍼트 스미스Rupert Smith 장군은 상황의 관련성과 군사적 적응성의 필요에 관해 여기서 제기한 주장을 더욱 강화한다. 장군은 다음과 같이 말한다.

> 나는 최후의 전쟁을 준비하는 군대의 오랜 구호를 외치는 게 아니다. 사실 군대는 최후의 전쟁을 준비하지 않는다. 군대는 대개 그릇된 전쟁을 준비한다 ― 정부가 보통 위험과 반대되는 의미의 예상되는 주된 위협에 대해서만 재정을 투입하고, 적은 흔히 상대방의 강점보다는 약점을 공략한다는 이유만으로도 말이다.[17]

장군은 자기 직업에 너무나 관대하다. 예산 제약을 지적하는 그의 말은 확실히 맞지만, 독특한 군사 문화의 강한 영향력을 인식할 필요가 있다. 군사 기관은 전략적 상황이나 정치인의 지시 같은 상부의 명령에 따르는 경우가 아니라면, 자신이 선호하는 방식으로 싸움을 준비한다. 그러나 군대가 언제나 자신이 선호하지 않는 전투행위 방식에서 전투 조건에 충분히 적응하는 데 성공하는 것은 아니다.

또한 정책 결정자들과 최고위 군 장교들이 전쟁 수행 방식에서 근본적인 변화를 요구하는 것과 군대가 포화 속에서 재빨리 이런 변화를 실행할 수 있는 것은 전혀 다른 문제이다. 2000년대에 미군은 비정규 적군을 상대로 한 전쟁 수행에서 전혀 우수하지 못하다는 사실을 보여준 바 있다. 미군이 자신이 아프가니스탄과 이라크, 그리고 장래에 다른 곳에서도 비정규전에 무능하다는 점을 인정한 건 칭찬할 만한 일이다. 명백하게 부정적인 경험에서 나온 이런 인정은 개혁에 필요한 첫걸음이지만, 인정한다는 사실 자체만으로 제도적으로 실행 가능한 효과적인 변화가 보장되지는 않는다.

실제 전투행위는 복잡한 기계의 새로운 부품을 실제로 시험하는 것에 비유할 수 있다. 이 부품은 실제로 작동할까? 그렇지만 〈격언 24〉의 경우에 시험 현장에는 해당 군사 기계가 제대로 작동하지 않도록 전력을 기울이는 적이 존재한다. 전쟁은 복잡하고 전쟁 행위의 과정과 결과는 많은 상황에 지배되기 때문에 어떤 특정한 충돌에서 보인 수행으로 한 군대의 군사적 자질을 평가하는 것은 위험할 수밖에 없다. 모든 전쟁은 다르다.

균형 잡힌 주장을 하자면, 그럼에도 불구하고 시험하는 군대에서 제대로 표현된다면 성공 가능성을 향상시키거나 심지어 극대화하는 제대로 입증된 군사적 덕목이 존재한다. 한 가지 예만 들어 보자면, 이 책에서 줄

곧 주장하는 것처럼, 사기는 가장 중요한 군사적 자질이다. 사기의 상태에 따라 병사들이 얼마나 열심히 싸우는지, 또는 애초에 싸우려고 하는지가 결정된다.

긍정적인 관점에서 이 글을 마무리하자면, 군사적 우수성은 절대적인 특질이 아니다. 군사적 우수성은 오히려 실제적인 행동의 범위이며 역사적 맥락에서만 평가되어야 한다. 한 군대는 얼마나 우수해야 할까? 어쨌든 '전지전능한 전략가Omniscient Strategic Persons' 위원단이 어떤 군대를 우수하지 못하다고 평가하는 이유는 적에 대해서도 적용해야 한다. 물론 세부적인 내용에는 어느 정도 차이가 있겠지만 말이다. 혹자는 이런 말을 주저하겠지만, 전쟁은 정의상 일종의 결투이기 때문에 우호적인 세력은 우수할 필요가 없다. 이런 야망이 어울린다 할지라도 말이다. 오히려 우호 세력은 승리하거나 적어도 패배하지 않을 만큼만 유능하면 된다. 요구되는 우수성은 예상치 못한 상황에 충분히 적응하는 능력이다.

이 글을 마무리하는 인용문은 〈격언 24〉의 기본적인 의미를 현대적인 사례로 보여준다. 이스라엘방위군Israeli Defense Forces(IDF)은 1973년과 1982년에 초라한 모습을 보였음에도 불구하고 군사적 우수성을 상징하는 보편적인 사례로 명성을 누렸다. 그러나 2006년 여름에 레바논 남부에서 벌인 전쟁을 결산해 보면, 적어도 현재로서는 이런 명성을 누릴 자격이 온전하지는 않음이 의심의 여지없이 드러난다.

다음 글인 〈격언 25〉에서는 이 주장을 이어받아 군사적 우수성의 전략적 효용을 검토해 보기로 하자.

이룰 정도로 싸웠고, 결국 이스라엘 정부가 공언한 목표 중 어느 것도 이루지

못하게 막았다.

— 니컬러스 블랜드퍼드Nicholas Blandford, 2006년★18 ”

군사적 우수성이 전략적 성공을 보장하지는 않는다

> 미국인들은 ― 많은 유럽인들과 마찬가지로 ― 전쟁을 클라우제비츠의 견해에서처럼 진행 중인 교섭의 일부로 보기보다는 교섭의 대안으로 생각했다. 미국인들의 전쟁 개념은 전투와 군사 행동의 승리를 넘어서 군사적 승리를 전략적 성공으로 전환하는 근성 있는 작업으로 확장되지 않았고, 따라서 실제 전쟁보다는 전투에 가까웠다. 유감스럽게도 미국의 전투는 아직 전쟁으로 발전하지 않았다.
>
> ― 안툴리오 J. 에체바리아 2세Antulio J. Echevarria II, 2004년[19]

〈격언 25〉에서는 군사적 우수성과 전략적 우수성이 동의어가 아니라고 주장한다. 이 격언은 군사 행동과 전략적 결과가 상호작용하는 영역이 갖가지 난관으로 가득 차 있는 곳임을 지적한다. 이 격언의 주된 가치는 사람들, 특히 정책 결정자들과 군인들에게 다음과 같은 사실, 즉 전투는 원료일 뿐이며, 이 원료를 가지고 전쟁의 수행과 결과를 모양 짓고 만들어내야 한다는 사실을 상기시킨다는 점이다. 물론 전투는 대단히 중요하지만, 그 자체로는 아무런 정치적 의미가 없다. 전투에서 벌이는 군사 행동을 정책 목표와 연결하기 위해 이 이론가가 말하는 이른바 전략의 다리가 있다. 아니 있어야 한다. 이 다리가 없거나 제대로 손질이 안 되어 있다면, 정치와 전투행위의 연결이 끊어질 게 거의 확실하다.

이 격언의 주제는 군사적 우수성의 가치가 아니라 전략이다. 군사적 우수성의 가치는 다음 글인 〈격언 26〉에서 다룰 주제이다. 전략은 많은 사람들이 이해하기가 대단히 어렵다고 생각하는 것처럼 원래 제대로 실행하기가 매우 어렵다. 전략이 중요하다는 명제에는 거의 누구나 동의하지만, 그저 이렇게 인정만 할 뿐 그 다음에는 으레 침묵만 흐른다. 정치와 정책의 의미와 성격은 쉽게 이해되며, 실제 전투행위의 몇 가지 형태도 이해하기 쉽다. 어떤 종류의 전투든 전술의 영역이라는 점을 파악하는 건 초보적인 문제이다. 전쟁을 운영하는 차원에서는 이해해야 할 과제가 더 많이 생긴다. 서로 다른 기준으로 통용되는 각종 군사 사항을 환산하는 문제도 판단해야 하기 때문이다. 특히 흔히 예술이라고 말하는 작전술에서는 보통 광범위한 군사적 목표를 확보하기 위해 전투를 계획하고 배치해야 한다. 작전은 군사 행동과 관련된다. 작전은 군사 행동의 성공을 진척시키기 위한 크고 작은 전투와 관련된다.[20]

〈격언 25〉는 군사 작전을 넘어선 차원, 즉 전략의 차원을 다룬다. 전략가는 적의 패배를 촉진하기 위해 작전 차원의 군사적 결과를 계획하고 배치해야 한다. 전략가에게 전술과 작전 양면 모두에서 고려되는 모든 전투는 순전히 수단이다. 다음 글에서 설명하겠지만, 전투의 중요성을 깎아내리려는 말이 아니다. 단지 정치적 성공을 촉진할 것으로 기대되는 전략적 성공이 결코 전투에서 보인 능력의 확고한 결과는 아니라는 점을 확인하려는 말이다.

〈격언 25〉의 의미와 함의를 충분히 이해하려면 결과론적 사고방식을 개발하고 습득할 필요가 있다. 전략에서는 결과가 전부이다. 이것은 성공을 거두는 게 그토록 어려운 이유 중 하나이다. 또 사실 이것이야말로 몇몇 나라들이 전략을 수행하는 데 어려움을 겪는 것처럼 보이는 이유이다. 전략가의 가장 친한 친구는 "그래서 어쩌라는 것이냐?"라는 질문이다. 전투행위에서 흔히 군대는 자신이 선호하는 방식, 그리고 가능하면 상대를 능가하는 방식으로 싸우도록 허용된다. 그러나 작전이나 군사 행동 차원의 지휘가 약하거나 더 상위의 전략적 지시가 부재하거나 모호하면, 전투는 헛된 노력이 되어 버린다. 이 격언의 의미에서 핵심적인 주장은 전투상의 우수성과 전략적 이익 사이에는 필연적인 비례 관계가 전혀 없다는 뜻이다. 전투의 장점이 반드시 합당한 전략적 보상을 가져다주지는 않는다.

이 격언의 의미는 무척 중요하다. 어쨌든 이 격언은 군사적 우수성이 아무리 무익할 수 있다 하더라도 전쟁 전체의 성공에서 핵심적인 것으로 전략에 의해 확인되는 결과를 확보하는 방향으로 적절하게 인도되지 않은 행동에는 대항해야 한다고 주장한다. 흔히 그래야 하는 것처럼, 이 시점에서 클라우제비츠의 익숙한 주장을 다시 소개할 필요가 있다. 『전쟁론』에서 그는 다음과 같이 조언한다. "정치인과 사령관이 해야 하는 첫 번째이자 가장 중요하고 원대한 판단 행위는 이 기준(정책의 요구. 이 요구는 전쟁의 동기와 이 동기를 낳은 상황의 성격에 따라 다양하다)에 따라 자신들이 착수하는 전쟁의 종류를 확인하는 일이다. 전쟁을 그것의 성격과 맞지 않는 어떤 것으로 오인해서도 안 되고, 그런 것으로 바꾸려고 해서도 안 된다."[21] 그보다 조금 앞에서 클라우제비츠는 이렇게 주장했다. "따라서 정치적 목적 — 전쟁에 나서는 애초의 동기 — 에 따라 도달해야 할 군사적 목표와 거기에 필요한 노력의 양이 결정된다."[22] 그는 계속해서 역사적 현실에서는 추상적 논리의 영역에 비해 정책과 군사적 시도의 관계가 대단히 변화무쌍하다고 설명한다. 예를 들어, 사회가 분노에 휩싸이면 애초의 정치적 동기에 의해 정당화되는 것보다 훨씬 더 많은 전투행위에 나설 것을 주장할 수 있다.

앞에서 인용한 클라우제비츠의 말은 전략의 성격과 내용의 타당한 원천에 관해 우리에게 말해준다. 요컨대 전략은 "자신들이 착수하는 전쟁의 종류"에 부합해야 한다. 아무리 탁월한 능력을 지닌 군대라도 모든 상황에서 모든 종류의 전투행위를 수행하는 데 우수할 수 없다는 것은 만고불변의 법칙이다. 군사적 우수성은 절대로 완전히 포괄적일 수 없다. 이 격언의 의미를 실례로 보려면, 현대 독일과 미국의 전략 경험을 주목하는 게 유용하다. 둘 중 어느 나라도 전략에 빼어나지는 않았다. 비록 적어도 한동안은 두 나라가 국제적으로 군사적 우수성의 본보기라는 평가를 받기는 했지만 말이다.

프로이센과 독일제국, 그리고 나치 독일은 취약한 국가 지리와 상대적으로 희소한 자원 때문에 전쟁의 전략적 차원을 거의 전적으로 무시했다. 대신에 재빠른 기동전으로 신속하고 결정적인 승리를 추구하는 것이 독일의 전쟁 방식이었다.[23] 작전술은 적의 군대를 절멸시켜서 승리를 안겨주며, 필연적인 결과로 전쟁은 끝이 난다. 전술이나 병참의 약점 때문에 모든 중요한 작전 개념에 결함이 있었을 때, 프로이센-독일은 당황하고 무척 곤란한 상황에 빠졌다. 추상적으로 설명한 이 상황이 바로 1914년 프랑스와 1941년 소련에서 독일군에게 일어난 일이다.[24]

미국과 관련해서는 독일의 전쟁 수행을 좌절시킨 이유와 정확히 정반대의 이유 때문에 전략적으로 제대로 수행 능력을 보이지 못했다고 주장하는 게 정확할 것이다. 독일은 지리적으로 유럽의 중심부에 노출되어 있었고 적들에 비해 자원이 부족했다. 정반대로 미국은 이제까지 줄곧 지

리적으로 안전했고 ― 적어도 정거리 미사일과 테러리스트의 위협을 제
외하고는 ― 모든 종류의 전쟁 자원이 풍부하다. 그렇지만 최근 몇 십 년
동안 미국은 독일의 경우처럼 물질이 부족해서만이 아니라 물질이 넘쳐
나기 때문에도 전략 수행 능력이 손상될 수 있음을 보여주었다. 미국인
들은 부자 방식의 전쟁을 벌인다. 이 방식에서는 화력을 비롯한 온갖 값
비싼 기계의 활용을 특권시하며 아낌없는 병참 지원이 이루어진다. 그러
나 지독하게 효율적인 미국의 살인 기구가 화력과 기계의 값어치가 크게
떨어지는 전쟁의 늪에 빠져 허우적대는 신세가 되면, 전략적으로 길을 잃
기 십상이다.

지난 40년 동안 세 차례 벌인 전쟁에서 미국의 군대는 자신이 선호하
는 전쟁 방식에서는 군사적으로 우수했지만 적이 강요하는 전쟁에서는
충분한 수행 능력을 보이지 못했다. 1965년부터 1973년까지의 베트남,
2001년부터 현재까지의 아프가니스탄, 2003년부터 역시 현재까지의 이라
크가 이런 역사적인 사례이다. 미국 같은 부유한 나라는 압도적인 정규
군사력으로 전투에서 달성한 승리는 어떠한 심각한 정책적 요구도 충족
시킬 수 있다는 잘못된 생각에 언제나 취약하다. 전투에서 승리하면 결
정적인 전략적 효과를 발휘할 게 분명하다, 이상. 이것이 제1안이었다. 그
러나 1914년과 1941년에 독일이 추구한 슐리펜 계획*과 바르바로사 계획**
이 그랬듯이, 제1안이 실패하는 경우에 긴급 상황에 적응하는 과정을 인
도하기 위한 제2안이 전혀 없다.

* 1차대전 당시 독일 참모총장 A. G. 폰 슐리펜이 세운 작전 계획으로 초반에 프랑스에 전력
  을 집중해서 승리한 뒤에 러시아와 본격적으로 싸운다는 계획이었다.

** 2차대전 중에 독일군이 동부전선에서 소련에 대규모 병력을 투입하여 유럽쪽 영토를 신속
  하게 점령하려 한 계획.

<격언 25>에는 요즘 흔히 하는 말로 군대는 목표에 적합해야 한다는 뜻이 담겨 있다. 군대는 광범위한 전략적 도전이 요구하는 대로 다양한 목표에 어울리게 충분히 융통성이 있어야 한다. 군사적 우수성 개념을 열성적으로 추구하는 사람들은 언제나 자족적인 오류에 빠져들 위험이 있다. 맥락을 제대로 살피지 않으면 우수성 개념은 거의 무의미해진다.

> 프랑스인들은 7년전쟁에서 군주정이 보여준 명백한 전략적 무능 때문에 일정 부분 재촉된 혁명을 통해 전략 지도력과 그 밖의 많은 문제를 해결하려고 했다. 그러나 역설적인 결과로 프랑스는 유럽 대부분을 상대로 22년간 파괴적 싸움을 치르는 한편 작전의 귀재 — 이자 전략의 미치광이 — 인 나폴레옹을 주역으로 하는 독재를 겪어야 했다.
>
> — 맥그리거 녹스, 1994년[25]

전투에서 승리한다고 해서 전략적이거나 정치적인 **성공이 보장되지는** 않지만, 패배는 **실패로 직결**된다

> 평화가 오래 지속되다 보면 군사 기관들이 자기 업무, 즉 전쟁 수행에 초점을 맞추기가 점점 어려워진다.
>
> — 윌리엄슨 머리와 맥그리거 녹스, 2001년[26]

〈격언 26〉은 이 책에 실린 글들의 맥락에서 특히 중요하다. 왜냐하면 수많은 격언들이 전투행위의 정치적 차원을 강조하는 나머지 전쟁 활동의 핵심적 성격이 지나치게 관심에서 멀어질 위험이 있기 때문이다. "전쟁은 이처럼 적에게 우리의 의지를 따르도록 강요하는 무력 행위이다."[27] 클라우제비츠는 비록 전쟁에서 정치적 목적이 가장 중요하다고 주장하긴 했지만, 군사 행동의 독특한 동학을 충분히 존중했다. 예를 들어, 그는 정치적 목적이 "전쟁을 수행하는 데서 여전히 으뜸가는 고려사항일 것"이라고 강조하고 난 뒤 계속해서 다음과 같은 설명을 이어갔다.

하지만 그렇다고 해서 정치적 목적이 무엇이든 마음대로 하는 폭군이라는 말은 아니다. 정치적 목적은 자신이 선택한 수단에 적응해야 하는데, 이 과정에서 정치적 목적이 근본적으로 바뀔 수 있다. 그렇지만 정치적 목적은 여전히 첫 번째 고려사항이다. 그리하여 정책은 모든 군사 작전에 스며들고, 군사 작전의 폭력적 성격이 허용하는 한, 정책은 군사 작전에 지속적인 영향을 미친다.[*28]

또 다른 예를 들자면, 유명한 게 당연한 문장에서 클라우제비츠는 전쟁을 설명해야 하는 정책의 논리를 전쟁 자체의 독특한 성격 및 특성과 대조한다. "전쟁의 문법은 실로 고유할 수 있지만, 전쟁의 논리는 그렇지 않다."[*29] 클라우제비츠는 앞서 자신이 던진 다음과 같은 질문에 답을 한 셈이다. "전쟁은 그들의 생각민족과 정부의 다른 표현, 즉 다른 형태의 발언이나 글쓰기에 불과한 게 아닌가?" 이 글의 취지상 이 거장 이론가가 말하는 전쟁의 문법을 지휘하는 정치적 논리보다는 전쟁의 문법 자체에 초점을 맞출 필요가 있다.

〈격언 26〉에서는 명백한 의미를 넘어서는 일정한 설명과 논의를 필요로 한다. 교전 세력 사이의 불균형을 감안할 때 군사적 승리가 흔치 않고 부적절하다고 여겨지는 비정규전을 지적하는 이들은 이 격언의 타당성에 이의를 제기할 수 있다. 예를 들어, 미군은 베트남에서 벌어진 전술적 교전에서 자신들이 패배한 적이 없다는 의심스러운 주장을 자랑스럽게 옹호했다. 미군은 적어도 자신이 수행한 전투행위 차원에서는 전쟁에서 승리했다고 주장하곤 했다. 다음은 당시 미국 대표 교섭단장인 해리 G. 서머스 2세 대령과 북베트남 수석대표인 뚜Tu 대령이 1975년 4월 25일 하노이에서 나눈 주목할 만한 대화이다.

미국 대령이 말했다. "당신은 전장에서 우리를 절대 이기지 못했다는 사실을 알고 있지요."

북베트남 대령은 잠시 그의 말을 곱씹어 보고는 대꾸했다. "그럴 수도 있지만, 당치 않은 말이기도 하지요."

이 이야기는 미국의 베트남전 수행에 관한 서머스의 연구서로서 논쟁의 여지가 있긴 하지만 유명세를 떨친 『전략론 On Strategy』의 첫 장에 설득력 있는 제사題詞로 실려 있다.[30] 이 장에는 "전술적 승리, 전략적 패배"라는 제목이 붙어 있다. 뚜 대령의 말이 옳았다. 정규전의 경우와 대조적으로 비정규전에서는 승리와 패배가 다른 의미를 가질 수 있다. 뚜 대령의 발언은 마오쩌둥의 유명한 경구에 담긴 가치를 다시 확인해 주었다.

유격전의 전략은 정규 작전에서 사용되는 것과 명백하게 다르다. 유격전의 기본 전술은 끊임없는 활동과 이동이기 때문이다. 유격전에서 결정적인 전투 따위는 존재하지 않는다.[31]

〈격언 26〉은 베트남에서 겪은 일과 경험적으로 모순되는 것처럼 보인다. 그러나 실은 그렇지 않다. 비정규전이 군사적 결정에 따라 종결되는 일이 드물다는 것은 의심의 여지가 없다. 비정규전은 정치적 의지와 인내력의 싸움이며, 일반 대중의 충성도가 진짜 전투 공간을 이룬다. 베트남과 아프가니스탄, 이라크에서 그런 것처럼, 외국이 개입하는 경우에 현지의 충성도뿐만 아니라 개입하는 국가의 국민들의 인내력도 정치적 전투 공간에 포함된다. 개입하는 측과 관련하여 전투의 경과가 국민의 지지 수준에 중요한 영향을 미칠 수 있다. 사상자 수와 관련된 문제가 특히 그러하다. 이 격언은 정치의 우위를 부정하려는 게 아니라 — 이런 시도는 터무니없을 뿐이다 — 전투의 중요성을 부당하게 자의적으로 깎아내리려는 시도를 맞받아치려는 것이다. 비정규전은 정치적 인내력의 싸움이기 때문에 전술 수행은 본질적인 관계가 없다는 주장은 그다지 옳지 않다. 아니 충분히 옳지 않다고 말해야 할 것이다.

비정규전에서는 전술적으로 승리할 수 없으며, 진짜 싸움은 싸움을 계속하려는 교전 세력들의 의지력의 문제라는 주장은 일반적인 진리이다. 그러나 그렇기 때문에 실제 전투의 결과는 전혀 중요하지 않다는 주장은 일반적인 진리가 아니다. 베트남에서 그런 것처럼, 교전 세력이 오랫동안 잇따라 전술적인 실패를 겪고서도 전쟁에서 승리하는 경우가 있을 수 있다. 그렇지만 그렇다고 해서 이런 사실이 일반적인 원칙의 지위로까지 승격될 수는 없다. 전장에서 계속 패배하는 군대, 특히 게릴라 부대는 사기가 떨어지고 경험 많은 간부와 장비의 심각한 손실을 입을 게 분명하다. 더 중요한 것은 일반 대중이 비정규 전사들을 패배자로 인식하기 시작한다는 점이다. 신중한 사람들이 실제 승자나 승자가 확실시되는 이를 지지하는 쪽으로 떠밀리기 쉽다는 것은 전략사의 법칙이다. 게다가 정규군 병사들의 사기를 유지하는 것이 중요하다는 점을 여기서 강조할 필요는 없을 것이다. 어쨌든 이런 점들 때문에 〈격언 26〉의 앞부분, 즉 "전투에서 승리한다고 해서 전략적이거나 정치적인 성공이 보장되지는 않는다"는 말의 진실성이 줄어드는 것은 아니다.

이 복잡하고 논쟁적인 격언을 여기 포함시킨 것은 안락의자 전략가 같은 이들이 지나친 궤변이라는 바이러스에 걸리기 쉽기 때문이다. 이 병은 독특한 증세를 유발한다. 이 안락의자 전략가는 문제에 능통하다. 적어도 이따금은 '내 탓이오'라고 말한다. 전쟁은 정치의 도구이고 전쟁 수행은 정치적 고려사항들에 지배될 필요가 있기 때문에, 실제 전투, 즉 전술 행동의 진짜 중요성을 원래보다 한참 깎아내리기는 너무나도 쉽다. 전쟁에 관한 학문에는 오래된 가르침이 있다. 교전 당사자는 전장에서 피와 보배와 기술로 얻은 것을 정치적으로 획득할 수 있을 뿐이라는 주장이 그것이다.

역사가 훌륭하게 뒷받침하는 이 격언은 여기서 공식적으로 소개되지는 않았지만, 충분히 소개될 수 있었다. 때로는 국가가 전쟁에서 승리하고도 불행히도 뒤따르는 평화에서 패배한다는 모순적인 주장으로 이 격언에 이의가 제기된다. 프랑스인들이 바로 이것이 제1차 세계대전 이후 자신들이 처한 정치적·전략적 상황이었다고 믿은 것은 정당했으며, 다른 한편 1945년의 위대한 승리에서 국가적 패배를 간파한 영국 역시 옳았다. 그렇지만 이런 경우는 군사적 승리나 패배가 정말로 중요하지 않다는 것을 보여주는 사례가 아니다. 제1차 세계대전에서 패배하지 않는 것은 프랑스에게 대단히 중요했고, 영국 역시 나치 독일에 무너지지 않는 것이 중요했다.

〈격언 26〉은 전쟁이 정치의 도구라는 유력한 진리에 대한 경고라기보다는 이 진리의 확장으로 이해할 수 있다. 비정규전에서 군사적 패배는 정치적 실패로 전환될 게 거의 확실하다. 1973년에 이집트가 자신의 패배를 결국 자신에게 유리하게 전개된 외교 과정의 시발점으로 활용하는 데 성공한 것 같은 예외도 있다. 비정규전에서도 비록 대개 군사 행동으로 싸움을 결정할 수는 없지만, 전술적 패배의 양상은 군사·정치적으로 심각한 악영향을 미치기 쉽다. 요컨대 군사적 패배는 중요하다. 반대의 가정을 하는 것은 경솔하고 위험하며 아마 잘못일 것이다. 이 격언의 메시지에 대한 분명한 예외들이 존재하며, 비정규전과 정규전은 조건과 동학에서 근본적으로 다르다는 사실 때문에 전술에 관심을 기울이지 않는 오류에 빠져서는 안 된다. 군사적 패배는 중요하다.

> 통치자 아가멤논이 힘차게 대답했다. "전술이다, 제우스께서 양육하신 메넬라오스야. 우리, 너와 내가 지금 알아야 할 것은 바로 그것이며, 교활한 전술도 알아야 한다."
>
> — 호메로스, 기원전 800년 무렵[32]

전쟁에는 **화력 이상의 것**이 존재한다. 적은 단순한 **표적의 집합체**가 **아니다**

> 적을 한 무더기의 표적으로 보는 것은 근본적인 오류이다. 전쟁에서 적은 사람들로 이루어진 집단이다. 그중 일부는 죽여야만 한다. 나머지는 생포하거나 숨게 만들어야 한다. 그렇지만 압도적 다수는 설득해야 한다. 단순히 미국의 가공할 힘만이 아니라 미국이 바라는 정책을 추구하는 게 바람직하다는 깨달음으로도 그들을 설득해야 한다.
>
> — 프레드릭 W. 케이건Frederick W. Kagan, 2003년[33]

〈격언 27〉은 전략적 진리에 적어도 4가지 기여를 한다. 첫째, 이 격언은 환원주의의 오류, 즉 이 경우에는 전쟁 수행을 화력 사용으로 환원하는 오류에 대해 경고한다. 둘째, 이 격언에는 전쟁의 기술적 양식에 대한 비판이 함축되어 있다. 셋째, 이 격언은 전쟁에서 화력의 가치에 한계가 존재한다는 점을 지적한다. 그리고 넷째, 이 격언은 고성능 폭약을 발사하는 것 외에 다른 방식으로 적을 이해하고 맞서 싸울 필요가 있다고 주장한다. 따라서 간단해보이는 이 격언은 전략가에게 다면적이고 묵직한 메시지를 전달한다.

바로 앞에서 인용한 해박한 주장을 약간만 되짚어보면, 〈격언 27〉의 근본적인 의미와 이 격언록에 수록한 이유를 설명하기 쉽다. 흔히 전쟁 전체에 관한 견해와 혼동되는 전투행위에 관한 견해가 있다. 화력을 전투 행위 및 전쟁과 동일시하는 견해가 그것이다. 이런 시각에서는 적과 적의 자산을 비인간화된 표적의 집합체로 볼 수밖에 없다. 이 견해는 오래 전 부터 이른바 미국식 전쟁의 지배적인 특징이었다.[34] 이것은 인간보다 기계를 특권시하는 방식이다. 이 방식은 기술 활용을 통해 미국의 사상자를 최소화하고 적 사상자를 극대화하고자 하며, 무고한 방관자에게 부수적 피해를 가하는 것이 불가피하게 필요하다고 여긴다. 대량의 기술은 전쟁 공간의 왕이며, 특히 온갖 화력의 형태를 띤다. 이런 시각의 연원은 19세기 미국의 전략적 상황에서 찾을 수 있지만, 최근의 기원은 전략 공군력 이론에서 명백히 드러난다. 미국은 이름에 걸맞게 세계에서 으뜸가는 공군력을 갖고 있으며, 공군력은 미국의 군사적 역량에서 최첨단이다.[35] 공군 인사의 전략적 세계관은 어떤 것일까? 실제로 공군 인사는 세계를 다트판과 유사한 것으로 본다. 어쨌든 공군력의 주요 전투 기능은 일단 공중에서 자유롭게 행동할 수만 있으면 지상이나 해상에 있는 사람과 물체에 물건을 떨어뜨리는 것이다. 사람과 물체는 엄밀히 말해 표적이다. 이것들은 얼굴과 동기가 없으며, 멀리 떨어져 있고, 심지어 제대로 보이지도 않는다. 최고의 항공전 이론가인 이탈리아의 줄리오 두에Giulio Douhet 장군은 다음과 같이 문제의 핵심을 꿰뚫었다.

사실상 목표 지점 선정, 지역 분류, 파괴 순서 결정 등이야말로 공중전에서 가장 어렵고 신중을 요하는 과제이며, 이러한 것들이 공중전 전략으로 규정되는 내용을 구성한다.[36]

표적을 선정하고 파괴 순서를 결정하는 것은 당연히 어렵고 신중을 요하는 일이지만, 그렇다 하더라도 진정으로 복잡한 전쟁을 이런 식으로 뭉뚱그려 환원할 수는 없다.

〈격언 27〉은 혼란스럽고 유혈적인 사업 전체를 하나의 과학으로 환원하려는 전쟁관을 비판하는 내용이다. 파괴되거나 손상된 표적들을 전략적이고 나아가 정치적인 결과와 관련지을 수 있다면, 정말로 전쟁의 예술을 전쟁의 과학으로 전환하는 셈이다. 승리를 위해 어느 정도의 피해를 가해야 하는지를 확인할 수 있다면, 피해를 가하는 데 필요한 출격 횟수와 화기의 무게와 특성도 계산할 수 있다. 그러므로 전쟁의 성가신 불확실성이 거의 모조리 사라진다. 이런 견해가 엉터리임은 말할 필요도 없을 것이다. 그러나 공군력을 통한 승리를 철저히 신봉하는 이들의 신념 구조에는 언제나 이런 생각이 어느 정도 명백하게 잠재되어 있다.

화력 중심적 전쟁관은 적의 문화와 정치에 관심을 기울이지 않는다. 제2차 세계대전부터 오늘날에 이르기까지 주로 폭격 조준기나 총기 조준구를 통해 전쟁과 전략을 보는 이들은 기계를 이용한 죽음과 파괴의 위압 능력에 거의 신화적인 믿음을 드러낸다. 폭격 피해 판정bomb damage assessment, BDA은 계산하거나 추측할 수 있고, 자칭 정연한 과학적 사고의 소유자들은 파괴되거나 무력화된 적 표적의 비율이나 가치를 즐거운 마음으로 계산할 것이다. 그러나 감히 묻노니, 이게 도대체 무엇을 뜻할까? 피해가 증가하는 정도와 비례해서 확실히 적의 저항 의지가 줄어들까? 파괴되고 손상된 표적과 전략적 효과의 실질적인 연관관계는 무엇일까? 그리고 J. C. 와일리J. C. Wylie의 다음과 같은 설득력 있는 주장에서도 보이듯이, 화력이론에 의한 승리의 법칙에는 늘 의심이 따라붙는다. "전쟁을 궁극적으로 결정하는 요인은 총을 들고 현장에 있는 사람이다. 이 사람

이 전쟁에서 결정적인 힘이다. 이 사람이 지배권이다."[★37]

더 나아가 〈격언 27〉은 화력, 아니 기술 일반을 두드러지게 한다. 여기에 초점을 맞추는 것은 미군이 계속해서 기계에 강하게 열광하고, 또 당연히 현재 지구적인 전략사에서 미군이 두드러지기 때문이다. 65년 전이라면 주로 독일을 염두에 두고 이 격언의 다른 변형을 만들 수 있었을 것이다. 이 경우에는 작전 기동에 대한 과도한 믿음이 집중적으로 부각되는 환원주의의 오류였을 것이다. 1941년 모스크바, 1942년 스탈린그라드, 1943년 쿠르스크 등의 경험은 지상전을 지배하는 성공 이론으로서 작전 기동의 한계를 보여주었다.

모든 격언은 영리하게 해석해야 한다. 〈격언 27〉은 화력 자체를 비판하지 않는다. 그런 비판은 웃음거리가 될 것이다. 모든 전투행위는 화력, 기동, 충격의 조화로운 결합이다. 이 격언은 오히려 화력에 지나치게 의존하는 전쟁론을 비판한다. 좀 더 일반적으로, 이 격언은 새로운 기계를 좀처럼 거부하지 않는 전쟁 방식을 의심한다. 모든 사회는 군사 기구를 개발하고 해당 사회의 특수한 성격을 반영하는 문화를 불어넣는다. 미국은 첨단 기술 사회이며, 미국 시민들은 거의 태어날 때부터 기계에 의존하는 습관이 배어 있다. 모든 일에 이 도구의 법칙이 적용된다. 병사들은 싸움의 성격에 적합한지 여부와 무관하게 손에 넣을 수 있는 도구를 사용한다. 마찬가지로 중요한 점으로, 반드시 최첨단 군사 기계를 갖춘 첨단 기술 사회는 첨단 기술 전투를 벌이는 데 능해야 한다.

문제는 아무리 정확성이 높더라도 대규모 화력을 신속하게 동원한다고 해서 모든 전쟁과 전투에서 승리하지는 못한다는 점이다. 전투 가운데는 최대한의 화력이 아니라 최소한의 전력을 작전 원칙으로 삼아야 하는 경우가 있으며, 특히 비정규전이 이런 경우다. 3차대전의 첫 단계에서 독일 북부와 폴란드에서 바르샤바조약기구 장갑차 부대를 압도하려 한다면, 방관자들의 태도에 별로 관심을 기울일 필요가 없다. 그러나 이라크나 아프가니스탄의 정체불명의 투사 출신 테러리스트가 적이라면, 민간인 방관자들의 태도야말로 전투행위에서 가장 중요한 요소다.

> 대규모 화력 사용은 한국과 2차대전에서 그런 것처럼 (베트남에서도) 적의 전사자를 발생시키면서도 미군의 사상자 수는 최소화하는 가장 효율적인 방법인 것처럼 느껴졌다. 적을 찾아내기 위해 대대적인 수색 섬멸 작전이 실시되었다. 게릴라들의 위치를 파악하면 보병들이 지형지물을 이용해 숨은 동안 대규모 화력 지원으로 반란자 섬멸을 시도했다. 데퓨* 장군이 지적한 것처럼, "베트남에서 벌어진 일을 분석하고자 한다면, 보병 부대가 적을 찾아내고 포병대와 공군이 적을 죽였다고 말하면 된다." 웨스트모어랜드 장군은 기자회견에서 반란군에 대해 어떤 대응책이 있느냐는 질문을 받고서 한 마디로 대답했다. "화력입니다."
>
> — 앤드루 F. 크레피네비치 2세Andrew F. Krepinevich, Jr., 1986년[★38]

---

* 원문에는 'Dupuy'라고 되어 있으나 원래 글인 크레피네비치의 책에는 'Depuy'라고 표기되어 있으며, 베트남 철군 이후 미국 군사 정책 재구성의 설계자로 유명한 '윌리엄 E. 데퓨 William E. Depuy' 장군을 가리킨다.

병참은 전략적 기회를
좌우하는 요소이다

> " 아마추어는 전략을 연구하고, 전문가는 병참을 연구한다.
>
> — 오마 브래들리Omar Bradley, 1893∼1981년[39] "

병참은 공급과 이동의 과학이다. 이것은 추가 선택 항목이 아니다. 병참 덕분에 군대는 싸울 수 있으며 필요할 때는 싸움을 피할 수 있다. 〈격언 28〉은 절대 과장이 아니다. 어떤 역사 시기나 전쟁에서든 간에 전략적 기회를 잡으려면 군사 지도자는 전투 병력을 이동시키고 물자를 공급할 수 있어야 한다. 탁월한 전략 구상은 엄밀히 말해 추상적이다. 즉 부대가 물질적으로 실행하지 못하는 전략은 전혀 탁월하지 못하다. 사기가 병참보다 더 중요한 건 분명하지만, 병참에서 무능하거나 불운하면 사기와 규율에 악영향을 미칠 수밖에 없다.

이 격언에는 병참 수행의 질에 따라 전략적 기회가 진정한 기회인지 여부가 결정될 수 있으며 대체로 결정된다는 특별할 것 없는 주장이 담겨 있다. 전략은 실용적인 사업이다. 지휘관의 작전, 특히 전략 구상은 무척 중요하지만, 이런 구상의 운명은 결정적으로 실용성에 좌우되어야 한다.

그리고 전쟁에서 병참은 실용성의 핵심에 자리한다. 병참적으로 실행 가능한 것은 사실상 또한 전략적으로도 실행 가능하다. 그러나 이런 상식, 아니 필수적인 사실은 많은 논의의 공간을 감춘다.

병참의 실행 가능성은 정말로 하나의 과학일까? 굶주린 병사들은 부족한 칼로리를 투쟁 정신이나 필사적인 태도와 희망의 용기로 대체할 수 없을까? 또한 유능하고 뛰어난 군대는 임시변통의 과학이 아닌 임시변통의 예술을 정복하지 못할까? 요컨대, 병참의 실행 가능성이 전략의 문제들을 중재한다는 주장은 오해를 야기하는 게 아닐까? 확실히 실제 역사에서는 이른바 병참의 과학이 흔히 달갑지는 않더라도 참을 만한 최선의 바람직한 결과와 광범위하게 타협하는 쪽으로 전환되지 않는가? 이런 질문 및 관련된 질문들은 중요하며, 전쟁의 병참 차원에 폭넓게 접근할 필요성을 가리킨다. 그러나 그렇다면 이 격언은 앞에서 말한 바와 같이 의심의 여지없이 옳다. 이 글에서 실례를 통해 설명할 것처럼, 병참과 병참 전문가를 깔보는 이들은 종종 심각한 재난을 겪게 된다.

병참의 물질적 영역이 참으로 포괄적임을 감안할 때, 대규모 병참 실패와 소규모 병참 실패를 구분하는 게 유용하다. 소규모 병참 실패는 모든 군대에서 거의 언제나 발생한다. 정규군에는 훈련된 병참 전문가가 있는 반면, 비정규군에는 정규군에 비해 독학한 병참 전문가가 있으며, 이 전문가들은 병참이 곤란한 상황에 처했을 때 대체와 긴축을 결합해서 대처한다. 이런 곤란한 상황은 클라우제비츠가 마찰 개념으로 언급하는 핵심적인 문제 영역에 속한다.

그러나 군사 행동 전반이나 심지어 전쟁 전체의 현실성을 위협하는 다른 차원의 병참 실패가 존재한다. 이 경우에 실패의 범위가 워낙 거대하고 전쟁의 결과를 군사적으로 크게 제한하기 때문에 전문가들이 아무리 병참으로 마술을 부리고 가장 힘든 자리에서 허리띠를 조여도 적절하게 벌충하지 못한다. 임시변통에도 한계가 있다. 또는 전략사의 증거를 두루 살펴볼 때 나는 그런 결론을 내릴 수밖에 없다. 그러나 다른 견해도 존재한다.[40]

〈격언 28〉 자체는 과학적으로 계산된 병참 요구 주장의 신축성 문제에 관해 엄격한 중립을 지킨다는 점을 주목하라. 논쟁의 여지없이 이 격언에서 주장하는 것은 병참이 특히 군대가 군대의 기능을 할 수 있게 하는 요소라는 점뿐이다. 전략사의 실제를 보면 병참에 대한 군의 광범위한 태도가 드러난다. 한 극단에는 영국의 육군원수 버나드 로 몽고메리Bernard Law Montgomery나 미국의 조지 B. 맥클렐런George B. McClellan 장군 같이 극도로 위험을 회피하며 가능한 모든 물질적 우위를 축적한 뒤에야 기동에 나서는 이들이 있다.

맥클렐런의 경우에는 그러고 나서도 대담하게 기동하려고 하지 않았다는 점을 덧붙여야 한다. 그 때문에 그는 앤티넘Antietam 전투에서 비긴 뒤인 1862년 11월에 해임되었다. 맥클렐런은 부분적인 성공을 적의 참패로 뒤바꾸는 지도자가 아니었다. 그는 최고의 부대 조직가이자 훈련관이었지만, 전장의 장군으로서 아무리 충분히 계산된 것이더라도 위험을 무릅쓰려는 의지와 무자비함이 부족했다. 몽고메리는 신중한 지휘 태도 때문에 잘못을 저지르는 데도 더뎠다. 다만 1944년 9월에 지긋지긋한 아른험Arnhem 계획(마켓가든 작전Operation Market Garden)을 승인한 게 유일하게 신기한 예외였다.[41] 그러나 몽고메리는 전투에서 진 적이 한 번도 없다. 독일의 전투와 작전 기술을 존중한 때문이기도 하고, 더욱 중요한 이유로는 인력이 부족한 영국 제국군에 온갖 가능한 물질적 이점을 제공한다는 확고한 원칙을 견지했기 때문이다.

몽고메리가 1917년과 1918년에 허버트 플러머Herbert Plumer 장군 참모부
에서 일하면서 직업군인으로서 업무를 익혔다는 사실은 언급할 만한 가
치가 있을 것이다. 플러머 참모부는 영국 해외파견군*의 육군 지휘관들
가운데 가장 유능한 인력이었다. 이렇게 말해도 좋다면, 몽고메리는 철저
히 병참적인 방식으로 전투행위를 벌였다. 지나칠 정도로 세심하게 계획
을 세우고 물질적 우위를 최대한 활용하는 식으로 위험을 완전히 없앴다
고 말할 수는 없어도 최소화했다.

맥클렐런과 몽고메리는 — 비록 몽고메리는 군사적 성공을 거두기는
했어도 — 병적인 병참 중심적 전쟁론을 대표한다. 실제로 지난 150년 동
안 미국과 영국의 대다수 군 지휘관은 이런 방식을 채택했다. 대체로 지
리적—지리전략적 이유 때문인데, 미국의 경우에는 일단 동원이 되면 자
원이 풍부하기 때문이기도 하다. 영국과 미국의 군 지도자들은 병참에
재능이 없거나 적어도 병참과 관련해 참모들의 도움을 제대로 받지 못한
다면, 아예 싸움을 할 수 없다.

영국과 미국은 지리적으로 원정 전쟁을 벌일 수밖에 없으며 그것도 보
통 엄청나게 먼 곳에서 싸운다. 공간의 정복은 영국과 미국의 전략가들
에게 첫 번째로 요구되는 조건이다. 미국인들이 자국 내에서 싸웠을 때,
즉 독립전쟁1775~1783 및 남북전쟁1861~1865의 정규전과 원주민을 상대로
2세기 넘게 싸운 비정규전에서도 병참은 모든 군사 행동 구상의 조력자
로서 기본 바탕을 이루었다. 북아메리카 지형의 엄청난 규모와 미개발된
성격 때문에 미국 장군들은 적에게 대항하는 것만큼이나 지리적 여건에
도 대처해야 했다. 그리고 지리적 여건, 즉 자연은 적보다도 너그럽지 않
았고, 실수해도 도움이 되는 일이 없었다.

<hr>

*   1, 2차 대전 중에 영국에서 유럽 대륙으로 파견한 지상군을 가리킨다.

예를 들어 몇몇 유력한 남북전쟁 역사가들은 이렇게 주장한다. "전쟁
술의 세 부문 모두, 즉 병참, 전략, 전술 모두 남북전쟁에서 결정적이고 상
호 연관된 역할을 했지만, 각각의 상대적인 중요성은 대체로 나열한 순서
대로였다."[*42] 병참이 북군의 전략에 힘을 준 것은 필연적인 사실이지만,
더 나아가 병참이 전략을 형성하고 심지어 지배했다. 일반적으로 볼 때,
오래 전부터 모든 환경에서 먼 곳까지 힘을 투사할 필요성에 익숙해져 있
는 부자 나라 미국이 자신의 특성과 장점에 부합하는 방식의 전쟁을 벌
였다는 주장은 그럴 듯하고 평범하다. 미국의 전쟁 방식을 상징하는 특
징은 병참의 우위가 지나쳐서 힘을 약화시키는 수준까지 우위를 추구한
다는 점이다. 좋고 필요한 것은 아무리 많아도 지나치지 않으며, 병참은
더더욱 그러하다.

미국 해군 소장 헨리 E. 에클스Henry E. Eccles는 "병참 눈덩이"라는 생생
한 개념을 창안하거나 적어도 대중화한 것으로 유명하다.[*43] 경험적으로
대단히 훌륭하게 뒷받침되는 에클스의 명제는 미국 같은 부유한 교전국
군대의 병참 보급은 철저한 통제를 견지하지 않으면 마치 내리막을 구르
는 눈덩이처럼 점점 커진다고 주장한다. 또 다시 비유를 하자면, 결국 군
대가 병참 과다로 거의 목이 졸릴 수 있다. 풍요로운 병참은 전투 현장에
서 거대한 발자국을 의미한다. 이것은 미국의 전투원과 비전투원이 필요
로 하고 받기를 기대하는 장비, 식량, 무기, 부품 등의 대규모 집적장에서
분명히 드러나는 사실이다. 충실한 병참은 전략적 기회의 위대한 조력자
인 동시에 그에 못지않은 커다란 제약이다. 축복받은 병참을 누리는 군대
는 병참이 빈약한 적에 비해 전투원당 지원 인력 비율이 지나치게 높은
경우가 많다.

분명히 미군은 전투에서 탁월한 지속 가능성을 자랑해야 마땅하다.

그러나 미군은 실제로 싸우는 인력이 항상 부족하다. 전쟁별로 미군 병력의 힘을 검토해 보면, 미군 장성들이 끊임없이 기동 대대 부족에 시달리는 사실이 발견된다. 풍요로운 병참은 많은 전략적 기회의 결정적인 요인이 되어야 마땅하지만, 실제로는 다음과 같이 좋은 소식 가운데 나쁜 소식이 있다. 즉 이런 풍요는 많은 수의 전투병을 필요로 하는 전투력을 대가로 얻어지는 경향이 있다는 것이다.

병참에 대한 정반대의 극단적인 태도는 독일의 사례에서 볼 수 있다. 이해할 만한 여러 이유 때문에, 지리전략적으로 취약하고 상대적으로 자원이 빈약한 프로이센―독일은 예상 가능한 병참의 난관을 사실상 무시해 버리는 지배적인 전쟁 방식을 개발하고 실천했다. 독일인들은 자신들이 신속하게 전쟁에서 승리해야 한다고 추론했다. 이를 위해서는 결정적인 완승을 거두는 기동 작전이 필요했다. 이런 성격의 단기전에서는 병참 문제를 무시하고 참으며, 임시변통으로 어느 정도 해소할 수 있었다. 한 세기의 대부분 동안 전 세계 유사한 조직 가운데 가장 전문적인 조직이었던 대독일참모본부Great German General Staff는 우선 군사 행동을 위한 가장 중요한 주요 작전 개념을 고안했으며, 그리고 나서야 병참 계획을 수행했다.★44

1914년에 실행된 슐리펜―몰트케 계획은 병참의 관점에서는 있을 수 없는 일이었고, 1941년의 바르바로사 작전은 a. 소련군의 대부분을 국경 가까운 곳에서 거대한 포위망에 몰아넣고 b. 소련군의 패배로 소련 체제가 곧바로 붕괴할 때에만 병참의 관점에서 현실성이 있었다. 이런 가정이 맞지 않으면, 병참이 작전 개념에 대해 승리할 것이다. 특히 작전 개념이 모스크바로 가는 길에서 교전 중에 실패할 때는 말이다. 두 차례의 세계대전에서 독일은 전투행위에서는 우수했지만 전략적 능력의 부재, 불충

분한 작전 적응성, 대규모 병참 부족 등의 단점을 적절하게 메우지 못했
다. 병참은 전략적 기회를 좌우하는 유일한 요소는 아니지만, 가장 확실
한 요소이다.

> 전쟁을 접하면 접할수록 전쟁이 얼마나 행정과 수송(우리 미국의 동맹국들이
> 병참이라고 부르는 것)에 의존하는지를 더욱 더 깨닫는다. 언제, 어디서 적을
> 만나고 싶어 하는지를 아는 데는 별다른 기술이나 상상력이 필요하지 않다.
> 반면 우리 군대를 어디에 배치해야 하며 그곳에서 군대를 유지할 수 있는지
> 를 아는 데는 많은 지식과 힘든 노동이 필요하다. 공급과 이동 요소에 관한
> 실질적인 지식이야말로 지도자가 세우는 모든 계획의 토대가 되어야 한다.
> 이런 바탕 위에서만 지도자는 언제, 어떻게 이런 요소들로 위험을 무릅쓸 수
> 있는지를 알 수 있으며, 전투와 전쟁은 위험을 무릅써야만 이길 수 있다.
>
> — 아치볼드 웨이벌Archibald Wavell, 1944년 8월 13일[45]

제 4 부
안전보장과 그에 대한 위협

좋지 않은 시기는 다시 온다

" 과거와는 달리 18세기 이래로는 모든 전쟁이 끝날 무렵에 주요 국가들이 더 이상의 전쟁을 피할 수 있도록 해주는, 또는 그렇다고 믿는 방침에 입각해서 체제를 재건하기 위해 일치된 노력을 기울였다. (…) 이런 선도적인 계획들은 전쟁의 동학만큼이나 체제의 운영에서 특징적이고 독특하다. 이 계획들이 모두 무위로 돌아간 사실도 마찬가지이다.

— F. H. 힌슬리F. H. Hinsley, 1982[1] "

절대라는 말은 절대 해서는 안 될 말이다. 그러나 우리가 살펴볼 수 있는 2,500년의 전략사를 보면 좋지 않은 시기는 다시 온다는 사실은 반박의 여지가 없다. 〈격언 29〉는 충분히 드러난 사실이다. "좋지 않은 시기"는 어느 정도이기는 하지만 당연히 주관적인 개념이다. 이 말을 접하는 사람들은 "보고 느낄 때 안다"고 이야기한다. 확실히 좋지 않다는 것은 하나의 스펙트럼이다. 이 격언은 의도적으로 일상적인 표현으로 씌어졌다. 학술적인 단어를 쓰면 여기 담긴 주장의 힘이 어느 정도 사라질 뿐만 아니라 모호하고 의심스러운 하나의 특징을 다른 것으로 대체할 수밖에 없기 때문이다. 예를 들어, 불안정한 환경의 정의는 좋지 않은 시기의 개념만큼이나 설명적인 도구로서 유용하지 않다. 분명 좋지 않은 시기는 스펙트럼 위에서 나타나고 성숙하며, 밀물과 썰물을 반복한다. 또한 좋지 않은 시기의 많은 역사적 사례는 어떤 사회들에는 전혀 나쁘지 않은 반면, 문제가 되는 불쾌한 과정과 사건에 깊숙하게 휘말린 사회들의 경우에 좋지 않은 정도는 다양하다.

여기서 말하는 좋지 않은 시기란 정치적 불안정, 주로 국가들 사이의 무질서, 여러 나라 사이에 커다란 충돌이 일어날 가능성이 충분한 심각한 문제 등의 상황을 가리킨다. 게다가 현재와 미래의 상황을 생각할 때, 좋지 않은 시기는 진정으로 초국가적인 비非국가 충돌을 가리킬 수도 있다. 으뜸가는 사례를 들자면, 이라크 국가 내부에서 벌어지는 전투행위는 중동 전체에서 힘의 균형에 영향을 미칠 수 있다.

〈격언 29〉는 인류의 안보 문제가 순조롭게 변화한다는 관념을 단호하게 거부한다. 이 격언은 우리 인류가, 때로 좌절을 겪고 평탄하지는 않더라도, 무질서와 전쟁 발발 가능성이 줄어들고 안정된 세계 질서로 서서히 나아가고 있다는 가정을 유감스럽지만 근본적으로 결함이 있는 것이라고 거부한다. 이 격언은 이 글 서두에서 인용한 힌슬리의 판단을 따른다. 지난 200여 년 동안 몇몇 이른바 전문가들뿐만 아니라 일반 대중도 더 순조롭고 평화로운 국제질서를 건설하는 일을 "이번에는 더 잘할 수 있고 잘할 것"이라고 기대하는 뚜렷한 양상이 있었다.

힌슬리는 지나치게 꼬치꼬치 캐묻는다. 어쨌든 유럽의 두 대전쟁 사이에, 즉 1815~1914년에 존재한 100년의 시기는 상당한 성취로 여겨도 별 무리가 없을 것이다. 19세기에는 전쟁이 많이 벌어졌지만, 1914년까지만 해도 대전쟁이라 함은 프랑스와의 대전쟁1792~1815을 의미했다.* 또한

---

*　프랑스혁명 이후 나폴레옹이 이끄는 프랑스가 유럽 각국을 상대로 벌인 나폴레옹 전쟁과 제1차 세계대전은 모두 당대 유럽 사람들이 '대전쟁Great War'이라고 불렀다.

1919년 베르사유조약으로 생겨난 국제연맹League of Nations이 많은 비방을 받기는 했지만 그렇다고 장점이 전혀 없는 것은 아니었다. 그리고 국제연합United Nations에 대해서도 비슷한 판단을 적용할 수 있다. 그러나 나무가 아니라 숲을 보고 종합적으로 평가를 하자면, 〈격언 29〉의 가치에 설득력 있는 반론을 펴기란 어려울 것이다.

이 격언은 설명이 필요하다. 수백만의 무고한 희생자만이 아니라 소수의 최고 책임자까지지도 매복 공격하기 위해 한 세기 동안이나 기다리고 나서도 왜 좋지 않은 시기는 다시 찾아올까? 이 질문에 대한 답은 서로 밀접하게 연결된 두 차원의 분석에 있을 것이다. 이 토론의 주제는 다름 아닌 전쟁의 원인이며, 지난 100년에 걸쳐서 수많은 학문적인 노력이 이 탐구 영역에 소비되었으나 유감스럽게도 크게 쓸모 있는 결과는 낳지 못했다.

개별적인 전쟁의 원인은 조사할 수 있지만, 전쟁의 일반 이론이 공략 목표로 삼는 전쟁의 원인은 조사하기 힘들다. 각각의 사례는 지나치게 개별적이다. 하지만 그렇다고 해서 전쟁 인과관계의 개별 사례 전체에 공통된 특징이 없다고 주장하려는 것은 아니다.

〈격언 29〉의 이면에 있는 경험적 토대를 갖춘 일반 이론을 직접적으로 말하자면, 좋지 않은 시기는 결국 언제나 다시 온다. 왜냐하면 우리는 인간이고 우리 인간의 본성은 2,500년 동안 바뀌지 않았기 때문이다. 우리는 아테네의 장군 투키디데스가 기원전 400년 무렵에 확인한 3가지 주요한 동기에 따라 싸우도록 유전적으로 정해져 있다. 인간은 공포, 명예, 이익 중 하나 또는 그 이상의 동기로 싸우는 것이다.*² 정규전이든 비정규전이든, 첨단 기술 전쟁이든 저급 기술 전쟁이든, 모름지기 모든 전쟁은 이 세 동기와 관련된다. 왜냐하면 인간의 안전보장 문제는 개인적인 것이든 공동체의 집단적인 것이든 간에, 당연히 인간이 수행하기 때문이다.

이 말이 너무 간단하게 들린다면, 실제로 그렇다. 하지만 그렇게 단순하지만은 않다. 모든 충돌은 투키디데스의 3요소를 가지고 분석해볼 수 있다. 자비로운 변화를 추구하는 사람은 제도를 건설하고 더 나은 행동 규범을 확립하려는 시도에 시간과 노력을 덜 기울여야 한다. 그 대신 투키디데스의 심오하면서도 간단해보이는 통찰을 가지고 "좋은 시기—좋지 않은 시기"의 순환을 저지하기 위한 지속적인 시도를 활용할 수 있다는 실제적인 사고는 세계 질서에 대해서 일정하게 유용한 성과를 기록할 수 있다.

전략가는 기본적으로 인간의 안보 문제에서 지속적인 진보의 실현 가능성을 불신한다고 말해도 좋을 정도로 회의적이라는 점에서 정의상 거의 비관주의자이며, 적어도 현실주의자이다. 그러나 시야를 낮춰서 "좋은 시기-좋지 않은 시기"의 역사적 순환에 실제적으로 접근해 보면, 2종류의 성공이 달성 가능하다.

전략가는 우선 다음에 극심하게 힘든 시대가 시작되는 것을 늦출 가능성에 대해 낙관적일 수 있으며 실제로도 낙관적이어야 한다. 둘째, 다음의 좋지 않은 시기가 그렇게 나쁘지 않을 가능성을 제기할 수 있어야만 한다. 변화론을 확신하는 대다수 사람들에게는 이런 목표가 지나치게 온건하게 들릴지도 모른다. 그렇지만 앞에서 언급한 두 가지 측면에서의 성공은 실제로 대단히 자비로운 결과를 낳을 수 있다. 물론 이 접근법의 근본적인 약점은 좋지 않은 시기가 다시 온다는 가정에 의존한다는 점이다. 우리 전략가들은 〈격언 29〉를 달갑지 않지만 헤아릴 수 없이 중요한 입증된 사실로 받아들이며, 그렇기 때문에 정전집의 한 항목으로 포함시키는 것이다. 〈격언 29〉의 역사와 논리와 예측을 받아들이지 못하는 사람은 사실상 전략적 사고와 그에 따른 2,500년의 인간 경험 해독을 거부하는 셈이다.

> 기술은 변화하지만, 근본은 지속된다. ······
>
> 오늘날과 같은 경이적인 기술의 시대에 우리 군대는 인류를 연구할 필요가 있다.
>
> — 랠프 피터스, 1999년[3]

우리에게 **해를 끼치는** 흉악범, 악당, 깡패,
바보는 여기뿐만 아니라 **거기에도 있다**

> " 전쟁에서 그들은 거친 사람들을 불러들이고 그 결과를 도매금으로 묻어버린다.
>
> — 데니스 쇼월터 Dennis Showalter, 2005년[4] "

〈격언 30〉은 세계의 정치, 군사 지도자들 또는 지도적 엘리트들이 국제관계나 전략, 안보 연구의 교과서 대부분을 지배하는 인간의 특징과 별 관계가 없다는 사실을 다채롭게 상기시켜 준다. 이 격언은 전쟁, 평화, 안보의 인간적 차원을 강조하는 이 책의 입장을 확고하게 뒷받침한다. 언제나 그렇듯이 국제 안보 업무를 수행하는 사람들에게는 온갖 성격 유형이 있으며 상상할 수 있는 모든 인격적 결함도 있다. 국내뿐만 아니라 해외에도 위험성이 분명할 만큼 결함이 있는 이들은 대개 자멸하거나 경각심을 갖게 된 아랫사람들에 의해 강제로 밀려난다. 그러나 이런 지도자들은 이런저런 수단으로 끌어내려지기 전에 엄청난 해를 가할 수 있다. 이 격언은 세계 전략과 안보 무대에서 활동하는 인간 행위자들이 다양하다는 사실을 필연적으로 상기시킨다. 이 격언은 정책과 전략 선택에서 중요한 함의가 있다(〈격언 32〉와 관련하여 신중함에 관해 논의한 내용을 참조하라).

문화를 넘어서 공감하는 일이 어렵다는 점은 악명이 자자하다.[*5] 문제가 되는 낯선 문화가 서구 자유민주주의에서 타락하거나 잔인하거나 또는 다른 윤리적인 이유로 용납할 수 없다고 보는 행동을 용인하거나 심지어 높이 평가할 때는 더욱 공감하기 힘들다. 명백하게 부패한 많은 외국 지도자들은 부패가 만연해 있을 뿐만 아니라 부패가 체계화되고 대단히 정상적이며 모두가 부패를 예상하는 나라를 운영한다. 그렇지만 실용주의를 추구하는 서구 전략가 입장에서는 낯선 사회의 그릇된 행동이 우리의 국가 안보나 국제 안보에 위협이 된다고 판단되지 않는 이상, 그 사회와 그곳의 통치 방식을 도덕적으로 철저하게 개선하는 데는 관심이 없다.

미국에서도 정치적·인격적 정직성의 최고 수준에 부합하지 않는 대통령이 없지 않았다. 그러나 검열받지 않는 언론이 끊임없이 조사하는 민주주의 통치 체제를 적어도 오랫동안 진짜 흉악범이나 악당, 깡패가 이끌 수 없다는 것은 거의 확실히 믿을 만한 사실이다. 물론 바보는 완전히 별개의 문제이긴 하다. 유감스럽게도 세계 많은 나라의 정치 체제는 제대로 기능하지 않거나 도덕적으로 터무니없는 지도자 집단을 억제하는 유력한 견제와 균형을 제공하지 못한다.

영국의 신노동당 정부는 1997년에 당선된 직후에 윤리적인 대외정책을 추구하겠다고 발표했다. 외국의 폭정이나 더 심하게는 자국 정부로부터 박해받는 사람들을 구하기 위해 외국에 개입할 의지를 천명한 것이었다. 1999년의 코소보는 이런 정책이 실행된 고전적인 사례이다. 국내에서 인기 있는 정책 기준과 임무를 개략적으로 밝힌 연설에서 설명하지 않은 사실은 악당이 힘이 약해서 큰 대가를 치르지 않고도 잘못을 깨우쳐 줄 수 있을 때에만 영국이 행동에 나설 것이라는 점이었다. 러시아가 체첸에서 저지른 흉악한 행동은 영국의 윤리적인 대외정책 의제에서는 전혀 다뤄지지 않았고, 중국이 국내 비판 세력에 재갈을 물리는 행동도 마찬가지로 관심 밖의 일이었다.

2001년 9·11 사태는 서구의 많은 전문가들과 도덕적 목소리를 높이는 이들에게 하나의 사실, 즉 모든 흉악범과 악당과 깡패가 지역 질서와 세계 질서의 적은 아니라는 사실을 일깨워주는 구실을 했다. 우선 현실적인 문제로서 이런 자들이 너무 많고 또 우리에게 중요한 많은 나라를 장악하고 있기 때문에 관용이 아닌 어떤 태도든 현명하다. 실제로 우리의 안보를 위해 흉악범과 악당의 도움을 받을 필요가 있을 때는 그들을 매우 다른 방식으로 묘사한다. 파키스탄이나 사우디아라비아, 이집트 등이 곧바로 떠오른다.

모름지기 전략가는 세계를 있는 그대로 다뤄야 한다. 전략가는 실행하기 어렵고, 또 우리의 안보에 별 가치가 없거나 있어봐야 부정적인 가치만 있는 임무는 거부해야 한다. 해리 트루먼 대통령의 유명한 냉소적인 말을 빌자면, 이 격언의 설명에 어울리는 이들은 "우리의 흉악범과 악당과 깡패와 바보들"인 게 당연하다. 도덕론자들은 윤리적으로 혐오스러운 외국 정치체와 협력하는 것을 비난하겠지만, 우리로서는 활용 가능한 인적 자원으로 안보를 위해 일하는 것 말고는 다른 현실적인 선택의 여지가 없다. 즉 우리는 편의에 따른 우리의 우방과 동맹국이 우리 사회에서 용인되는 것과는 다소 다른 여러 동기에 따라 움직인다는 점을 항상 기억해야 한다.

〈격언 30〉에서 보여주는 작은 화랑에서 가장 위험한 정치 지도자는 바보다. 흉악범과 악당과 깡패에 비해 바보는 전쟁이나 적어도 높은 수준의 지역적 무질서로 귀결되는 실수를 범할 가능성이 훨씬 높다. 방금 전에 말한 세 부류는 합리적인 정치인, 즉 의식적으로 수단을 목적과 관련시키려고 하는 사람일 수 있다. 게다가 그들은 당연히 전략적으로 움직이는데, 대서양동맹의 최근 정치지도자들은 전부 이렇다고 말할 수 있다. 말썽꾸러기가 교화가 불가능한 바보일 때 전략가는 호된 도전에 직면한다. 이런 경우에는 억제도 통하지 않는다. 이 바보 같은 외국 지도자는 우리가 제기하는 잠재적이거나 명백한 위협을 믿지 않거나 또 어쩌면 우리가 위협을 행사하든 말든 상관하지 않을 것이기 때문이다.

위험한 바보가 국제 안보에 막대한 피해를 야기하는 지위를 차지한 고전적인 역사적 사례를 원한다면, 독일제국의 황제 빌헬름 2세를 보면 된다. 제1차 세계대전의 책임은 빌헬름 2세에게만 있지는 않다. 그러나 이 파국이 벌어지기 전 몇 년과 1914년 7월의 위기 당시에 황제 자신은 유럽 안보를 완전히 뒤흔드는 영향을 명백하게 미쳤다. 그리고 문제는 독일의 정당한 몫에 대한 그의 욕망이 모호할 뿐만 아니라 위협적이라는 사실이었다. 진짜 곤란한 점은 그가 바보라는 사실이었다. 그는 무지한 탓에, 그리고 설상가상으로 병적인 성격 탓에 실수를 했다. 유감스럽게도 세계 지도자들의 행렬 가운데는 언제나 흉악범과 악당과 깡패와 바보가 몇 명 끼어 있다.

이 점이 왜 중요할까? 특히 서구 자유주의자들로서는 외국 문화의 이상한 대표자 즉, 생소한 공적·사적 행동 기준을 준수하도록 교육을 받지 못했을 뿐만 아니라 교섭 테이블에서 개인적인 특성을 드러내는 대표자와 건설적인 관계를 맺는 게 어려울 수 있다. 모름지기 전략가는 자신이 항상 분별있는 건 고사하고 전적으로 합리적인 사람들을 강제하거나 매수하는 방법으로 전략적 결과를 달성하려고 하지는 않을 것임을 안다.

게다가 정치 지도자나 군사 지도자 중에는 많은 병적 증세 중에서도 알코올 중독자나 약물 중독자, 편집증이나 조울증 환자가 있기 마련이다. 전략사의 실제 세계는 이런 곳이다. 이 격언들은 자유주의적인 서구인들에게 바로 이런 세계에 대처하도록 가르침을 주어야 한다. 전략사는 예나 지금이나, 그리고 앞으로도 결코 교훈적인 우화가 아니다〈격언 33〉을 보라.

> **사람이 좋으면 손해 본다.**
>
> — 미국 속담

거대한 위협은 언젠가 나타난다

> **"** 안정된 국제 체제의 해악은 치명적인 도전을 상상할 능력이 거의 전무하다
> 는 점이다.
>
> — 헨리 키신저, 1994년[6] **"**

위협, 위험, 모험은 직업 전략가들이 정치인과 대중에게 내놓는 물건의 일반적인 요금이다. 의료계 종사자에게 질병이 업무인 것처럼, 어떤 의미에서는 위협과 위험이 우리의 업무이다. 그러나 〈격언 31〉에서 말하는 거대한 위협superthreat은 통상적인 수준을 훨씬 뛰어넘는 위협이다. 거대한 위협은 대규모 전염병과 비슷하다. 안보상의 거대한 위협과 대규모 전염병은 누구나 발생한다는 사실을 알지만, 극히 드물게만 발생한다. 실제로 이 둘은 아주 드물게 발생하기 때문에 사람들은 이것들이 통상적인 위협이나 흔히 발생하는 전염병과 어떻게 다른지를 잊어버린다. 게다가 당연하게도, 거대한 위협은 가장 회의적인 사람들 눈에도 이 특별한 현상이 정말로 일반적인 기준과 다르다는 사실이 드러날 때까지 감지되지 않는다.

거대한 위협이란 무엇일까? 도움이 될 만한 문헌이나 이론은 전혀 존

재하지 않는다. 상식과 역사적 경험에 의존할 수밖에 없다. 어떤 이는 위협은 인식과 해석의 문제라고 이의를 제기할지도 모른다. 한쪽이 위협이라고 보는 것이 다른 쪽에게는 A. 도움 요청, B. 교섭의 전조, C. 우리 정책이 공세로 간주되기 쉽다는 강한 암시 등이 될 수 있다. 나는 전략가로서 이런 상대주의적인 궤변은 적어도 일반적인 규칙으로 받아들이지 않는다. 위협은 반드시 어느 정도 주관적이지만 그렇다고 해서 단순히 보는 사람의 눈에만 존재하는 게 아니다. 위협에는 듣고, 사진 찍고, 행동을 감시할 수 있는 객관적인 특징이 있다. 위협의 강도를 표시한 스펙트럼을 생각해 보는 게 유용하다. 이 스펙트럼은 가벼운 협박에서부터 정치체의 작은 이익을 거쳐 정치체의 물리적, 정치적 존재에 대한 위협에 이르기까지 다양하다.

위협의 스펙트럼은 이론상 연속적이지만 실제로는 불연속성을 나타낸다. 〈격언 31〉의 논의에 국한해 보자면, 스펙트럼 상에서 가장 위험한 쪽에는 정확하지는 않지만 생생한 설명어인 '거대한'이라는 말이 적절할 만큼 특별한 협박을 담은 위협의 범주가 존재한다고 주장하는 것으로 충분하다. 형용사는 선호에 따라 달라질 수 있다. 강조하고 싶은 점은 정상적인 위협과 아주, 아주 드물게 비정상적인 위협이 존재한다는 사실이다. 거대한 위협이 희소하다는 사실 자체가 그런 위협을 인식하고 익숙하지 않은 부류의 도전에 대처하려는 시도에서 문제의 상당 부분을 차지한다.

역사를 살펴보면 거대한 위협 현상을 이해하는 데 매우 필요한 실마리를 얻을 수 있다. 서기 4~5세기에 훈족이 바로 이런 위협이었다. 훈족은 직간접적인 행동을 통해 서로마제국에 종지부를 찍는 전략적 사건들의 과정을 준비했다.[*7] 13세기에 칭기즈칸이 이끄는 몽골은 거대한 위협이 될 잠재력이 있었다. 다만 국내 정치와 그에 못지않게 병참 때문에 발목이 잡혔을 뿐이다. 기마 부대는 많은 풀을 먹어 치운다. 유럽 반도에서는 풀이 계절에 따라 자라기 때문에 정기적으로 대량으로 구하기가 무척 어렵다. 몽골은 가공할 만한 힘을 자랑했지만, 산과 숲으로 뒤덮인 중부 유럽에 접근하자 천연 자원이 동나게 되었다.[*8]

최근의 예를 보자면, 프랑스 제1공화국과 나폴레옹의 프랑스제국은 둘 다 기존 국제질서에 거대한 위협이었다. 처음에는 프랑스의 협박이 군사적일 뿐만 아니라 이데올로기적이고 정치적인 것으로도 인식되었지만, 위협은 이내 정복을 통한 지배라는 익숙한 형태로 바뀌었다. 사실상 유럽 전역이었던 프랑스의 적들은 프랑스의 위협에 실제로 한계가 없다는 사실을 뒤늦게야 깨닫게 되었다. 지속적인 평화의 가능성에 치명적인 위협이었다. 1814년에 이르러 유럽은 나폴레옹과는 외교 업무를 수행할 수 없다고 판단했다. 나폴레옹의 말은 아무 쓸모가 없었다. 그와 체결한 강화조약은 모두 휴지조각이 되었고, 평화 시기는 프랑스가 다시 영토 획득과 승리의 영광을 향해 돌진하기 위한 준비기에 지나지 않았다. 따라서 나폴레옹의 프랑스는 타도 대상이었다.[*9]

더 최근의 예를 들면, 나치 독일은 〈격언 31〉에서 말하는 거대한 위협의 의미를 사실상 정의한다. 나치 독일은 국가들 가운데 이례적으로 강했을 뿐만 아니라 나폴레옹과 마찬가지로 끝없는 야심을 추구하는 사람이 이끄는 나라였다. 이번에도 역시 아돌프 히틀러와는 일시적인 전술적 편의의 문제를 제외하고는 어떤 외교 업무도 할 수 없었다. 히틀러는 어떤 약속이나 체결된 조약도 존중하지 않았으며, 사실상 단일 민족과 단일 문화로 이루어진 아리아 게르만인의 거대 국가가 지배하는 유럽이라는 구상 말고는 어떤 것도 존중하지 않았다.

마지막의 역사적 사례를 보면, 1990년대의 알카에다와 2001년 9월 11

일에 저지른 악행에 관한 알카에다의 선전은 테러리즘의 새로운 특징이었다. 폭력적인 이슬람 근본주의는 이슬람교 자체만큼이나 오랜 역사를 자랑하지만, 현대에 들어와서 알카에다만큼 세계 무대에서 무차별적인 폭력을 저지른 예는 없다. 알카에다의 거대한 지위가 오래 지속될 것 같지는 않다. 알카에다에게는 몇 가지 심각한 약점이 있다.[*10] 그러나 9·11 직후에 알카에다가 거대한 위협의 의미를 정의하게 되었다는 사실은 부정할 도리가 없다.

〈격언 31〉의 의미를 엄격하게 밝히기 위해서는 거대한 위협의 기준을 자세히 설명하는 게 도움이 된다. 거대한 위협이란 1. 오늘날의 협박 측정 기준에서 독특한 실체가 있어야 하고, 2. 서서히 모습을 드러낸다 할지라도 역사적인 불연속성으로 나타나야 하며, 3. 통상적인 안보 업무를 수행하는 이들에게 생소한 특징이 있어야 하고, 4 현 국제 체제의 안정만이 아니라 이 체제의 존재 자체에 위협을 제기해야 한다. 전반적으로 거대한 위협이 되려면 양과 질을 두루 갖춰야 한다. 모든 위협이 그렇듯이 거대한 위협은 능력 곱하기 의도이다. 문제는 능력이 언제나 스스로 주장을 펴지는 못한다는 점이다. 재무장 계획을 침략 의도의 조짐으로 볼 필요는 없다. 군축이라는 단순한 묘책이 일부 있다 하더라도 무기는 진짜 난제가 아니다. 무엇보다 중요한 것은 무기 뒤에 있는 국민과 정치이다.

〈격언 31〉에 주목해야 하는 이유는 이 격언이 다행히 드물기는 하지만 되풀이되는 부류의 위험이 존재한다는 역사적 현실을 일깨워주기 때문이다. 국가들은 거대한 위협의 등장에 대비하지 않는다. 왜 그럴까? 거대한 위협은 그 본성상 대단히 이례적이기 때문에 책임 있고 존경할 만한 관리와 정치인, 즉 자신의 판단이 확실하다고 자부심을 갖는 사람들은 거의 자동적으로 이 위협이 나타날 가능성을 무시한다. 거대한 위협은 역사적으로 드문 현상이기 때문에 예측이 거의 불가능하다. 현실적인 관점에서 보면, 설령 거대한 위협이 곧 닥쳐올 것이라고 주장할 수 있다 하더라도 예상이 틀리는 경우의 결과가 중대하기 때문에 스스로 주장을 억제하기가 쉽다.

실제로 발생하기 전까지는 어떤 것도 확실하지 않다. 거대한 위협이라고 입증될 수 있는 것이 실제로는 전혀 그렇지 않다는 희망을 가질 이유는 언제나 존재한다. 거대한 위협을 관측한 사람이 만약 자신의 확고한 의심에 맞춰 정책을 움직이는 위치에 있다면 상황 논리에 갇혀 버린다. 어쨌든 거대한 위협이 다가오고 있다고 결정을 하면, 평상시의 업무로 돌아가기는 거의 불가능하다. 예상되는 위험에 대해 무언가 행동을 해야 한다는 현실적이고도 도덕적인 의무가 존재한다. 그리고 이 위험은 거대한 범주에 속하기 때문에 필요한 행동을 하는 데 대단히 비용이 많이 들 뿐만 아니라 그 결과로 사회, 정치적으로 심대한 혼란이 야기될 수밖에 없다. 그리고 어느 누구든 잘못된 판단을 할 가능성이 언제나 있다는 사실을 유념해야 한다. 또는 누군가 그릇된 판단을 하지만, 그가 경종을 울린 직접적인 결과로 거대한 위협이 실제로 출현하게 될 가능성도 있다. 의심의 대상이 된 나라나 세력이 거대한 협박이라는 낙인이 찍힌 데 대해 대응하기 때문이다. 국가 안보와 국제 안보 업무를 수행하면서 통상적인 문제를 통상적인 방식으로 처리하는 사람들이 절대 경보를 울리려고 하지 않는 이유를 헤아리기는 어렵지 않다. 야만인들이 쳐들어오고 있다고 소리를 치면, 그 사람은 이 사태에 관해 뭔가를 해야 할 의무가 생기기 때문이다.

거대한 위협이 진정한 특징을 드러낼 때면 이미 통상적인 정치 수단으로는 효과적인 예방 조치를 취하지 못하기 마련이다. 결국 국제질서 세력은 할 수만 있다면 상대를 따라잡기 위해 애쓸 수밖에 없다. 나치 독일의 경우에도 이런 상황이었고, 그 결과로 1943년 여름까지 일촉즉발의 상태가 이어졌다. 알카에다 및 그와 비슷한 부류의 폭력 집단의 경우도 마찬가지였다. 위협이 싹트고 성숙하고 명백하게 모습을 드러내기 전까지 서구 정치인들은 일부 정보기관이 경고하는 내용을 믿으려 하지 않았다. 국제질서와 문명의 가치는 끊임없이 체계적인 협박의 위험에 노출되어 있지만, 이런 협박을 제대로 파악하는 것은 언제나 한참 뒤의 일이다. 정치인들이 과거에 비해 미래에 좀 더 선견지명을 갖고 효율적으로 거대한 위협에 대처할 것이라고 믿을 타당한 이유는 전혀 없다. 우리는 계속 경계를 유지해야 한다. 〈격언 31〉을 유념하라.

> 서유럽의 평화롭고 관용적인 민주주의 국가들은 독일의 광신자들에게 완전히 의표를 찔렸다.
>
> — 그레거 댈러스Gregor Dallas, 2005년[*11]

신중함은 국가 운영과 전략에서 최고의 덕목이다

> 신중하다는 것은 일정한 체계에 맞추거나 어떤 규범이나 유사 규범에 수동적으로 순응하는 게 아니라 특정한 상황과 구체적인 자료에 맞게 행동하는 것이다. 또한 유죄로 추정되는 당사자의 처벌이나 이른바 절대적인 정의보다 폭력의 제한을 선호하며, "민주주의를 위해 안전한 세계"나 "힘의 정치가 사라지는 세계" 같은 무제한적이고 어쩌면 무의미한 목표가 아니라 국제 관계의 세속적인 법률에 순응하는 구체적이고 접근 가능한 목표를 확립하는 것이다.
>
> — 레몽 아롱Raymond Aron, 1966년[12]

신중한 사람은 바라지 않은 행동의 결과를 피하는 데 조심스러운 사람이다. 이런 사전적 정의의 논리를 따르자면, 신중한 전략 전문가야말로 억제 메시지의 수취인으로 필요로 하는 사람이다. 현대 억제 이론, 아니 1950년대와 1960년대에 창안되고 발전한 현대 전략 이론 전체는 신중한 전략적 행동을 가정한다. 신중함과 합리성이 동일시되는 것은 당연하다.

〈격언 32〉는 전략가가 믿는 신조의 핵심을 표현한다. 국가 운영과 전략의 역사에 관해 전략가가 가진 지식의 핵심은 아닐지라도 말이다. 프랑스의 철학자이자 사회학자인 레몽 아롱은 신중함을 "이상주의적 환상"
과 대비한다. 이상주의적 환상의 문제는 이것이 실제로 작동하지 않는다
는 점이다. 정치인들은 튼튼한 제도 대신에 모래성을 쌓으며, 자신들의 진
정하고 고귀한 의도를 실현 가능성과 혼동한다. 온갖 부류의 정치인이
이런 특정한 병리 현상에 시달린다. 아돌프 히틀러는 경술하게도 자신의
의지로 추구하는 다소 모호한 목표를 가능한 결과와 혼동했다. 일반적
으로 의지의 결단과 힘이 중요할 수 있지만, 적당히 신중한 위험 회피조
차도 절대 불가능하다고 경고하는 목표가 존재한다.

　신중한 전략가는 바라는 목표와 예상되는 이익에 집착하느라 위험을
적절하게 평가하지 않는 정책 결정자를 보고 놀란다. 이런 모습은 익숙
한 현상이다. 〈격언 32〉는 국가 운영의 상당 부분과 관련이 있지만, 여기
서는 물론 군사 전략에 초점을 맞춘다. 어떤 이는 이 격언이 너무나도 명
백해서 굳이 치켜세우고 찬양할 필요가 없다고 생각할지 모르지만, 그렇
지 않다. 이 격언에 담긴 의미는 실제로 줄곧 침해당하며, 때로는 이런 침
해가 국제 정치의 안정과 질서와 평화에 치명적인 영향을 미친다.

　일부 나라의 군대에서는 군사적 책임 때문에 정말로 위험한 이상 행동
을 할 여지가 있는 사람들에 대해 세밀한 인성 신뢰도 검사를 한다. 알기
쉬운 예로, 핵무기의 관리, 유지, 일시적인 운영 이동 등에 관여하는 사람
들은 심리 검사를 비롯한 각종 의료 검사를 받는 1차 대상이다. 그러나
정치인들은 군인들이 일상적으로 받는 인성 검사 대상이 아니다. 나는
정치인뿐만 아니라 전략가까지 포괄하는 쪽으로 〈격언 32〉의 의미를 확
장했다. 아롱의 격언에서 다루는 주인공은 정치인이다. 그렇지만 나는 전
략가보다 정책결정자에게 훨씬 관심이 많다. 정치인은 군인처럼 여러 단
계를 거치면서 경력을 쌓을 필요가 없다. 그러나 정치와 군대의 최고 지

위에 오르는 데는 몇 가지 길이 있다는 점을 신중하게 주목할 필요가 있다. 영미식의 정치와 무관한 직업 군인 전통이 존재하지 않는 나라도 많다. 물론 신중한 군인이라면 조만간 자신이 숙청될 것이라고 믿을 분명한이유가 있지 않은 한 쿠데타를 일으켜서 통상적인 진급 체계를 단숨에 뛰어넘으려고 하지는 않을 것이다. 한 예로 파키스탄의 독재자 페르베즈무샤라프Pervez Musharraf 장군을 생각해 보면 된다.

〈격언 32〉가 그토록 중요한 이유는 여기에 충분히 인식되지 않은 진실이 담겨 있을 뿐만 아니라 이런 인식의 결여가 무서운 결과를 낳을 수 있기 때문이다. 클라우제비츠가 전쟁의 불확실성과 위험성을 경고한 것은 유명하다. 실제로 그는 전쟁을 카드놀이에 비유했다.*[13] 이 위대한 인간은 전쟁은 운의 영역이라고 너무나도 설득력 있게 주장한다. 우리는 정치인과 전략가가 신중해야 함을 안다. 다시 말해, 정치인과 전략가는 특히 전쟁과 평화의 문제에서, 그리고 핵무기의 사용으로까지 이어질 수 있는 상황에서는 모험을 피해야 한다. 그런데 그들은 모험을 피하는가? 실제로 그들은 모험에 의해 거의 마비된 상태에서부터 모험광, 즉 본성상 흥분을 먹고 자라는 도박꾼인 지도자까지 모험 중독자들을 아우르는 스펙트럼의 정반대에 있는가? 오래 전부터 사람들은 어떤 나라가 핵무기 보유국 지위에 오르면 국가 운영과 지도자들이 온전한 정신을 되찾게 마련이라고 믿었다. 아니 그렇게 기대했다. 중국, 이스라엘, 인도, 파키스탄 등이 핵무기를 보유하면 악몽과도 같은 결과가 야기될 것이라는 예상은 이제까지 역사에서 밝혀진 바에 따르면 상당히 과장된 것이었다.

오래 전에 서구 전략가들은 핵 시대 초기에 퍼진 공포와는 달리 핵무기는 오로지 방어 수단으로서만 정치적 효용이 있다고 결론지었다. 위안이 되는 결론이다. 사람들은 이 결론의 근거가 충분하기를 바란다. 그런

데 작지만 치명적일 수 있는 이 논리의 맹점은 핵무기를 보유한 무분별한 정치 지도자가 자기 정권의 안위를 정말로 걱정한 나머지 완벽하게 방어적인 이유에서 예방 공격을 가할 수 있다는 것이다. 전략사를 검토해보면, 어떤 성과를 얻기 위한 욕망보다는 공포와 불안 때문에 시작된 전쟁이 더 많다는 결론을 피하기 어렵다. 우리는 다시 한 번 투키디데스의 결론, 즉 국가 운영과 전쟁의 주된 동기는 "공포와 명예와 이익"이라는 결론을 상기해야 한다.

직설적으로 말하자면, 신중하지 못한 정책 결정자는 위험하다. 공교롭게도 이런 지도자가 핵무기를 통솔하게 된다면 역사적인 전례가 없을 정도로 위험한 존재가 될 공산이 크다. 신중하지 못한 전략가 역시 위험하다. 물론 이런 전략가가 해를 야기할 위험성은 작전이나 병참 차원의 실행 가능성뿐만 아니라 그가 따라야 하는 정치적 지시에 의해서도 통제된다. 이런 설명의 필요조건에 주목하라. 북한이 최근에 보여주고 이란이 몇 년 안에 증명할 것처럼, 핵 확산은 저지하기 힘들기 때문에 〈격언 32〉는 국가 운영에서 어느 때보다도 더 두드러지게 된다. 서구의 전략이론가와 방위분석가, 즉 나와 같은 사람들은 워낙에 신중하고 세심하게 핵무기를 물리적으로 취급하고 교의적, 전략적으로 다루는 데 익숙해져 있기 때문에 핵무기를 가지고 다른 식으로 행동하는 법을 전혀 알지 못한다. 그러나 정치적으로만이 아니라 문화적으로도 확실하게 평가하기가 힘든 체제들로까지 핵무기가 확산됨에 따라 핵무장에 관해 우리가 생각하는 신중함의 기준이 유일한 것이어야 한다고 가정할 근거가 사라지게 될 것이다. 생각만 해도 끔찍한 일이다.

우리는 특히 핵무기를 보유한 나라의 정치인들이 신중하게 모험을 회피하기를 기대한다. 그러나 새로운 핵보유국의 지도자가 정치적 맹동주의자거나 모험을 전혀 회피하지 않는 정치적, 종교적 광신자라면 어떻게 될까? 이런 사람은 충분히 영리하고 정보가 밝기 때문에 국제사회가 핵무기를 보유한 이들에 대항해 행동에 나서는 극단적인 조치는 내켜하지 않으리라는 점을 알 것이다. 핵무기를 보유한 도박꾼이 이 무기를 이득을 얻기 위한 협박 수단으로 휘두르기로 결심한다면, 핵 모험을 회피하는 다른 나라들의 태도 때문에 자신의 자극적인 행동이 신중한 조치를 야기한다고 믿을 이유도 충분하다.

하나같이 신중한 사람들만이 세계 정치를 운영하는 것이 아님을 잊지 않으려면 이 격언을 유념해야 한다. 전략에서 억제가 수행하는 역할이 더욱 중요할수록, 모험을 대하는 인간 개인과 집단의 태도가 무척 다양하다는 사실을 인식하는 것도 더욱 중요하다.

> **"** 우리는 신중함과 이상주의를 대비하는 게 아니라 신중함과 이상주의적 환상을 대비한다. 이 환상이 사법적인 것이든 이데올로기적인 것이든 말이다.
>
> — 레몽 아롱, 1966년[14] **"**

전략의 역사에서 선의는 벌을 받는다

> 전략 연구에서는 도덕과 무관한 군사 문제 분석을 추구한다. 그럼으로써 우리는 도덕적 존재인 우리의 우려를 불러일으킬 수 있는 행동이나 개인을 객관적으로 평가할 수 있다. 전략 문제에서 최선의 실천을 추구하면서 우리는 도덕적 판단을 전략적 판단과 분리할 수 있으며 분리해야 한다.
>
> — 데이비드 J. 론스데일David J. Lonsdale, 2004년[15]

〈격언 33〉은 겉모습과 달리 도덕적 문제가 중요하지 않다고 주장하는 게 아니다. 전쟁에서 도덕적 우위가 결정적인 역할을 할 수도 있다. 〈격언 33〉에서 확신을 가지고 간접적으로 주장하는 것은 도덕적인 면에서 옳은 일을 하려는 바람이 국가 운영을 인도하는 주된 동인이 아니며 심지어 의미 있는 동인도 아니어야 한다는 점이다. 전략가가 이런 노력을 기울이면 불가능한 일을 시도한다는 비난을 받기 십상이다. 도덕이라는 나침반은 중요하지만, 이것을 정책과 전략의 신중한 경로를 나타내는 지표로 신뢰해서는 안 된다. 왜 그럴까? 누누이 강조하듯이, 전략은 철저하게 현실적인 사업이기 때문이다. 모름지기 전략가는 수단과 목적을 일치시켜야 하고 결과에 초점을 맞출 수밖에 없다. 도덕적인 논증이나 여론의 힘에 행동을 의존하는 정책 결정은 본질적으로 전략적인 추론에서 멀어진다. 도덕적 분노에서 생겨나는 정책은 언제나 선동적인 여론 지도자들의 볼모가 될 위험이 있다. 이런 지도자들은 약자들의 끝없는 분노를 불러일으킬 수 있다. 세계를 바로잡는 데 진지하게 몰두한다면 굴욕적인 실패뿐만 아니라 끝없는 전쟁에도 빠져들게 된다. 그리고 이렇게 실패하면 대중이 다시는 안 된다는 반응을 보일 게 확실하다.

정치는, 국내 정치든 국제 정치든 간에, 교훈극이 아니다. 정치는 권력의 문제이다. 누가 권력을 가지고, 어떻게 권력을 얻고 유지하며, 권력으로 무엇을 하는가가 정치의 전부이다. 정치는 어떤 윤리적인 의미에서 좋은 일을 하거나 올바른 입장을 견지하는 문제가 아니다. 국가가 도덕적인 이유에서 전쟁을 벌이는 경우는 많지 않다. 정치인에게는 자기 공동체의 중요한 이익을 보호할 의무가 있으며, 당연히 문화에 따라 결정되는 정의의 집행이나 악의 처벌은 이런 이익에 포함되지 않는다. 세계에는 불의가 넘쳐난다. 야만적인 정권은 도처에 널려 있으며 앞으로도 언제나 있을 것이다. 1997년에 영국의 토니 블레어가 이끄는 신노동당 정부가 집권하면서 그랬던 것처럼 어떤 정부가 윤리적인 대외정책을 추구하겠다고 선언한다면, 순진하게 들릴 뿐만 아니라 위선적이라는 낙인이 찍힐 게 분명하다.

윤리적인 대외정책이 아무리 탈脫전략을 추구한다 할지라도 선행을 하려는 고귀한 열망이 효과적인 행동으로 실현되려면 전략을 통할 수밖에 없다. 다시 말해, 정책의 동기가 무엇이든 간에 전략은 정책과 군사력을 잇는 필수적인 다리이다. 전략은 현실적인 계획이어야 한다. 어떤 의미에서는 모두는 아니라 할지라도 대다수 사람들에게는 선의라고 옹호할 수 있는 게 있다. 그러나 이런 의도는 전략적 평가가 내려지기 전까지는 공허한 말장난에 불과하다. 도덕을 길잡이로 삼은 정책의 의도를 실현하기 위해 무슨 일을 할 수 있을까? 바람직한 것에 관한 내용 없는 선언에서 실행 가능성 분석이라는 훨씬 더 어려운 영역, 즉 목적을 의도적으로 수단과 연결시키는 영역으로 내려오면, 전략가의 손에 맡겨지는 셈이다. 적어도 그렇게 되어야 한다. 국가는 전략적 계산과 상관없이 자신이 정의하는 가치를 위해 충분히 돈키호테 같은 모험, 즉 십자군 운동을 벌일 수 있다.[*16]

〈격언 33〉은 정치 논쟁, 심지어 전략 논쟁에도 언제나 존재하는 도덕적 차원에 잠재한 위험에 대한 경고이다. 전략가인 나는 개인적인 경험에 입각해서 전략과 윤리 사이에 의미 있는 대화가 존재하기란 거의 불가능하다는 사실을 입증할 수 있다. 도덕론자와 전략가는 상이한 두 세계에 살고, 서로 다른 근본적인 가정을 견지하며, 서로 지적으로 소통할 수 있을 만큼 충분한 공통의 지반을 갖지 못한다. 전략적 주장으로 도덕적 주장을 무력화할 수는 없다. 전략가가 할 수 있는 일이라고는 정책결정자가 도덕적 행동 의무라고 보는 것이 실제로 실패할 운명이 빤하다는 사실을 지적하는 것뿐이다. 도덕적 십자군은 위험하다. 십자군 운동을 벌이는 인물이 의지할 수 있는 도덕적 권위의 원천은 여러 가지가 있다. 그 중에서도 종교, 국제법, 인권 등이 두드러진다. 외국의 도덕적으로 비열한 행위로는 어떤 정치체의 결정적으로 중요한 이익도 위험에 빠지지 않는다고 주장해야 한다는 것은 유감스럽지만 사실이다. 이런 일반화에 간혹 예외가 있을 수 있으며, 실제로도 존재한다. 그러나 소수의 예외는 규칙을 입증한다. 빈틈없는 국가 운영을 위해서는 중요도 순위에서 최하위에 속하는 국익을 향상시키기 위해 희소한 자원을 소비할 수 없다. 분명하게 말해 4가지 범주의 국익이 존재한다. 1. 생존의 이익 2. 결정적인 이익 3. 중요한 이익, 4. 기타 이익 등이 그것이다. 군사적 수단으로 보호해야 하는 이익은 1과 2뿐이다. 3은 때로 적절한 군사적 시도를 필요로 한다. 4는 정의상 국가가 완력을 쓸 이유가 되지 못한다.

국가 운영과 전략을 둘러싸고 공적 논쟁의 많은 소음과 어느 정도의 격분이 존재한다. 그리고 이런 논쟁은 종종 도덕적 판단으로 가득 차 있다. 그러나 정치인과 전략가는 결과론자로 행동해야 하며, 행동이 가져올 이득을 예상되는 비용과 관련하여 최대한 계산하고 비교해야 한다.[*17] 또한 숙련된 전략가는 전쟁이 우연의 영역이며, 추구하는 대의가 아무리 가치 있다고 해도 재앙을 막아 주지는 못한다는 사실을 안다.

비록 분명하지는 않지만, 〈격언 33〉에서 말하는 핵심적인 문제는 도덕적 정언명령에는 본질적으로 전략적 내용이 없다는 것이다. 게다가 당연한 것으로 여겨지는 도덕적 정언명령의 가치는 전략적 평가를 열외로 취급하기 쉽다. 사실 아무리 순진한 개혁가라 해도 전략의 논리를 따르지 않을 도리는 없다. 적어도 사람들은 예외적인 경우가 있다는 사실을 인정하면서도 이 점을 일반적인 사실이라고 주장한다. 불가능은 있을 수 없다는 〈격언 21〉의 내용을 상기하라. 자기기만의 힘을 전적으로 무시할 수는 없는 법이다. 국내에서 하는 행동에서는 거칠고 심지어 냉소적인 정치인도 비록 자기 사회는 개조하지 못하지만 해외의 다른 나라나 심지어 지역을 개혁하고 변화시킬 수 있다고 믿을 수 있다.

일단 어떤 정치인이 인류를 개선한다는 유력한 사고에 사로잡히면, 그는 이런 사고를 실행으로 발전시키기 위한 행동이 비현실적임을 지적하는 전략적 조언을 받아들이지 않을 공산이 크다. 명백한 위선이 불가피하다. 예를 들어, 파탄 국가[*]나 너무나 허약해서 저항하지도 못하는 국가

*   failed state. 내전이나 정부 붕괴 등으로 정부가 통치 능력을 상실해서 국가로서 제대로 기능하지 못하는 나라.

에 대해 인도주의적 동기에 따른 군사 개입이 옹호되고 심지어 실행에 옮겨진다. 그러나 러시아의 억압을 징벌하기 위해 체첸에 인도주의적 개입을 하는 이는 아무도 없으며, 베이징이 압살하려고 기를 쓰는 문화를 지키기 위해 누군가 티베트에 개입하기를 기다리면서 숨을 죽여서는 안 된다. 다시 말해 진정한 도덕론자라 할지라도 자신들의 십자군 운동이 손쉬운 희생자들에게 국한될 수밖에 없다는 사실을 발견한다. 도덕적인 면에서 보면, 현실적으로 이런 차별을 하는 사람을 옹호하기 힘들다.

도덕적 십자군은 골칫거리다. 십자군은 국제 정치가 어떻게 작동하는지 이해하지 못한다. 모든 정치체는 예외 없이 도덕적 주장이 자신에게 유용할 때 이런 주장에 호소한다. 그러나 역사에서 전쟁과 평화에 관한 중요한 결정이 주로 도덕적인 이유에서 이뤄진 주목할 만한 사례는 거의 없다. 언제나 여러 가지 동기가 뒤섞인다. 예를 들어 오늘날의 중세사가들은 유럽의 십자군들 사이에서 종교적 동기가 얼마나 중요했는가 하는 답할 수 없는 질문을 놓고 논쟁하느라 분주하다. 마찬가지로 미국이 1917년에 선전포고를 하게 된 동기가 도덕적인 것인지, 전략적인 것인지에 관해서도 논쟁을 할 수 있다.

정치인들은 비록 항상 가치를 들먹이지만 그들의 행동에는 언제나 도덕적 충동만이 아니라 정치적, 전략적 충동도 존재한다. 그렇지만 〈격언 33〉이 유용한 까닭은 정책 결정자들이 전형적인 국가적 이유 때문에 결정을 하고는 이런 결정을 도덕적 정당화로 치장한다고 생각하는 냉소주의자들의 그릇된 생각을 상기시켜 주기 때문이다. 어떤 때는 행동을 자극하는 충동의 본질이 도덕인 경우도 있다. 이 충동이 핵심 인사들의 강한 도덕적 신념을 반영하고, 겉으로 내세우는 정치, 전략적 이유는 일종의 구실이라는 점에서 말이다.

도덕적 충동, 윤리적 정언명령, 가치를 확산시키겠다는 약속. 이런 것들은 위험한 현상이다. 전략적 계산과 행동으로 제어되지 않는다면 이것들은 재앙으로 이어질 게 거의 확실하다. 되풀이해 말하지만, 국가 운영과 전략은 교훈극이 아니다. 정의가 옳다고 해서 힘을 이기는 것은 아니다. 정의가 이겨야 마땅하지만, 우리가 아는 2,500년의 역사는 명백하게 그렇지 않다고 말한다. 역사는 또한 십자군이 자신들의 도덕적 사명과 그것을 추구하는 자신들의 가치에 깊이 감동한 나머지 어떤 수단을 사용하는지에 관해서는 거의 무관심하다고 우리에게 말해 준다. 목적이 탁월하게 바람직하다면 어떤 수단이든 그 목적에 의해 정당화된다. 이른바 신념의 정치인들은 안정과 때로는 부당하지만 순조로운 질서를 위협하며, 따라서 평화를 위협한다.

> **❝** 어떤 이는 전략 분석을 한 주제를 분석하는 기법이 아니라 충돌이나 부도덕한 결론을 정당화하는 방법으로 본다.
>
> — 모튼 A. 캐플런Morton A. Kaplan, 1973년[18] **❞**

국방비는 확실하지만, 안보 이익은 불확실하고 논쟁의 여지가 있다

> " 외국의 의도가 분명할 때, 그리고 뚜렷하게 우호적이거나 명백히 호전적일 때에만 그것을 우리의 방위 노력의 실마리로 삼을 수 있다.
>
> — 버나드 브로디Bernard Brodie, 1959년[19] "

이 글의 앞과 뒤를 장식하는 두 인용문은 20세기 미국의 가장 위대한 전략 사상가가 쓴 탁월한 저서의 탁월한 장에서 기꺼이 빌려온 것이다. 1959년의 고전적 저서인 『미사일 시대의 전략Strategy in the Missile Age』에서 버나드 브로디는 전략이 경제 문제라는 점을 독자들에게 상기시키기 위해 상당히 애를 쓴다. 물론 전략은 경제 문제만은 아니지만, 선호되는 전략이 경제적으로 뒷받침되지 않는다면 그 전략은 수정되거나 폐기되어야 한다. 이제까지 이 책에서는 클라우제비츠의 논리로 논의를 이끌기 위해 주의를 기울였다. 정치가 주인이고 군사력은 하인이다. 그러나 정치는 자신이 감당할 수 있는 전략의 주인일 뿐이다. 그리고 정치가 얼마나 많은 것을 감당할 수 있는가는 경제적인 동시에 정치적인 문제이다. 미국처럼 부유한 나라는 국가 안보를 위해 필요한 어떤 것이든 감당할 수 있고 감당할 것이라고 선언하는 버릇이 있다. 하지만 그 수준은 어느 정도일까? 그리고 어떻게 알 수 있을까? 〈격언 34〉는 전략 이론과 방위 분석이라는 지적으로 깔끔한 세계가 보통 심대한 불확실성에 둘러싸여 있다는 사실을 필연적으로 상기시켜 준다. 위협은 불확실하며 따라서 가장 적절한 대응도 불확실하다. 이 격언은 이미 몇 차례 이야기한 전략의 현실적인 성격이 경제적 실행 가능성으로까지 확대된다는 점을 우리에게 상기시켜 준다.

전략 개념과 방위 분석은 결국 각종 계획과 군사적 역량에 끼워 넣어지며, 억제나 실제 전쟁에서 적용되거나 오용된다. 그러나 개념이 역량으로 이어지려면 상당히 적대적인 밀림 지대를 가로질러야 한다. 이 밀림 지대는 여러 이름으로 불리지만, 우리의 논의에서는 정책 수립 과정이나 국방 예산 수립 과정이라는 말로 충분할 것이다. 내가 말하고자 하는 요지는 적어도 민주주의 사회에서 전략가의 합리적인 세계를 실제로 지배하는 것은 전략과 무관한 국내 정치의 책략이라는 점이다. 국방 예산에 관한 한, 행정부나 입법부나 전략에 주의를 기울이면서 움직이지 않는다. 오히려 국방비는 전략을 제외한 거의 모든 영향력에 맞춰진다. 국방비를 좌우하는 것은 제도적 영향력, 지역 차원의 정치 세력, 유행에 따른 만병통치약 같은 정책적 묘안 등이지 전략이 아니다. 불평을 늘어놓는 게 아니라 현실이 그렇다는 것이다.

일관된 정책이 부족하면 일관된 전략을 발전시키기 어렵다. 그리고 공정하게 말하자면, 일관된 정책을 세우는 데 필요한 정보가 없다면 그러한 정책을 결정하기가 어렵다. 위의 인용문에서 브로디는 적절한 언어 선택으로 요점을 꼬집었다. 우리는 위협이 명백하게 현존하거나 부재할 때에만 특정한 방위 정책과 전략을 확신 있게 발전시킬 수 있다. 위협이 현실화하기보다 잠재적일 때, 또는 초국가적 테러리즘의 경우처럼 주로 군사력으로 대처할 수 있는 범주에 깔끔하게 들어맞지 않을 때, 전략가는 곤경에 빠진다. 그리고 이런 곤경은 직업적으로 실질적일 뿐만 아니라 국내적으로 정치와 관련된다.

너무나 기본적이어서 우리 전략가들이 무시한다고 알려져 있는 민주주의 정치의 한 가지 사실을 상기하기 위해서는 지적인 전략 논의에서 잠시 물러나 보는 게 도움이 된다. 특히 전략가의 관심을 사로잡는 모든 것은 어쨌든 국방 예산에 포함되어야만 현실적으로 작동할 수 있다. 물론 나라마다 세부적인 정책 수립 과정은 서로 다르다. 그렇지만 모든 정치체는 똑같은 과제에 직면한다. 모든 정치체는 매년, 또는 3~5년을 주기로 국방에 얼마나 많은 돈을 쓸지를 결정해야 한다. 총력전 시기에는 이런 과제가 사라져버린다. 총력전을 벌이는 나라는 살아남기 위해 자신이 가진 모든 자원뿐만 아니라 보유하지 않은 자원까지 대대적으로 쏟아 붓는다. 그러나 대다수 나라의 경우에 대개 얼마나 많은 지출을 해야 하는지를 결정할 만한 확실한 방법이 없다. 이것은 사실이다. 그렇지만 가능한 한 많은 사람들에게 이런 사실을 숨길 필요가 있다. 어쨌든 이를테면 2007 회계연도에 5,270억 달러를 지출해야 한다고 제안한다면, 정부는 이 예산을 현명하게 지출할 정치적 의무와 더불어 도덕적 의무까지 있다. 그런데 어떤 게 현명한 것일까? 그리고 어떻게 이걸 알 수 있을까? 모두가 아는 것은 관리들이 5,270억 달러를 요청하고 있다는 점이다. 이것은 확실하다. 장부의 반대쪽, 즉 생겨날 것으로 기대되는 이익은 대단히 모호할 수밖에 없다.

〈격언 34〉는 결정적인 사실을 지적한다. 신중한 방위 프로그램은 항상 불리한 처지에 놓인다. 사람은 누구나 아무리 조잡하더라도 다양한 방식으로 비용—편익 분석에 몰두하기 때문에 국방 예산을 옹호하는 관리들은 확실한 경제적 고통과 불확실한 안보 이익을 제시하는 셈이다. 말 그대로 관리들은 국방 기능에 지출해서 어떤 특정한 이익이 확실히 생겨나는지를 입증할 수 없다. 많은 사람들은 국방 계획이 어느 정도나 추측일 수밖에 없는지를 제대로 알지 못하기 때문에 관리들은 자신들도 알지도 못하는 지식을 가진 것처럼 행세해야 한다. 국방비 5,270억 달러를 요청하기 위해 의회 위원회에 출석하는 사람은 입증 책임을 두 어깨에 짊어지기 마련이다. 정말로 정직하게 증언을 하는 것은 현명하지 못한 일일 것이다. 국가에는 방위 체제가 있어야 하며, 이 체제는 대외정책에서 부과하는 요구를 충족시키려면 어느 수준의 예산이 적절한지를 추측해야 한다. 복잡하고 정교한 방위 분석 기법이 많이 있다.[20] 그러나 관리들이 오직 스스로 확신을 갖기 위해 방위 태세와 전략의 기술을 수량화가 가능한 과학으로 바꾸기 위해 최선을 다한다 할지라도, 미래를 알지 못한다는 부정할 수 없는 사실은 완전하게 감출 수 없다.

자신만만한 방위 분석에는 유감스러운 일이지만, 안보는 직접 돈을 주고 살 수 있는 물건이 아니다. 사랑과 마찬가지로 안보 역시 하나의 감정이며 지각이다. 안보는 또한 객관적인 조건이지만, 그 수준을 확실하게 측정할 방법은 전혀 없다. 게다가 문제를 지나치게 복잡하게 만들 위험이 있지만, 모든 사회는 자신이 얼마나 많은 안보 불안을 감내할 의지가 있는지를 깨달을 필요가 있다. 안보와 안보 불안은 매끄러운 스펙트럼 위에 공존한다. 어떤 나라는 더 많은 안보 불안과 더불어 살아가는 법을 배울 수 있다. 이런 나라는 방위에 훨씬 더 많은 돈을 지출함으로써 최대한 신중하게 행동했다고 안심하려고 애를 쓰겠지만, 국방비 지출이 안보라는 수확으로 연결되리라는 보장은 없다.

흔히 국방 예산은 보험 증서 같은 기능을 한다. 많은 보험료를 내는 사회는 보험금을 지급받을 필요가 없었다는 점에 충분히 감사하지 않을 공산이 크다. 그러나 회의론자는 보험금을 받지 못했다는 사실을 들먹이면서 국방 예산의 가치에 의문을 제기한다. "우리의 대륙간탄도미사일 전력이 최근에 우리에게 해준 일이 무엇인가?" 전략사의 교훈에 공감하지 못하는 사람이 이런 질문을 던진다면 제대로 대답하기 쉽지 않다. 또는 최근 영국의 국방 쟁점을 예로 들자면, 영국의 전략가는 입법부 의원들에게 트라이던트 핵미사일 전력을 제때 교체하면 21세기에 영국의 안보가 향상될 것이라고 어떻게 설득할 수 있을까?

정치의 장은 국방 지출의 부담에 관한 여러 주장에 대해 공평하지 않다. 비용은 확실하고 습관적으로 과소평가되는 반면, 안보 이익은 언제나 미심쩍다.

> " 전략에는 달러 기호가 붙는다.
>
> — 버나드 브로디, 1959년[21] "

무기는 통제할 수 있지만, 군비 축소로는 안 된다

> **"** 군비 축소의 영원한 역설은 대수롭지 않은 게 아니면 불가능하다는 점이다.
> — 조지 F. 윌George F. Will, 1990년[*22] **"**

이 격언 때문에 나는 많은, 아니 대부분의 동료 전략가들의 대열에서 떨어져 나온다. 1992년에 『사상누각: 왜 군비 축소는 실패할 수밖에 없는가House of Cards: Why Arms Control Must Fail』라는 노골적이고 비타협적인 제목의 책을 출간한 이래 현명한 동료들이 내 확신의 오류를 설득할 만한 충분한 시간이 지났다.[*23] 그렇지만 그들은 나를 설득하지 못했다. 그렇다고 해서 내 격언이 옳다는 결론이 나오는 것은 아니지만, 옳을 수도 있다는 강한 암시가 되기는 한다. 이 격언이 틀리다면, 누구든 논리적이거나 경험적인 오류의 근거를 내가 만족할 수준으로 제시해 주기 바란다.

〈격언 35〉를 뒷받침하는 전략적, 정치적 논리와 역사적인 증거는 둘 다 풍부하다. 즉 군비 축소의 실행 가능성은 정치적 상황에 따라 결정된다. 별로 놀랄 일이 아니다. 전쟁 준비와 전쟁 자체가 정치적 의도의 표현임이 분명하기 때문이다. 이 격언은 충돌 중이거나 충돌을 예상하는 국가는 군비를 축소하는 데 동의하지 않을 것이라는 명백한 결론을 끌어낸다. 정반대로, 국가들이 이제 더는 전쟁 발발을 두려워하지 않을 때, 즉 어느 정도 정치적 평화에 접근하는 모습이 나타날 때, 군축 협정이 갑자기 협상이 가능해진다. 1920년대부터 오늘날에 이르기까지 협정을 통해 군비를 통제하려 한 현대사의 시도 전체는 〈격언 35〉의 주장을 뒷받침한다. 예를 들어, 냉전 시기에는 실제로 상당한 규모로 군비를 제한할 수 있는 군비 제한 협정을 교섭하는 게 불가능했다. 두 초강대국이 전략무기제한협정Strategic Arms Limitation Talks(SALT)과 이후의 전략무기감축협정Strategic Arms Reduction Talks(START) 과정을 경쟁의 수단으로 간주했기 때문이다. 1972년의 탄도요격미사일제한조약ABM Treaty은 〈격언 35〉의 논리에서 벗어나는 분명한 예외이지만, 오늘날 우리는 당시 일부 사람들이 무엇을 의심했는지를 확실히 안다. 소련이 전국적인 미사일 방어망 배치를 금지하는 데 동의한 것은 자신들이 미사일 요격 무기를 개발하는 기술 경쟁에서 한참 뒤처져 있음을 알았기 때문이다. 요컨대 모스크바가 1972년에 탄도요격미사일제한조약에 서명한 것은 탄도요격미사일 분야에서 미국의 발전을 늦추거나 억제하려는 시도였다.*[24]

양차 대전 사이에 군비 축소가 실행 가능했고, 군이 필요하지도 않은 때인 1921~1922년 워싱턴의 해군군축회의에서 군축이 이루어졌다. 많은 어려움이 있긴 했지만 이 해군 군축 체제 협정은 1930년의 런던조약을 통해 주력함을 넘어서까지 확대되었다. 그러나 1930년대에 정치적 분위기가 급격하게 나빠지면서 제한 협정 체제가 붕괴되었다. 1934년, 일본은 그 2년 후에 군축 체제에서 이탈하겠다고 발표했다. 또한 1919년부터 약속되었다가 국제연맹 주최로 조직된, 오래 전부터 큰 기대를 모은 1932~1934년 세계군축회의는 완벽한 실패작임이 드러났다. 신생 나치 독일은 곧바로 군축회의에서 손을 떼고 1933년에 국제연맹을 탈퇴했다.

〈격언 35〉의 논리는 반박되지 않는 풍부한 역사적 증거로 입증될 뿐만 아니라 확고하고 피할 수 없다. 언론인 조지 F. 윌이 이 글 앞에 인용한 말에서 이야기한 것처럼, 군축과 무장해제는 대수롭지 않은 게 아니면 확보하기가 힘들다. 〈격언 35〉가 왜 사실인지를 파악하기 위해서는 기본으로 돌아갈 필요가 있다. 이 격언에서 주장하는 내용은 사실 군축과 무장해제 기획 전체, 즉 1919년 이래 수많은 사람들이 헤아릴 수 없이 많은 시간을 쏟아 부은 노력이 전혀 소득이 없었다는 것이다. 게다가 이런 노력은 소득이 없을 수밖에 없다. 성공할 가능성이 아예 없는 것이다.

〈격언 35〉에서 주장한 것처럼 군축이 절망적인 희망이라면, 각국 정부의 정책과 전문가들의 기획, 선의를 품은 사람들의 희망 속에서 왜 그토록 오랫동안 살아남았을까? 그렇게 많은 사람들이 잘못 생각했을 수 있을까? 유감스럽게도 그렇다. 사람들의 믿음이 잘못되었다. 그런데 도대체 무엇이 잘못이었을까? 군축, 또는 군비 철폐 ― 이 개념은 1950년대 말 전에 흔히 쓰던 일반적인 표현이다 ― 를 완전히 무해하지는 않지만 쓸모없게 만드는 오류에는 2가지 층위가 존재한다.

첫째, 군축 이론은 전쟁의 원인에 대한 근본적으로 그릇된 이해에 입각해서 평화와 안보에 대한 군축의 관련성을 가정한다. 투키디데스가 거론한 것은 "공포, 명예, 이익, 군비"가 아니라 "공포, 명예, 이익"이다. 전쟁은 왜 벌어질까? 이 질문에 대한 설득력 있는 경험적 근거를 갖춘 이론이 없다면, 그리고 이 이론이 군비에 중대한 역할을 부여하지 않는다면, 군비 철폐와 군비 축소는 잘못된 쟁점을 다루는 게 분명하다. 전쟁을 일으키는 것이 공포와 명예와 이익이라면, 사실 무기는 이런 관심사의 표현에 불과하다. 무기는 정치적 적대의 징후이지 원인이 아니다. 숙달된 논리학자가 아니더라도 군비 경쟁을 비롯한 군비가 종속변수임을 충분히 이해할 수 있다. 군비는 국가간 관계라는 정치적 상황의 온도에 의존한다. 요컨대, 전쟁을 완전히 없애거나 적어도 발생률을 줄이고자 한다면, 무기 자체가 아니라 군비 경쟁을 야기하는 정치적 신념과 정책을 공격 대상으로 삼는 게 유용하다.

둘째, 우리가 살펴본 것과 달리 군축과 군비 철폐가 전쟁의 원인에 관한 올바른 이론에 입각한다 할지라도 그 자체의 논리에 고유한 두 번째 층위의 오류를 피하지 못한다. 종래의 군비 철폐 개념과 대조되는 현대의 군축 이론은 1950년대 말에 토머스 C. 셸링 Thomas C. Schelling이 말 그대로 공항 벤치에서 창안한 것이다.[25] 이 새로운 이론은 정연하고 설득력이 있지만 그릇된 것이었다. 이 점이 유감스러웠던 것은 이 이론이 전 세계적으로 권위 있게 받아들여졌기 때문이다. 전 지구적인 군축 공동체가 형성되었고, 군축 자체는 현실적으로 거의 무의미했지만 군축에 헌신하는 이들의 공동체는 위력을 발휘했다. 셸링의 정연한 논리는 깜짝 놀랄 만큼 단순했다. 군축의 기능은 잠재적인 적의 군비에 대해 일정한 수준의 통제를 확보하는 것이다. 이것은 급진적인 제안이었다. 군축은 군비 철폐라는 과거의 불신받는 개념을 사용하지 않았다. 그 대신 핵 시대의 군축은 적대적인 국가들 사이에 경쟁을 다소 안전하게 만든다는 목적을 위해 제한된 기술적 합의를 달성하고자 했다.

유감스럽게도 이 이론의 논리는 잘못된 것이었다. 적이나 잠재적인 적이 군축이 필요한 국가라는 주장은 틀림없이 맞는 말이었다. 적어도 무기가 전쟁의 중요한 원인이라면 맞는 말이었을 것이지만 실은 그렇지 않았다. 그러나 이 이론은 군축이라는 약이나 수술이 필요한 두 국가가 단순히 군축이 필요하다는 이유로 그것을 달성할 수는 없다는 경험적이고 논리적이며 상식적인 사실을 무시했다. 그리고 국가간 경쟁을 완화하는 군축의 필요성이 더욱 시급할수록 군축을 달성하기가 더욱 어려워진다. 따라서 군축 이론의 문제는 이 이론이 틀렸다는 점이다. 게다가 1920년 대 이래 역사적 경험을 살펴보면 이 이론이 명백히 틀렸음을 알 수 있다. 1906년에 찰스 E. 콜웰Charles E. Callwell 대령이 한 영원한 명언은 이미 이 책 에서 인용한 바 있다. "실제가 다른 쪽을 가리킬 때 이론을 확실한 것으 로 받아들일 수는 없다."

긍정적인 어조로 결론을 내리자면 무기는 통제할 수 있다. 실제로 대 부분의 곳에서 대개 효과적으로 무기를 통제한다. 그러나 군축 과정이 비공식적인 영향을 미친 결과나 교섭을 통한 군축 조치로 통제되는 것은 아니다. 실제 역사를 보면, 무기를 통제한 것은 정책, 전략, 경제학, 그리고 결과에 대한 계산에 따른 결과였음을 잊어서는 안 된다. 다시 말해, 무기 를 통제할 수 있는 건 억제의 작용이다.[26] 〈격언 35〉는 무기 통제의 필요 성뿐만 아니라 실행 가능성도 인정하지만, 군축이라는 수단과 방식에서 도움을 받으려 해서는 안 된다는 점을 알려 준다. 무기 자체가 얼마나 질 서와 평화와 안보를 위협하는 문제인지에 관한 논란에 대한 답이 만약 있다면 그것은 정치에 있을 것이다. 우리가 다뤄야 하는 것은 증상이 아 니라 원인이다.

제 5 부
역사와 미래

정말로 **중요한 것**은 변하지 않는다: 현대사는 **현대적**이지 않다

> " "현대" 세계란 존재하지 않는다. 미래의 위기가 가파른 파도로 닥쳐오면, 우리 지도자들은 세계가 "현대적"이거나 "탈현대적"인 게 아니라 고대의 연속일 뿐임을 깨달을 것이다. 오늘날의 세계가 아무리 기술이 발달했다고 해도 중국과 그리스, 로마의 훌륭한 철학자들은 이 세계를 이해하고 어떻게 조종하는지를 알았을 것이다.
>
> — 로버트 D. 캐플런Robert D. Kaplan, 2002년[1] "

〈격언 36〉은 모든 역사가 불변이라는 명백한 주장이다. 이 책에 실린 격언들이 초점을 맞추는 부분에 비춰보면, 이 주장은 전략사에 본질적인 통일성이 존재한다고 역설한다. 학생들을 가르치기도 하는 나와 같은 전략가는 가장 현대적인 주제를 연구하고자 하는 학생들에게 끊임없이 시달린다. 이 학생들은 아직도 역동적인 이야기의 흥분과 현대적인 관련성을 추구한다. 또한 그들은 자신들의 연구와 글쓰기가 잠재적인 고용주와 출판업자들의 가슴속에 여전히 생생한 주제를 다룬다면 더욱 시장성이 높아질 것이라고 기대한다. 당대의 연구 주제를 택하는 것은 경력 관리 측면에서 보면 합리적이지만, 과거, 특히 먼 과거를 다루는 연구에 대한 일정한 편견을 수반한다. 가망 없는 과제일지 모르지만, 〈격언 36〉에서는 마술적인 속성인 현대적 관련성이 역사적 거리와 정비례한다는 거의 보편적인 확신에 이의를 제기한다. 문제가 되는 사건이 현대와 더 가까울수록, 학자의 사고가 더 관련성이 있고 유용하다는 확신 말이다.

제대로 교육받은 전략가라면 알렉산드로스 대왕의 원대한 전략이 모든 시대에 객관적인 교훈을 제시한다는 점을 안다.[*2] 이런 평가는 알렉산드로스가 오늘날의 아프가니스탄에서 벌인 반란 진압뿐만 아니라 그가 성취한 군사 혁신에도 적용된다. 〈격언 36〉에서 말하고자 하는 바는 국가 운영과 전략의 핵심은 수천 년 동안 변함이 없다는 것이다. 전략의 교훈을 찾고자 한다면 특별히 2000년대의 이라크나 아프가니스탄에 초점을 맞출 이유가 없다. 전략사의 어떤 시기든 간에 필요한 교훈을 줄 수 있다. 물론 증거나 증거 부족 때문에 자제를 해야 하는 경우가 있다. 가령 비정규전과 반란 진압의 많은 흥미로운 역사적 사례에 접근하는 학자는 믿을 만한 자료가 부족하기 때문에 극히 신중을 기해야 한다.

사실 전략을 가르치는 사람의 관점에서 보면, 학생을 비롯한 사람들에게 먼 과거의 일화를 거론하는 게 많은 이점이 있다. 전략가 지망생은 현대의 전략 행동 사례보다는 중세나 고대의 문제를 검토할 때 문화적인 선입견을 덜 갖게 마련이다. 〈격언 36〉의 주된 함의가 인정받는다 할지라도 대체로 제대로 인정받지 못한다는 주장은 맞는 말이다. 특히 우리는 어느 시대로부터든 국가 운영과 전략에 관해 배울 수 있으며, 역사적으로 먼 시대와 반대되는 의미의 현대에서 교훈을 찾는 것은 실질적인 이점이 전혀 없다. 많은 전략가들, 그리고 그들의 전문적 견해를 소비하는 이들이 전략사를 거의 전적으로 기분전환용 흥밋거리 주제로 여긴다는 주장은 맞는 말일지도 모른다. 치마와 샌들은 영화에서 보기에 재미있는 구경거리이며, 인간 세상의 불화 가운데 다채로운 잔인한 사례를 보여준다. 그러나 상당히 현대적인 경우도 포함해서 고대인들의 전략적 공적과 악행은 대개 전략적 교훈을 보여주는 진지한 증거로 여겨지지 않는다. 이런 태도는 심각한 오류이며 그만큼 널리 퍼져 있다.

방금 한 주장의 예를 들자면, 나는 전략가로서 최근에 1919년 1월부터 1921년 7월까지 아일랜드공화국군이 영국군을 상대로 벌인 비정규전에 관한 연구를 수행했다.*³ 당시 이라크와 아프가니스탄에서 한창 진행 중이던 비정규전의 악화되는 상황이 이 연구의 현대적인 맥락을 지배했다. 85년 전에 끝난 전쟁을 다룬 내 연구는 2000년대에 벌어진 비정규전과 비대칭전이 제기하는 여러 과제의 거의 모든 측면에 유의미한 교훈의 목록을 제시하면서 끝을 맺었다. 플라비우스 요세푸스_{Flavius Josephus}가 당대의 역사서에서 묘사한 로마식 반란 진압의 잔인성이 낯설어 보인다면*⁴ 로마의 방식을 독일인들이 소련의 파르티잔과 벌인 전쟁에서 동원한 방식과 비교해보라. 또는 훨씬 더 최근의 사례로 1990년대와 오늘날 러시아가 체첸의 반란 진압에서 동원하는 방식은 로마 병사에게 낯설게 보이지 않을 것이다.

〈격언 36〉이 중요한 것은 이 격언을 무시한다면 현대 이전의 모든 전략 경험의 소중한 발견에 담긴 교육적 잠재력에서 단절되기 때문이다. 이것은 커다란 손실이자 빈약한 교육을 자초하는 일일 뿐만 아니라 실수이기도 하다. 이 책에 실린 격언들의 주요한 주제인 전쟁, 평화, 전략, 안보 등이 제기하는 문제와 기회는 사실 시간을 초월한다. 거의 모든 세부적인 내용은 시대에 따라 달라질 것이라는 말은 굳이 할 필요가 없다. 그렇지만 특정한 충돌의 독특한 특징과 그 맥락의 독특함을 존중할 필요성은 여러 세기를 광범위하게 훑어보는 사람들에게만 요구되지 않는다. 전략가들이 몇 안 되는 최근의 충돌을 살펴보면서 타당한 교훈이나 단지 그럴 듯한 일반화를 찾으려고 애쓸 때, 그들 역시 각각의 독특한 성격을 존중해야 한다.

현대사라는 개념에는 일정한 의미가 있을 것이다. 물론 각기 다른 문화나 문명 집단에 따라 역사 연대기에서 구획점이 서로 다를 테지만 말이다. 전략가인 나는 표준적으로 구분된 날짜나 시기 바로 직전의 시기를 자세히 검토할수록 우리의 역사책을 어지럽게 만드는 예전의 깔끔한 시대나 시기가 잘 납득이 가지 않는다. 실제로 역사는 시간의 흐름 자체가 그렇듯이 매끄럽다. 이런 범상한 발언을 하는 것은 〈격언 36〉의 주장을 약간이나마 옹호하기 위해서이다. 역사가들로서는 이런저런 특징을 가지고 세기마다 꼬리표를 붙이는 게 편리하겠지만, 사실을 말하자면 시간이 흐르면서 변하는 것보다는 그대로 변함이 없는 게 훨씬 더 중요하다. 이것은 논쟁의 여지가 있는 발언이지만, 필시 몇몇 독자들은 서둘러서 빨간 밑줄을 그을 것이다.

눈에 보이는 거의 모든 것과 보이지 않는 많은 것을 설명하는 일이란 거의 끊임없이 변화한다. 물질적 진보와 문화의 변천은 시간과 장소에 따라 다른 속도로 움직인다. 그러나 확실히 움직인다. 〈격언 36〉은 변하는 건 아무것도 없다고 주장하지 않는다. 그보다는 국가 운영과 전략의 가장 중요한 특징은 변하지 않는다고 주장할 뿐이다. 정규전과 비정규전의 차이점을 부풀려서는 안 되는 것처럼,*5 이를테면 1095~1099년의 1차 십자군전쟁과 2003년 미국이 주도한 이라크 침공과 그 결과의 차이를 과장하지 않도록 주의해야 한다. 눈에 띄게 명백한 차이가 있긴 하지만, 두 역사적 사건 모두 국가 운영과 전략, 전쟁의 사례이다. 이렇게 고조된 충돌의 수준에서는 역사적 맥락의 차이가 설령 있다 할지라도 별로 중요하지 않다. 11세기와 21세기의 인간 행위자들은 둘 다 비록 특징은 1광년 떨어져 있다 할지라도 본성은 똑같은 도전에 직면했다.*6

〈격언 36〉이 소중한 건 우리가 다가갈 수 있는 전략사 전반을 탐구하게 해주기 때문만은 아니다. 그 밖에도 이 격언은 국가 운영, 전쟁, 평화, 전략의 영속적인 성격을 강조함으로써 이런 결정적인 행동들을 이해하는 데 도움을 준다.

이 글을 마무리하는 엘리엇 코언Eliot A. Cohen의 인용문은 이른바 "안정의 신화"를 비난하고 역사의 불연속성을 탐색할 것을 주장한다는 점에서 특히 통찰력이 있다. 코언의 말이 맞다. 다행히도 〈격언 36〉은 어떤 "안정의 신화"도 지지하지 않으며, 변화의 범위와 심도에 관한 이 역사가의 평가를 확고히 고집한다. 그러나 이 격언은 "역사적 사고방식"이 세부적인 발전에 매혹된 나머지 전쟁, 평화, 전략이 제기하는 도전의 일반적인 익숙한 모습을 알아채지 못하게 내버려두어서는 안 된다고 전략가에게 경고하는 단서로 읽을 수 있다.

> 역사의 영속성이라는 교의 ─"어떤 것들은 전혀 변하지 않는다"는 믿음 ─를 선언하는 전략가들은 역사가들이 보기에 훨씬 더 걱정스러운 방식으로 역사를 다르게 활용한다. 이 점과 관련해서 미국의 전략가들은 때로 과거의 적인 소련인들이 말하는 이른바 "영속적으로 작동하는 요소들"─"미국인들은 국가 건설을 할 수 없다"고 내게 말한 정부 관리가 의지하던 식의 영원한 진리 ─ 을 신봉하는 것처럼 보인다. "미국인들은 국가 건설을 할 수 없다"는 말은 하나의 역사적 발언으로서 "미국인들은 사상자를 낼 수 없다"는 말만큼 타당성이 있다. 역사가들은 역사의 확실성에 대한 이런 포괄적인 호소를 필요로 하지 않는다. 역사가들은 연속성을 추구하지만 불연속성을

한층 더 추구한다. 역사가들은 진화와 변화를 신봉하며, 여러 면에서 안정이

라는 신화의 옹호자가 아니라 적이다.

— 엘리엇 코언, 2005년[*7] 〞

어떤 것을 "증명"하기 위해 **역사가 오용**될 수는 있지만, 그렇다 해도 **역사는** 우리가 **미래의 길잡이**로 삼을 수 있는 전부다

> **"** 사람들이 전쟁을 어떻게 수행하며 전쟁의 스트레스 아래서 어떻게 행동하는지에 관해 우리가 가진 유일한 경험적 데이터는 과거의 전쟁 경험뿐이다. 이후의 변화된 상황에 맞게 많은 조정이 필요하기는 하지만 말이다.
>
> — 버나드 브로디, 1976년[8] **"**

버나드 브로디는 마지막 저서인 『전쟁과 정치War and Politics』에서 미국의 동료 전략가들이 역사 지식이 부족하다고 개탄했다.

그리하여 유일하면서 이해할 만한 예외인 두에 장군을 제외하면, 과거의 위대한 전략 저술가와 스승들이 폭넓고 명민한 역사 읽기에 거의 전적으로 바탕을 두고 전략학을 발전시킨 반면 — 클라우제비츠와 조미니의 경우는 주로 최근의 역사를 연구했지만 자신들이 필요한 부분에 대해서는 대단히 풍부한 연구였다 — 현 세대의 "민간인 전략자"들은 거의 예외 없이 역사에 아주 무지하다.[9]

핵무기는 전략적으로 새로운 것이기 때문에 현대 미국의 영향력 있는 전략 사상가의 대부분이 역사학의 성과를 풍부하게 습득하지 못한 사람들인 것은 이해할 만한 일일 수도 있다. 1945년 이후 여러 해 동안, 특히 1950년대와 1960년대에는 점점 더 많은 사람들, 아니 대다수 사람들이 핵 이전 시대의 전략사는 당대의 문제를 해명하는 잠재적 원천으로 거의 완전히 의미를 잃었다고 생각하게 되었다. 사람들은 핵 혁명 때문에 국가 운영과 전략, 전쟁의 의미가 제대로 알아보지 못할 정도로 바뀌었다고 주장했다. 이런 논리에 따르면 실제로 유용한 역사는 1945년에 시작된다는 결론이 나와야 했다.[★10]

핵 이전 시대의 전략사에 대한 태도는 냉전이 막을 내리고 그 결과로 핵 위협이 급격하게 감소함에 따라 1980년대에 변화하기 시작했으며 1990년대에는 한층 더 큰 변화가 있었다. 그렇지만 역사는 여전히 과거에 대한 무지의 바다 위에 포위된 지식의 섬이다. 미국은 역사적으로 특히 도전받는 방위 공동체를 갖고 있다. 그 이유는 주로 문화적인 것이다. 미국은 전향적이고 낙관적인 나라로서 과거, 심지어 자국의 과거로부터도 영감을 찾으려고 하지 않는다. 또한 견고한 기술 사회의 소산인 미국의 방위분석가와 전략가들은 대개 관념보다는 기계에 더 쉽게 이끌린다. 과거에서 유래한 관념의 경우는 말할 것도 없다. 최초의 새로운 국가라는 상투적인 별명이 붙는 미국에서는 오래된 것이 아니라 새로운 것이 권위를 갖는다. 이런 이유와 그 밖의 다른 이유 때문에, 브로디가 말한 것처럼, 그와 같은 세대의 미국 전략가들 가운데 역사 교육을 제대로 받은 이는 거의 없다.

핵 시대 미국 전략이론가들의 첫 세대에 역사적 전문성이 부재한 사실은 몇 가지 불행한 결과를 낳았다. 특히 1950년대와 1960년대에는 전략

연구라는 새로운 분야가 인문학의 한 학문이 아니라 과학으로 개발되었다. 어쩌면 유사 과학이라고 불러야 할 것이다. 전략가인 나는 그 시대의 이론가들과 그들의 연구 및 그들이 미친 영향에 대한 직접적인 지식을 가지고 이 글을 쓴다. 현대 전략 이론의 핵심적인 성과로는 억제 이론, 제한전 이론, 군축 이론 등을 들 수 있는데, 모두 미국의 정책과 전략 형성이라는 현실적인 목적 때문에 얻어진 것이다. 이론적으로 협소하고 정연한 이 세 이론 가운데 1950~1953년 한국전쟁 이전의 역사적 증거에 두드러지게 의존하는 것은 하나도 없다.[11]

〈격언 37〉은 진지한 역사 교육을 받지 못한 전략가는 당연히 현재의 함정에 빠질 수밖에 없다는 유감스러운 사실을 지적한다. 역사 지식을 무시하는 전략가의 경우를 생각해 보자. 이 전략가는 과거는 현재의 상황과 어느 정도 동떨어진 무의미한 것이라고 치부하기 때문에 현재와 미래를 이해하는 관점에서만 무엇을 해야 할지를 숙고한다. 유감스럽게도 미래는 백지 상태일 뿐이다. 미래는 아직 벌어지지 않았다. 단지 추측의 대상일 수밖에 없다. 그런데 어떤 가정에 입각해서 추측을 해야 할까? 그리고 이 가정은 어디에서 유래하는 것일까? 그 답은 현재일 수밖에 없다. 에드워드 기번의 말처럼 "역사는 (…) 사실 인류의 범죄와 어리석은 행위와 불행한 사건의 기록에 지나지 않기" 때문에 무시하고 미래는 말 그대로 보여줄 게 아무것도 없다면, 전략가는 현재의 함정에 빠지게 된다.[12] 무슨 말인가 하면, 전략적 사고와 행동이 당대의 맥락에서 수집할 수 있는 분석과 통찰에만 의존해야 한다는 것이다. 그렇지만 이런 맥락은 끊임없이 변화한다. 오늘의 상황은 내일의 상황에 서투른 길잡이를 제공할지도 모른다. 이런 중요한 사실의 예를 원한다면, 1900년대부터 오늘날에 이르기까지 매 10년마다 전략가들이 현재의 관점에서 가까운 미래를 예측하려고 했다면 어떤 성과를 보였을지 생각해보라(1900년, 1910년, 1920년, 1930년 등등). 한눈에 보아도 현재에만 주목하는 이른바 현재주의 presentism라는 태도 때문에 대단히 무분별한 결정과 행동으로 이어졌을 게 거의 확실하다.

물론 앞 절의 주장은 일종의 과장이지만, 논점을 분명히 밝히기 위해서 예로 든 것이다. 사실 역사를 배우지 못하고 역사에 바탕을 둔 조언을 좀처럼 믿지 않는 전략가라 할지라도 역사가 자신의 생각을 지지해줄 때는 거기서 위안을 구하려고 하기가 쉽다. 게다가 전략가들 가운데는 정말로 역사 교육을 제대로 받지 못한 탓에 사실을 알지 못한 채 그 대신 감수성이 예민한 시기에 알게 된 편리하게 왜곡된 역사적 사실을 무조건 존중하는 이들이 있다. 이런 전략가들은 위험하다. 그들은 몇 가지 의심스러운 역사적 교훈을 제한적으로 이해하고 또 종종 끈질기게 고수하기 때문에 실제로 무서운 결과를 낳을 수 있다. 유화 정책은 언제나 치명적이라는 이른바 1938년 뮌헨협정의 교훈은 이런 현상을 잘 보여주는 고전적인 사례이다.[13] 역사학자 마이클 하워드는 다음과 같은 설명에서 역사 지식에 관한 유감스러운 사실을 여실히 보여준다.

역사는 판단력을 가르치는 데 얼마나 가치가 있을지는 몰라도 아무런 "교훈"도 가르쳐주지 않는다. 직업적 역사학자는 역사가 교훈을 가르친다고 주장하는 이들에 대해 마치 직업적 의사가 한 알만 먹으면 바로 낫는다는 특허 의약품을 길거리에서 파는 이들을 의심하는 것만큼 의심할 것이다. 과거는 무한히 다양하며, 이 무진장한 창고에는 어떤 것이든 입증할 수 있고 또 반증할 수 있는 사건들이 가득하다.[14]

하워드의 말은 확실히 맞으며, 바로 이 때문에 역사적 경험에서 행동에 옮길 수 있는 세부적인 교훈을 찾는 것은 잘못된 일이다. 그러나 역사는 비밀이 너무 오래되서 유용하지 않을 때까지 그것을 숨기기 십상이며 서로 다른 정당한 해석의 여지를 허용하는 게 사실이라 할지라도 그것이 전략가에게 역사의 가치에 관한 결정적인 판단이 될 수는 없다. 이 글 앞에 인용한 버나드 브로디의 현명한 발언을 상기하라. "사람들이 전쟁을 어떻게 수행하며 전쟁의 스트레스 아래서 어떻게 행동하는지에 관해 우리가 가진 유일한 경험적 데이터는 과거의 전쟁 경험뿐이다. (…)" 역사는 현재와 미래에 대한 전략적 사고를 의지할 수 있는 유일한 증거이다. 불충분한 역사에 대한 답은 더 나은 역사이지 역사를 포기하는 게 아니다.

전략가가 활동하는 배경이 되는 몇 가지 맥락이 거의 언제나 움직이며, 시간이 흐르면서 이런 맥락이 급격하게 변한다고 해서 〈격언 36〉의 논리가 타당성을 잃지는 않는다. 이 격언이 전략사의 중요한 구조적 특징에 연속성이 있다고 주장한다는 사실을 상기하라. 이 격언은 전략, 정책, 전쟁 같은 핵심적인 행동에는 영속적인 성격이 존재한다고 주장한다. 따라서 우리는 어떤 이득을 얻을 수 있는지와 관계없이 우리가 접근할 수 있는 인류의 모든 전략 경험을 검토하고 활용해야 한다. 적어도 전략가인 나에게는 이런 결론이 너무나도 자명하다. 이와 반대되는 주장은 전혀 설득력이 없다. 특히 역사에는 불연속성이 많기 때문에 과거는 오늘날과 너무나도 다르며, 과거의 방침은 현대에 어떤 의미도 갖지 못한다는 주장은 가치가 없다. 적어도 전략과 정책에 관한 한 일고의 가치도 없다. 오늘날의 전략의 성격과 구조는 과거의 그것과 전혀 다르지 않다. 또한 역사의 교훈이라고 하는 많은 것들이 아무리 역사에 확실성이라는 관을 씌워 주려 하지 않는다 할지라도 역사를 지적으로 공부하지 말라는 결론이 나오는 것은 아니다. 이 글 마지막에 인용한 제프리 틸Geoffrey Till의 말은 우리가 이끌어 낼 수 있는 결론을 잘 보여준다. 나는 내가 대다수 역사가들보다 역사에서 교훈을 배운다는 생각에 겁을 먹지 않는다는 점을 고백하고 싶다. 그러나 나의 이런 약점은 아마 사회과학자라는 나의 경력 탓으로 돌릴 수 있을 것이다.

> **"** 현재와 미래를 분석하기 위한 역사의 주된 효용은 교훈을 지적하는 게 아니라 생각해 볼 필요가 있는 것들을 골라내는 능력에 있다. (…) 역사는 해답이 아니라 통찰과 질문을 제공한다.
>
> — 제프리 틸, 1982년[15] **"**

미래는 **예측 가능하지** 않다: 오늘 보는 내일만큼 빠르게 시대에 **뒤떨어지는 것은** 없다

> **미래를 예측하는 건 불가능하며, 미래를 자세하게 예측하려는 모든 시도는 몇 년 안에 우스꽝스러워진다.**
>
> — 아서 C. 클라크, 1962년[16]

〈격언 38〉은 전략가인 내가 이론의 여지가 없는 진리라고 생각하는 바를 표현한다. 그렇다 하더라도, 그토록 명백하게 논란의 여지가 없는 주장, 아니 사실 이중적인 주장이 격언의 자격에 어울리는 데는 2가지 이유가 있다. 첫째, 많은 사람들이 미래가 예측 가능하지 않다는 사실을 망각하는데, 이런 망각은 무서운 결과를 낳을 수 있다. 둘째, 이 격언에 진리가 담겨 있다 하더라도 우리가 알지 못하는 미래나 알 수 없는 미래에 대처하려고 노력할 의무가 면제되는 것은 아니다. 전략가라는 직업은 실제적인 것이기 때문에 전략가는 피할 수 없는 무지에 최대한 대처하는 것 말고 달리 선택의 여지가 없다.

겉으로 보면 바로 앞에서 제시한 주장과 대립되지만, 미래는 사실 예측 가능하다. 이 책에 실린 글들에서 여러 격언을 통해 보여준 것처럼, 국가 운영과 전략에서 역사의 연속성은 강렬하다고 할 정도로 인상적이다. 높은 수준의 일반성에서 보면, 21세기가 지난 세기들과 비슷한 모습을 보일 것이라고 믿을 이유가 충분하다. 전쟁과 전쟁이 일어난다는 소문이 있을 것이고, 정규전과 비정규전이 모두 벌어질 것이며, 지역 질서와 국제 질서가 허약하고 도전받고 불안할 것이며 자칫하면 무너지기 쉬울 것이다. 물론 또한 세계 각지의 전략가들은 투키디데스가 영원한 것이라고 확인한 국가적 동기, 즉 공포와 명예와 이익을 위해 자기들 일에 충실할 것이다. 요컨대 내가 최근에 펴낸 책의 제목을 인용하자면 21세기는 "또 다른 유혈의 세기Another Bloody Century"가 될 것이다.

나는 정책을 결정하는 정치인들과 이른바 전문적 평론가, 그리고 철저히 직업적인 관리들이 "예측 가능한 미래"라는 구절을 쉽사리 입 밖에 내는 걸 보면 언제나 깜짝 놀란다. 과연 그들은 미래가 예측 가능하지 않다는 사실을 모르는 걸까? 그들은 우리 평범한 인간은 손에 넣을 수 없는 수정구슬이라도 들여다보는 걸까? 아니면 그들은 워낙 자욱한 안개를 뚫고 미래를 응시하는 습관이 배어 있어서 자신들이 물리학 법칙에 도전할 수 있다고 확신하는 걸까? 어쩌면 누군가 미래를 대비할 과제를 부여받는다면, 무슨 일이 벌어질지 예측했다고 믿는 게 정신 건강이나 정서 건강에 필수적일지도 모른다.

미래에 관한 자세한 내용은 전혀 알지 못하고 알 수도 없지만, 미래가 순전히 백지로 된 책이라고 주장하는 것은 정확하지 않다. 어쨌든 우리가 21세기에 관해 추측해야 할 때, 우리에게는 예측을 통제하는 데 어느 정도 활용할 수 있는 2,500년의 인류의 경험이 있다. 철저한 단절이 생기기도 하지만 인간의 행동이란 그렇지 않다. 역사학자, 그리고 특히 사회

과학자는 중지점, 티핑 포인트, 전략적 순간 등을 습관처럼 발견한다. 그러나 여하튼 국가 운영과 전략, 그리고 여러 다양한 전쟁을 통한 국가 운영과 전략의 빈번한 표현은 언제나 뚜렷한 특징을 보인다. 미래는 분명 다를 수 있다. 어쩌면 전 지구적 공동체주의라는 미래를 주창하는 우리 당대의 이론가의 말이 입증되고, 인류가 마침내 정치적 소통의 도구로서 폭력을 폐기할지도 모른다.*[17] 그러나 어쩌면 신중함이 국가 운영에서 최고의 덕목이라는 〈격언 32〉의 조언을 상기해 보는 게 좋을 것이다. 누구나 자기 목숨과 재산을 가지고 도박을 할 수 있지만, 정치인이나 전략가는 사회 전체의 생명과 재산을 가지고 도박을 해서는 안 된다.

〈격언 38〉은 이중적인 과제를 제시한다. 한편으로는 자세히 알 수 없는 미래에 대해 신중하게 대비하는 참으로 쉽지 않은 문제가 있다. 다른 한편, 그에 못지않게 어려운 것으로, 많은 전문가들을 비롯한 사람들에게 그들이 생각하는 예상 가능한 미래가 실은 전혀 예상할 수 없다는 점을 인식하게끔 재교육을 할 필요가 있다. 명성과 자존심, 그리고 많은 돈이 걸려 있기 때문에 미래에 관한 정해진 믿음을 무너뜨리는 것은 결코 쉬운 일이 아니다. 예를 들어, 현재 미국과 영국의 방위 공동체에서는 미래의 전쟁이 비정규적이고 대단히 비대칭적인 적들에 지배될 것이라는 믿음이 일반적인 통념이다. 이런 믿음을 뒷받침하는 전략적 근거는 특별히 강력하지 않다. 사실 미래의 전쟁이 비정규전일 것이라는 확신은 내일이 오늘과 같을 것이라는 정도의 편리하고 위안이 되는 가정에 의존할 따름이다. 바로 이것이 전략가인 내가 현재주의의 오류라고 규정하는 오류의 으뜸가는 사례다. 내가 말하고자 하는 요점은 미래의 전쟁이 거의 전적으로 비정규전일 것이라는 믿음이 틀렸다는 게 아니다. 이 믿음이 옳은 것이라고 아무도 확실히 알지 못하며, 높은 수준의 확신을 보장하는 증거가 없다는 것이다.

이제까지 이 글에서 밝힌 취지와는 정반대로, 이제 역설적이지만 〈격언 38〉의 이면에 있는 추론이 실은 적극적이고 건설적인 시도임을 설명하는 게 중요하다. 첫째, 우리는 어리석고 심지어 위험한 미래에 관한 지식의 불확실한 가정과 추정이라는 불필요한 것들을 치워버려야 한다.

미래 역사의 자세한 내용을 모른다는 사실은 국가 운영과 전략을 처리하는 데 기본 조건이다. 이런 무지는 피할 수 없는 역사적 배경이다. 게다가 엄밀히 말해 언제나 백지 상태인 이 무지는 인간이 조작하지 않은 자연의 힘이 아닌 하나의 배경이다. 이 무지는 우리가 형성하는 데 도움이 될 수 있는 우연과 조건의 복합체이다. 그렇지만 자신들이 선호하는 방식으로 발전하도록 미래를 형성하기를 열망하는 이들은 언제나 자만의 죄에 대해 모든 행동은 의도하지 않은 결과를 낳는다는 법칙의 무자비한 작동에 매복 공격을 당하는 식으로 벌을 받기 쉽다. 유럽을 나치라는 재앙에서 구한다 해도 또 다른 재앙이 나치를 대신하는 결과를 촉진할 뿐이다. 그렇다면 무엇을 할 수 있을까?

예측할 수 없는 미래에 맞닥뜨린 전략가는 무엇보다도 두 가지 덕목, 즉 신중함과 적응성이라는 덕목을 존중해야 한다. 신중의 필요성은 이미 〈격언 32〉에 관한 글에서 설명한 바 있다. 전략가는 자신의 사회가 미래의 사건들이 가차 없이 저버릴 지배적인 예측의 가치에 좌우되지 않도록 하기 위해 미래를 대비하는 역량 중에서 적응성을 얻기 위해 노력해야 한다. 예를 들어, 1939~1940년에 프랑스 전략가들은 장기전을 예상하고 계획했다. 물론 당연히 승리를 기대했다. 프랑스 제국과 대영제국은 나치 독일보다 자원이 한참 풍부했다. 장기적인 물자전에서 승리할 것이라는

가정은 1939년 8월 23일 몰로토프-리벤트로프 조약*에 의해 처음 무너졌
다. 이 조약 덕분에 독일이 소련의 원료를 입수할 수 있었기 때문이다. 그
러나 설상가상으로, 독일의 탁월한 작전과 전술은 장기전 예상을 뒤집었
고, 1940년 5~6월에 불과 6주 만에 프랑스에 패배를 안겨주었다. 여기서
분명한 교훈은 지배적인 전략 시나리오를 아무리 마음속 깊이 믿는다 할
지라도 역사가 깜짝 놀랄 만한 유감스러운 결과를 안겨줄 가능성에 대
해 적어도 최소한의 효과적인 대비를 하는 게 신중한 처사라는 점이다.

〈격언 38〉의 의미는 전략가는 방위 계획가로서 후회를 최소화한다는
황금률을 따라야 한다는 것이다. 미래에 관해 한 치의 오차도 없는 예측
을 하는 것을 목표로 삼을 수는 없다. 그 대신 상대적으로 작은 실수를
하기 위해 노력해야 한다. 앞날을 내다보는 전략가에게 훌륭한 일은 돌
이킬 수 없는 치명적인 실수를 범하지 않는 것, 즉 곧바로 보상책을 찾을
수 없는 실수를 범하지 않는 것이다. 이 말이 거의 불가능할 정도로 어렵
게 들린다면, 이 글을 통해 예측 불가능한 미래에 대처해야 하는 과제를
정확히 설명하는 데 성공한 셈이다.

> **“** 우리는 미지의 것은 일어날 가능성이 없다고 판단한다.
>
> — S. 더글러스 스미스, 2004년[18] **”**

---

* 　독소불가침조약을 가리킨다.

기습은 **피할 수 없지만,**
기습의 **효과는 피할 수** 있다

> 포격과 "철조망 절단"은 (1917년) 5월 21일에 시작되고, 5월 28일에 확대되었으며, 이 방식을 시험하기 위한 실제 사격과 뒤섞인 7일간의 집중 포격에서 정점에 달했다. 그 결과로 기습의 효과가 사라진 것은 돌파의 희망에 치명적인 악영향을 미친 아라스(Arras) 공격과는 대조적으로 순전히 제한된 공격인 메신(Messines) 공격에서는 중요하지 않았다. 기습이 없긴 했지만 기습 효과 — 지뢰(그중 19개)와 압도적인 화력이 낳은 결과이다 — 가 있었고, 이 효과는 사전에 정한 단기적인 목표를 달성할 만큼 충분히 오래 지속되었다. 내가 말하고자 하는 요지는 전쟁 이론에서는 실제 기습과 기습 효과를 구별하는 게 중요하다는 것이다.
>
> — B. H. 리델 하트, 1972년[★19]

〈격언 39〉는 〈격언 38〉을 밀접하게 보완한다. 앞의 글에서 미래를 자세하게 예견할 수 없다고 주장한 사실을 상기하라. 앞의 글에서는 계속해서 예측 가능한 미래라는 어리석은 생각이 널리 퍼져 있긴 하지만, 무지의 결과로 겪을 수 있는 피해를 어느 정도 줄이기 위해 신중한 조치를 취하는 게 가능하다고 지적했다. 전략과 거대 전략, 그리고 물론 전략이 활용할 수 있는 역량에서 가장 바람직한 특징은 적응성임이 확인되었다.

〈격언 39〉는 빈번한 기습은 국가 운영과 전략에서 당연히 맞닥뜨리는 일이라는 평범한 주장을 낮은 어조로 제시한다. 이런 중요한 행동이 존재할 뿐만 아니라 매우 경쟁적인 상황에서는 실제로 성공을 거두게 되어 있다. 게다가 이런 행동은 언제나 우연의 장난에 놀아날 위험이 있다. 또한 이 격언은 두드러지지는 않더라도 확실히 무척 중요한 주장을 높은 어조로 제기한다. 많은 사람들이 기습과 기습 효과의 구별을 깊이 이해하지 못한다. 격언의 형태로 간결하게 제시하면 오해의 가능성이 줄어들며, 적어도 그렇게 되리라고 기대할 수 있다.

이 격언은 기습의 발생을 숙명으로 여긴다. 물론 그렇다고 해서 기습 발생을 줄이는 일에 무관심하다는 말은 아니다. 정보 수집과 분석이 중요하지 않다고 말하려는 의도는 전혀 없다. 오히려 이 격언은 기습은 언제나 일어난다는 이의를 제기할 수 없는 역사적 사실을 말할 뿐이다. 기습은 자주 일어난다. 기습이 언제나 달갑지 않은 건 아니지만, 달갑지 않을 때에도 국가안보를 심각하게 뒤흔들 정도로 위협적인 성격인 경우는 드물다. 이 격언은 많은 종류의 정보를 수집하고 해석하기 위해 최선의 노력을 기울인다 하더라도 기습은 일어나게 마련이라는 뜻으로 해석되어야 한다. 당연히 우리의 목표는 정책적, 전략적으로 기습을 전혀 당하지 않는 상황을 달성하는 것이 아니다. 말 그대로 불가능하기 때문이다. 그 대신 신중의 법칙을 따라 기습 효과가 가급적 적은 피해를 미치도록 노력해야 한다. 기습 자체는 가치가 없음을 이해하는 게 중요하다. 군 사령관의 마음이나 군대의 싸우려는 의지, 어려운 정책 방침을 지속하려는 정부의 결단 등을 흐트러트리는 것은 다름 아닌 기습 효과이다. 기습의 발생에 관해서는 할 수 있는 일이 전혀 없지만, 기습 효과에 대항하기 위해 미리 할 수 있는 일은 대단히 많다.

이 격언은 기습을 어느 정도 불가피한 것으로 인정하기 때문에 기습의 결과에 대처하기 위한 지능적인 계획을 세울 수 있다고 주장하는 것은 이상하거나 심지어 역설적으로 보일지 모른다. 국가 운영과 전략에 유익한 기습은 적어도 4가지 주요한 형태로 나타날 수 있음을 지적하는 게 도움이 될 것이다. 1 정치적 기습, 2 전략적 기습, 3 작전적 기습, 4 전술적 기습이 그것이다. 이 구분의 예를 원한다면, 1944년 6월 6일 디데이에 이뤄진 연합국의 프랑스 침공을 생각해 보라. 정치적 기습은 적절하지 않았다. 전략적 기습은 달성할 수 없었다. 독일인들은 연합국이 오리라는 것을 알았다. 그러나 침공군은 작전과 전술 차원의 기습을 달성하는 데 굉장한 성공을 거두었다. 독일인들은 침공의 지리적 목표인 노르망디에 관해서 속임수에 넘어갔고, 군대가 해안에 나타날 때까지 6월 6일이 마법의 날이라는 사실을 알지 못했다. 원래는 6월 5일이 예정일이었는데, 도버 해협에 폭풍이 몰아치면서 아이젠하워 장군은 24시간 연기 명령을 내릴 수밖에 없었다.

독일의 관점에서 보면, 오래 전부터 예상하던 침공은 이 글에서 이미 설명한 두 가지 문제를 제기했다. 독일은 연합국에게 기습의 (작전 및 전술 차원의) 이익을 허용하지 않아야 했지만, 여차하면 연합국이 이룬 것과 같은 기습이 서부방벽과 그 배후의 유럽 대륙을 방어하는 독일의 역량에 치명적인 효과를 미치지 못하게 할 필요가 있었다. 연합국의 기습 효과에 대한 독일의 해법은 우연의 장난에 융통성 있게 대처할 수 있도록 중심적인 위치에 기동성 있는 예비 기갑부대를 집결시키는 것이었다. 다시 말해, 연합국이 상륙 지역을 선택하는 데서 주도권을 쥔 점을 감안할 때, 독일인들은 사태에 유연하게 대응할 능력을 필요로 했다. 실제로 서부의 독일 사령관들은 예비 기갑부대의 주둔 위치 문제나 이와 관련하여 집중적인 기갑 반격의 시기와 성격 문제에 관해 합의를 이루지 못했다. 그 밖에도 이 핵심적인 사단들을 이동시키는 결정을 하려면 총통의 승인이 필요하다는 문제도 있었다. 이런 역사적 실례의 결론을 내리자면, 연합국은 노르망디에 얕기는 하지만 확고한 거점을 획득하기에 충분한 기습 효과를 얻었다. 그러나 이 효과는 이 지역의 독일 방어 세력을 — 패주시키는 건 고사하고 — 물리치거나 반격을 차단할 만큼 충분하지는 않았다.

〈격언 39〉를 보고 기습이나 기습 효과를 최고의 지위로 승격시켜야 한다는 결론을 내려서는 안 된다. 기습은 하나의 조건, 즉 무대장치에 불과하다. 여기에서처럼 기습 효과에 관해 이야기할 때, 하나의 개념을 사용하고 있을 뿐임을 인식하는 게 중요하다. 이 개념을 역사적으로 설명하기 전까지는 이것은 하나의 개념에 불과하다. 기습 효과 자체에는 아무런 고유한 가치가 없다. 기습 효과의 영향은 언제나 특정한 역사적 맥락에 따라 독특하다. 예를 들어, 당시 미국 합동참모본부에서 전략적으로 선호한 대로 1942년이나 1943년에 연합국이 프랑스 북부를 침공했다면 어떤 식으로 사태가 진행되었을지 생각해보자. 전략적, 작전적, 전술적 기습을 확보했다 할지라도, 기습 효과는 주요한 군사적 승리를 달성하는 데 충분한 수준에 도달하지 못했을 것이다. 여러 차원에서 기습에 성공한 이점이 있다고 하더라도 침공은 실패로 돌아갔을 것이다. 충분한 군사적 완력이 부족했을 것이기 때문이다. 1942~1943년에 연합국은 대륙의 교전에서 독일군을 물리칠 만큼 강하지 않았다. 기습은 시도할 가치가 충분하다. 기습 효과 덕분에 적어도 한동안은 주도권을 잡고 유지할 수 있기 때문이다. 그러나 물질적 부족이 심각하면 대부분의 경우에 어떤 기습 효과로도 이런 단점을 메울 수 없다. 기습을 당한 적을 신속하게 결정적으로 흐트러트리지 못한다면 적이 회복하기 마련이다.

<격언 39>는 피할 수 없는 도전과 위험을 대부분 통제할 수 있는 도전 둘 다를 확인해 준다. 확실히 말하면, 기습은 일어나기 마련이다, 이상. 그러나 이 기습의 효과로 적을 정치적, 심리적, 군사적으로 무능하게 만들 수 있는지 여부는 대개 공격자가 좌우할 수 있는 범위 밖의 일이다. 이런 사실은 기습과 예상되는 기습의 효과에 의존하는 전략이 항상 위험성이 높은 모험, 아니 도박인 여러 이유 중 하나이다.[20]

기습 효과 문제에 대한 유일한 답은 여러 가지 있을 법한 위협, 그리고 있을 법하지 않지만 잠재적으로 치명적인 위협에 대해 융통성 있고 유연하게 대처하는 것이다. 전략가는 전략적, 군사적 태세의 유연성을 발전시키는 것을 가로막는 공식적인 전략적 확신을 숭배하는 태도를 막기 위해 노력한다. 오늘날의 예를 들자면, 미국의 방위 공동체는 주된 양상으로 정규전과 비정규전 중 하나를 선택하는 일을 피할 필요가 있다. 양쪽 모두에서 탁월해지고, 전쟁 방식에서 이 둘을 일정하게 융합하려고 노력해야 한다. 어떤 나라가 상대적으로 협소한 범위의 위협에만 초점을 맞추기로 결정한다면, 융통성 있는 적으로 하여금 최대한의 피해를 가하는 기습 효과를 발휘하도록 유도하는 셈이나 마찬가지이다.

이 글의 마지막을 장식하는 인용문은 미국의 최근 상태, 아니 현재 상태와 고통스러울 만큼 들어맞는다. 첨단 기술, 정보 중심의 군사 혁신RMA에 끊임없이 몰두하는 미국의 관점에서 다음 인용문이 얼마나 위력을 발휘하는지를 생각해 보기 바란다.

> **"** 우리가 답을 찾은 바로 그때 그들은 질문을 바꿨다.
>
> — 무명씨 **"**

비극은 일어나기 마련이다

> **로마인들은 적의 군대를 쳐부수고 다시는 싸우지 못할 만큼 역량을 파괴하기 위해 싸웠다.**
>
> — 에이드리언 골즈워디Adrian Goldsworthy, 2002년[21]

"카르타고가 무너졌다"는 기원전 3세기 지중해 세계의 최대 교역 제국이던 나라에게는 비극이었다. 그러나 부상하는 로마제국에게는 필요한 승리였다.[22] 사회와 국가 차원의 전쟁을 통한 비극은 보통 교전 당사자들 사이에 균등하지 않게 배분된다. 때로는 심각하게 균형이 맞지 않게 배분이 이뤄진다. 예를 들어, 1945년 독일에서는 군대만 효과적으로 파괴된 게 아니었다. 독일의 존재 자체가 정치적으로 끝장이 났고, 광범위한 도시 지역이 잔해더미로 바뀌었다. 이와 정반대로, 다소 잘못된 이름인 대동맹Grand Alliance의 서구 지도자인 미국은 국내에서 거의 아무런 피해를 입지 않았으며, 미국 사람들의 기억 속에서 "좋은 전쟁"이라고 알려지게 된 전쟁을 수행하는 과정에서 힘을 키웠다. 분명히 말하지만, 전쟁은 독일이나 폴란드, 아니 유럽의 거의 모든 사회에 전혀 좋지 않았다. 아마 중립국으로 쓸모가 있었던 스위스나 스웨덴 정도가 예외일 것이다. 고위 정치* 수준에서는 정치적 성향이나 공감에 따라 비극이 정의된다. 여기서 말하는 비극은 주관적이다. 한 사회의 비극은 다른 사회에는 위대해질 수 있는 기회이다. 적어도 카르타고와 로마, 그리고 잠시나마 아테네와 스파르타에게는 이것이 사실이었다. 그렇지만 실제로 역사를 만드는 개개인을 아우르기 위해 시선을 아래로 돌려서 인간적 차원을 본다면, 전쟁은 언제나 일정한 비극적인 결과를 낳는다. 자기 나라가 승리하든 패배하든, 아니면 교착 상태를 강요하든, 사람들은 목숨을 잃고 부상을 당한다. 1914년 이전에는 전쟁에 전형적인 물리적 상황을 제공하는 조건이 워낙 거칠고 유해했기 때문에 사상자의 대다수가 전투와 무관한 사람들이었다. 적의 무기보다는 질병과 궁핍 때문에 목숨을 잃는 사람이 더 많았다. 따라서 인간적 차원에서 보면, 언제나 전쟁에 맞춰지는 전략가의 주된 초점은 개인과 가족에게는 작지만 전면적인 수많은 비극을 수반할 수밖에 없다. 전략가들은 비극적인 직무를 수행한다. 직업이 아무리 중요하다고 해도 인간적 비극이라는 사실은 바뀌지 않는다.

존 키건은 1976년 저서 『전투의 얼굴』에서 대통령과 국왕, 장성과 그 밖의 전략가들에게 쏠린 관심을 떼어내서 진창과 눈밭으로 눈길을 돌려 전투원의 처지를 검토한다.*[23] 실제 전투의 경험은 어땠을까? 전략가들은 전략을 몸소 실행해야 하는 사람들이 요구하는 수행이라는 주제에 관해 유창하게 말하지 못할 공산이 크다. 그리고 무엇보다도 전략은 실행되어야 한다. 전략으로서의 전략은 하나의 계획, 아니 구상일 뿐이다. 좋은 쪽으로든 나쁜 쪽으로든 전략에 활기를 불어넣는 것은 작전술과 전술이다. 그리고 전술은 포화를 받는 사람들이나 도끼를 휘두르는 게르만 미개인

*   high politics. 국제정치에서 정치나 군사에 관한 정치를 가리키는 용어. 경제, 사회, 환경 등에 관한 저위 정치와 대조된다. 19세기에 생겨난 구분이다.

들의 공격을 받는 사람들, 또는 자신들의 대형과 거의 똑같은 고대 그리스의 중장보병 밀집대형과 마주한 사람들의 행동과 관련된다.[24] 이 책에서 나는 사람, 즉 실제 사람, 아니 개인이 정말로 중요하다고 강력한 주장을 펼쳤다. "사람이 제일 중요하다"는 〈격언 22〉를 상기해 보라. 하지만 그렇다 하더라도 전략가인 나는 전략가의 기본적인 오류를 되풀이하면서 전쟁과 평화와 전략의 인간적 차원에 정당한 몫을 부여하지 못한 게 아닐까 걱정된다. 전략 계획가 집단이 자신들의 작전 개념이 훌륭하다는 사실에 심하게 도취될 때 그 결과는 많은 병사들에게 비극으로 돌아갈 게 분명하다는 점은 언급할 만하다. 최근의 전략사에서 이런 현상의 고전적인 사례는 1941년부터 1945년까지 러시아에 진출한 독일 동부의 성공 전망에 치명적으로 작용한 체계적인 병참 부족을 들 수 있다.[25]

전략가는 직업상 나쁜 소식을 전달하는 사람이다. 실제로 전략가는 나쁜 소식이 자기의 업무 분야라고 말해도 무방하다. 군사력의 위협이나 사용에 관한 전문가를 필요로 하지 않는 사회에는 전략가가 필요 없다. 물론 이런 사회도 만일의 경우를 대비해서 신중을 기한다는 차원에서 한두 명의 전략가를 고용하기로 결정할 수 있다. 전략가는 우선 해를 끼치지 말라는 의학계의 규칙에 이끌린다. 그렇지만 유감스럽게도 전략가는 이런 기분 좋은 순진한 태도가 실제로 가능하다고 확신할 수 없다. 전략가는 위협이라고 명명되기 전에는 존재하지 않았던 위협을 지각하거나 예상할 수 있을 뿐만 아니라 무력 사용에 관한 전략가의 원대한 구상은 언제나 그릇된 것으로 드러나기 쉽다. 전략가는 주로 수동적이고 무반응적인 자연을 상대로 싸우는 게 아니라 적극적이고 비협조적인 적의 의지와 더 나아가 힘을 무너뜨리기 위해 싸운다. 따라서 전략가는 비극을 다루며 비극의 중요한 책임자가 될 수 있다. 오늘날 일반적으로 정치 지도자들이 직업적 전략가들 — 군인이든 민간인이든 — 을 지배한다는 사실을 감안할 때, 전략이 야기한 결과의 책임은 그 전략을 채택하고, 실행을 명령하고, 실제로 전략을 실행해야 하는 이들을 지휘하는 사람들에게 있다고 주장해도 무방하다. 그렇지만 전략가인 나는 자신의 전략적 사고가 실제로 낳은 결과에 대해 적어도 현실 세계에 영향을 미친 제한된 정도만큼 일정하게 책임을 져야 한다고 생각한다.

1919년 이래 충분한 확신은 없더라도 선의를 품은 많은 사람들은 전쟁, 평화, 전략의 연구는 역사의 전략적 차원을 완전히 종결하는 방법을 찾는다는 단 하나의 목표에 맞춰져야 한다고 믿었다. 이런 관점에서는 이 책에 실린 〈격언 11〉에서 주장하는 것처럼 전략적 이해의 불꽃을 꺼뜨리지 않는 일의 어려움이 아니라 전쟁이라는 천벌이 가장 중요한 문제이다. 사실 전략가인 내가 직접 겪은 경험으로 증명할 수 있는 것처럼, 직업적 전략가가 전쟁이라는 문제의 해법이 아니라 문제의 일부임이 확인되는 경우는 흔치 않다. 공식적인 기록으로 남기기 위해 말하자면, 나는 이따금 이런 비난을 심각하게 고려했지만 어쩌면 당연하게도 아직 이 비난이 충분한 근거가 있다고 보지는 못했음을 말해두어야 하겠다. 우리 전략가들이 세계를 지배한다는 명제를 만지작거리다 보면 으쓱해질 수도 있겠지만, 사실 우리는 유감스럽게도 언제나 우리의 일을 필요로 하는 세계에서 우리 사회를 위해 일하는 하인들일 뿐이다. 게다가 우리 전략가들은 세계사가 전쟁 없는 상태를 향해 확고하게 나아가고 있다고 전적으로 확신하지 못한다.

전략가의 임무는 자신이 막지 못한 더 큰 규모의 비극에 대처하고 비극적 상황을 호전시키기 위한 현실적인 방도를 찾는 것이다. 따라서 전략가는 자신이 속한 사회의 군인들뿐만 아니라 정치적 고용주를 비롯한 여론 지도자들에게도 거대한 경제 규모에서 비극이 일어나기 마련임을 설명할 의무를 느껴야 한다. 게다가 인간이 만들어내는 모든 비극은 이론상 피할 수 있지만, 실제로는 대개 피하지 못한다. 홀로코스트를 막을 수 있었을까? 물론 원칙적으로는 막을 수 있었다. 그러나 1930년대와 1940년대 초 실제로 진행된 역사의 과정에서는 막을 수 없었다. 1962년 10월에 인류는 비극의 개념 자체를 다시 정의할 수도 있는 종류의 비극을 경험할 뻔했다. 쿠바 미사일 위기는 끔찍하게 위험했으며, 관련된 모든 이들뿐만 아니라 직접적으로 전혀 관련이 없는 많은 사람들에게도 비극을 안겨줄 수 있었다.

전략가는 자신이 복무하는 사회의 전략적 능력을 향상시키기 위해 최선을 다해야 하며, 또한 가치가 담긴 〈격언 40〉의 개념을 의도적으로 사용하자면, 참으로 끔찍하고 심지어 비극적인 사건들이 생기게 마련이라는 사실을 사회에 상기시킬 필요가 있다. 미국이 남베트남에서 쏟은 노력은 숭고한 대의였다. 미국의 많은 비판론자들도 하노이 당국이 승리하면서 보인 잔인한 행동을 목격하고는 뒤늦게나마 이런 사실을 정직하게 인정했다. 그렇지만 여러 가지 이유 때문에 이 숭고한 대의는 남베트남인과 미국인 모두에게 비극적으로 끝이 났다. 나치 독일의 시도는 적어도 전략가인 내가 보기에는 숭고한 대의가 아니었지만, 외국과 국내의 희생자들만이 아니라 온갖 정치적 성향의 독일인에게도 의심할 나위 없는 비극이었다.

2003년 미국과 영국의 이라크 개입은 최종 결과가 어떻게 나오든 간에 이미 비극으로 바뀌었다. 사람들, 특히 초강대국의 시민들이 비극이 일어나게 마련이라는 점을 이해하는 게 중요하다. 비극을 항상 피할 수는 없는 법이다. 좋은 의도, 신의 승인, 미국의 의지력과 실제적인 지식 가운데 어느 것도 비극을 막는 믿을 만한 장치가 되지 못한다. 앞서 지적한 것처럼 직업적 전략가는 비록 자신이 개인들의 운명과 확실히 관련이 있다 할지라도 일반적으로 사회와 국가 차원의 비극이 일어날 가능성에 대해 비관적이지 않다. 그러나 전략가는 비극적인 사건에 관한 역사적 기준을 만들어 낼 게 확실한 상황의 미래가 너무나도 확고하다는 사실에 대해 비관적, 아니 현실적이다.

> 가장 믿을 만한 추정치를 보면, 굴락이 대대적으로 확대되기 시작한 1929년부터 스탈린이 사망한 1953년까지 1,800만 명 정도가 이 대규모 체제를 거쳐 갔다. 또 다른 600만 명 정도가 유형에 처해져 카자흐스탄의 사막이나 시베리아의 삼림으로 떠났다. 그들은 비록 철조망 안에 갇혀 살진 않았지만, 법적으로 유형촌에 머물러야 했고 또한 강제노동자 신세였다.
>
> — 앤 애플봄Anne Applebaum, 2004년[26]

전쟁에 관한 **교훈**

상당히 대담한 5가지 주장으로 이 책을 마무리하고자 한다.

첫째, 일부 독자들은 어떤 격언에 담긴 생각이 불편할지라도 이 책에 포함된 40편의 설명 글이 숙고할 만한 가치가 있음을 발견했을 것이다. 전쟁, 평화, 전략 등의 중요한 주제에 관해 가장 중심적인 내용으로 이 책을 채웠다고 자부한다. 전략 문제에 식견이 깊다고 자부하는 이론가와 실천가들도 정확하면서도 유용한 주제에 관한 일정한 논리의 실타래와 연관 관계, 어쩌면 몇 가지 단서를 발견했을 것이다. 적어도 나는 정말로 이렇게 기대한다.

둘째, 서문에서 한 주장을 다시 한 번 강조하고 싶다. 앞에서 약속한 것처럼, 이 격언들은 참으로 일관된 하나의 세계관을 반영하고 표현한다. 따라서 이 격언들은 국가 운영과 전략의 전반적인 줄거리에 관한 하나의 전체적인 이야기를 구성한다. 이 책을 순서대로 읽다 보면, 잇따라 등장하는 격언들이 자연스럽게 서로를 보완한다. 이 책은 40편의 글로 이루어져 있지만, 그럼에도 단순한 글 모음이 아니라 하나의 책이다.

셋째, 여기서 소개하고 설명한 각각의 격언은 4가지 중요한 시험을 충족시키기 때문에 권위를 누린다. 1 경험적 시험, 즉 역사적 정확성, 2 논리적 정합성, 3 상식, 4 현실적 유용성 등이 그것이다. 이 격언들은 단순한 지식이 아니라 유용한 지식을 전달하고자 한다. 전략은 현실적인 분야다.

넷째, 전략에 관한 저술을 표방하는 책들이 쏟아져 나오느라 종이가 숱하게 희생되었지만, 막상 일반적인 전략 이론에 관해 읽을 만한 책은 거의 없다. 부족하나마 이 에세이집으로 얼마 안 되지만 필수적인 이 문헌 목록에 이바지하고자 한다.

다섯째이자 마지막으로, 전략은 실용적인 분야이며, 과정 속에서 만들어지고 개조된다. 이 과정이 험난하고 또 필요한 타협을 둘러싸고 논쟁이 있을 수 있기 때문에 참가자, 즉 전략 결정자들은 길잡이가 되는 근본 원리를 놓치기 쉽다. 여기서 논의한 전쟁, 평화, 전략에 관한 40가지 격언은 그들이 다루는 주제의 성격에서 무엇이 가장 중요한지를 곧바로 상기시켜 줌으로써 실천의 세계에 도움이 될 수 있다.

이 책의 마지막 문장은 18세기 프랑스 원수 모리스 드 삭스Maurice de Saxe의 것이다. 1732년에 쓴 『전쟁술에 관한 나의 명상My Reveries upon the Art of War』의 첫 문장은 다음과 같다. "이 책은 새로운 전쟁술을 확립하기 위해 쓴 것이 아니다. 나는 스스로 즐기고 배우고자 이 책을 썼다."[★1]

주

서론: 주요한 문제를 제대로 이해하기 위하여

1   Judy Pearsall and Bill Tumble, eds., *The Oxford English Reference Dictionary*, 2nd ed. (Oxford: Oxford University Press, 1996), p.893.

2   Antoine Henri de Jomini, *The Art of War* (London: Greenhill Books, 1992). [앙투안 앙리 조미니 저, 이내주 역, 『전쟁술』, 지만지, 2010]

3   Carl von Clausewitz, *On War*, edited and translated by Michael Howard and Peter Paret (Princeton, NJ: Princeton University Press, 1976). [카알 폰 클라우제비츠 저, 김만수 역, 『전쟁론』(전3권), 갈무리, 2009 등]

4   Fernand Braudel, *The Mediterranean and the Mediterranean World in the Age of Philip II*, 2 vols. (New York: Harper Colophon Books, 1976).

5   나는 최근의 전략문화에 관한 논의를 "Out of the Wilderness: Prime-time for Strategic Culture," *Comparative Strategy 26* (January-March 2007)에서 정리, 분석한 바 있다. 이 밖에 Lawrence Sondhaus, *Strategic Culture and Ways of War* (London: Routledge, 2006)도 참조하라.

6   Eliot A. Cohen, *Supreme Command: Soldiers, Statesmen, and Leadership in Wartime* (New York: The Free Press, 2002) [엘리엇 A. 코언 저, 이진우 역, 『최고사령부』, 가산출판사, 2002]을 참조하라.

제1부: 전쟁과 평화

1   Jeremy Black, *Rethinking Military History* (London: Routledge, 2004), p.243. (참고로, 'context'의 역어로는 맥락, 상황, 문맥, 배경, 전후 사정 등을 들 수 있을 것이다 ― 옮긴이)

2   Emily O. Goldman and Leslie C. Eliason, eds., *The Diffusion of Military Technology and Ideas* (Stanford, CA: Stanford University Press, 2003)를 참조하라.

3   나는 '지리'가 향후에도 계속 중요할 것임을 다음의 글에서 설명한 바 있다. "Inescapable Geography," in Colin S. Gray and Geoffrey Sloan, eds., *Geopolitics, Geography and Strategy* (London: Frank Cass, 1999), pp.161-177.

4   Montgomery McFate, "The Military Utility of Understanding Adversary Culture,"

Joint Force Quarterly no. 38 (3rd Quarter, 2005), pp.42-48을 참조하라.

5 Robert H. Scales, "Clausewitz and the World, IV," *Armed Forces Journal* (July 2006), p.17.

6 Jeremy Black, *War and the New Disorder in the 21st* Century (New York: Continuum, 2004), pp.163-164.

7 Carl von Clausewitz, *On War,* edited and translated by Michael Howard and Peter Paret (Princeton, NJ: Princeton University Press, 1976), p.88 (강조는 원저자)

8 간략하게 풀이하자면, '정의로운 전쟁목적(jus ad bellum)'이란 전쟁을 실행한다는 판단의 정의로움을 말하며, '정의로운 전쟁수단(jus in bello)'은 정의로운 전쟁의 방식이라는 뜻이다. 그리고 '정의로운 평화목적(jus ad pacem)'이란 정의로운 평화의 계획과 실행을 말한다. A. J. Coates, The Ethics of War (Manchester, UK: Manchester University Press, 1997)에는 정의론에 관한 뛰어난 논의가 소개되어 있다.

9 Richard Bessel, *Nazism and War* (London: Weidenfeld and Nicolson, 2004)를 참조하라.

10 이에 관해서는 다음의 책이 특히 유용하다. Matthew Hughes and Matthew S. Seligman, *Does Peace Lead to War? Peace Settlements and Conflict in the Modern Age* (Stroud, UK: Sutton Publishing, 2002).

11 Charles E. Callwell, *Small Wars: A Tactical Textbook for Imperial Soldiers* (London: Greenhill Books, 1990), p.270.

12 Clausewitz, *On War*, p.75.

13 Ibid., pp.104, 119.

14 B. H. Liddell Hart, *Strategy: The Indirect Approach* (London: Faber and Faber, 1967), p.366. [B. H. 리델 하트 저, 주은식 역, 『전략론』, 책세상, 1999]

15 이에 관한 고전적인 저작으로는 Samuel P. Huntington, *The Soldier and the State: The Theory and Politics of Civil-Military Relations* (New York: Random House, 1964) [새뮤얼 헌팅턴 저, 이춘근 외 역, 『군인과 국가』, 한국해양전략연구소, 2011]가 있다. 강력한 수정주의적 관점에 입각한 저작으로는 Eliot A. Cohen, *Supreme Command: Soldiers, Statesmen, and Leadership in Wartime* (New York: The Free Press, 2002) [코언, 『최고사령부』]을 참조하라.

16 예컨대 1919년 베르사유 회의에 참가한 국가의 지도자들은 자국의 국내정치에 발목이

잡혀 있었다. 장기적인 평화의 구축을 도모한 사례를 평가할 때에는 이같은 사실이 있었음을 잊어서는 안 된다.

17 Michael I. Handel, *Masters of War: Classical Strategic Thought*, 3rd ed. (London: Frank Cass, 2001), pp.197-198.

18 P. J. O'Rourke, *Give War a Chance: Eyewitness Accounts of Mankind's Struggle Against Tyranny, Injustice and Alcohol-Free Beer* (New York: Grove Press, 1992).

19 Michael Howard, "*Temperamenta Belli*: Can War Be Controlled?," in Howard, ed., *Restraints on War: Studies in the Limitation of Armed Conflict* (Oxford: Oxford University Press, 1979), pp.1-15를 참조하라.

20 Clausewitz, *On War*, p.101.

21 Dominic D. P. Johnson, *Overconfidence and War: The Havoc and Glory of Positive Illusions* (Cambridge, MA: Harvard University Press, 2004)를 참조하라.

22 Clausewitz, *On War*, p.85.

23 Victor Davis Hanson, *Ripples of Battle: How Wars of the Past Still Determine How We Fight, How We Live, and How We Think* (New York: Doubleday, 2003), p.14.

24 Michael Howard, *The Invention of Peace and the Reinvention of War* (London: Profile Books, 2001), p.124.

25 국제질서에 관한 매우 뛰어난 연구로는 다음의 두 책이 있다. Hedley Bull, *The Anarchical Society: A Study of Order in World Politics* (New York: Columbia University Press, 1977) [헤들리 불 저, 진석용 역, 『무정부사회: 세계정치에서의 질서에 관한 연구』, 나남출판, 2012]; Ian Clark, *The Hierarchy of States: Reform and Resistance in the International Order* (Cambridge: Cambridge University Press, 1989).

26 Donald Kagan, *On the Origins of War and the Preservation of Peace* (New York: Doubleday, 1995), p.570. [도널드 케이건 저, 김지원 역, 『전쟁과 인간』, 세종연구원, 2004]

27 Colin S. Gray, *The Sheriff: America's Defense of the New World Order* (Lexington, KY: University Press of Kentucky, 2004)를 참조하라.

28 George W. Bush, *The National Security Strategy of the United States of America* (Washington, DC: The White House, 2006), p.16.

29 Geoffrey Parker, "Introduction: The Western Way of War," in Parker, ed., *The Cambridge Illustrated History of Warfare: The Triumph of the West* (Cambridge: Cambridge University Press, 1995), p.2.

30 Kenneth N. Waltz, *Theory of International Politics* (New York: Addison-Wesley, 1979). [케네스 월츠 저, 박건영 역, 『국제정치이론』, 사회평론, 2000] 네오 리얼리스트와 문화주의적인 접근의 충돌에 관한 것으로는 다음의 책이 있다. John Glenn, Darryl Howlett, and Stuart Poore, eds., *Neorealism Versus Strategic Culture* (Aldershot, UK: Ashgate, 2004).

31 Thucydides, *The Landmark Thucydides: A Comprehensive Guide to The Peloponnesian War*, edited by Robert B. Strassler (New York: The Free Press, 1996), p.43.

32 Colin S. Gray, *Modern Strategy* (Oxford: Oxford University Press, 1999), Ch. 5를 참조하라.

33 Ken Booth, *Strategy and Ethnocentrism* (London: Croom Helm, 1979)을 참조하라.

34 Sun-tzu, *The Art of War*, edited and translated by Ralph D. Sawyer (Boulder, CO: Westview Press, 1994), p.179.

35 Samuel P. Huntington, *American Military Strategy*, Policy Papers in International Affairs 28 (Berkeley, CA: Institute of International Studies, University of California, Berkeley, 1986), p.33.

36 Lawrence Freedman, *The Transformation of Strategic Affairs*, Adelphi Paper 379 (Abingdon, UK: Routledge for the International Institute for Strategic Studies, 2006), p.36.

37 Clausewitz, *On War*, p.89.

38 Edward J. Villacres and Christopher Bassford, "Reclaiming the Clausewitzian Trinity," *Parameters 25* (Autumn 1995), pp.9-19를 참조하라.

39 전신의 발명과 그 활용은 현대 전쟁의 통신을 낳았다. 사람들은 역사상 처음으로 전선에서 무엇인가가 일어난 직후에 그것을 칭찬할지 비난할지를 결정할 수 있게 되었던 것이다. 전자 미디어가 군사활동을 실시간으로 감시하고 있는 작금의 상황에 관해서는 Freedman, *Transformation of Strategic Affairs*, Ch. 5에 상세히 분석되어 있다.

40 Clausewitz, *On War*, p.189.

41 Peter Browning, *The Changing Nature of Warfare: The Development of Land Warfare from 1792 to 1945* (Cambridge: Cambridge University Press, 2002), p.2.

42 Samuel J. Newland, *Victories Are Not Enough: Limitations of the German Way of War* (Carlisle, PA: Strategic Studies Institute, U.S. Army War College, December 2005); Robert M. Citino, The German Way of War: From the Thirty Years' War to the Third Reich (Lawrence, KS: University Press of Kansas, 2005)를 참조하라.

43 Black, *Rethinking Military History*, p.19.

44 Charles Townshend, *The British Campaign in Ireland, 1919-1921: The Development of Political and Military Policies* (Oxford: Oxford University Press, 1975)를 참조하라.

45 Helmuth von Moltke, *Moltke On the Art of War: Selected Writings*, edited by Daniel J. Hughes (Novato, CA: Presidio Press, 1993), pp.44-47.

46 Barry Turner, quoted in Isobel V. Hull, *Absolute Destruction: Military Culture and the Practices of War in Imperial Germany* (Ithaca, NY: Cornell University Press, 2005), p.3.

47 Black, *Rethinking Military History*, p.19.

48 Clausewitz, *On War*, p.610.

49 Cohen, *Supreme Command*.

50 Clausewitz, *On War*, p.608.

51 T. E. Lawrence, *Seven Pillars of Wisdom: A Triumph* (New York: Anchor Books, 1991), pp.191-192. [T. E. 로렌스 저, 최인자 역, 『지혜의 일곱 기둥』(전3권), 뿔, 2006]

52 Michael Gordon and Bernard Trainor, *Cobra II: The Inside Story of the Invasion and Occupation of Iraq* (London: Atlantic Books, 2006); Thomas E. Ricks, *Fiasco: The American Military Adventure in Iraq* (New York: the Penguin Press, 2006)를 참조하라.

53 Clausewitz, *On War*, p.81.

54 Ibid., p.101.

55 이 매력적인 선택에 관해서는 James J. Wirtz, "Theory of Surprise," in Richard K. Betts and Thomas G. Mahnken, eds., *Paradoxes of Strategic Intelligence: Essays in Honor of Michael I. Handel* (London: Frank Cass, 2003), p.103에 잘 설명되어 있다.

56 Colin S. Gray, *Strategy for Chaos: Revolutions in Military Affairs and the Evidence of History* (London: Frank Cass, 2002), Ch. 4-5를 참조하라.

57 J. C. Wylie, *Military Strategy: A General Theory of Power Control* (Annapolis, MD: Naval Institute Press, 1989), p.72.

제2부: 전략

1 André Beaufre, *An Introduction to Strategy* (London: Faber and Faber, 1965), p.11.

2 Carl Builder, "Keeping the Strategic Flame," *Joint Force Quarterly* no.14 (Winter 1996-1997), pp.76-84; Hew Strachan, "The Lost Meaning of Strategy," *Survival* 47 (Autumn 2005), pp.33-54를 참조하라.

3 Colin S. Gray, *Modern Strategy* (Oxford: Oxford University Press, 1999), Ch. 1을 참조하라.

4 Carl von Clausewitz, *On War,* edited and translated by Michael Howard and Peter Paret (Princeton, NJ: Princeton University Press, 1976), p.128.

5 Gray, *Modern Strategy*, 17.

6 최근 들어 전략에 대한 관심이 크게 늘고 있는 증거로서는 Anthony D. Mc Ivor, ed., *Rethinking the Principles of War* (Annapolis, MD: Naval Institute Press, 2005)를 참조할 것. 다만 여기에서 중요한 것은, 이토록 훌륭한 책이나 그에 이어지는 시리즈는 미 해군의 존 모건(John C. Morgan) 부제독이라는 뛰어난 개인에 의해 탄생한 것이지, 정부의 공식적인 전략교육에 대한 대응의 결과로 탄생한 것은 아니라는 사실이다.

7 Colonel Robert Killebrew, quoted in Thomas E. Ricks, *Fiasco: The American Military Adventure in Iraq* (New York: the Penguin Press, 2006), p.195.

8 Clausewitz, *On War*, p.607.

9 Ibid., p.605.

10 Gray, *Modern Strategy*, Ch. 1.

11 Clausewitz, *On War*, p.183.

12 Michael Howard, "The Forgotten Dimensions of Strategy," *Foreign Affairs 57* (Summer 1979), pp.975-986.

13 일부 독자들은 내가 17개나 되었던 전쟁과 전략의 차원을 상당히 줄여서 다루기 쉽도

록 한 것을 반길지도 모른다. 내가 현재 쓰고 있는 전략이론에 관한 책에서는 요소의 수
를 줄인 리스트를 발표할 생각이다.

14 Charles E. Callwell, *Small Wars: A Tactical Textbook for Imperial Soldiers* (London: Greenhill Books, 1990), p.90.

15 나는 '전략은 다리이다'라는 생각을 *Strategy and History: Essays on Theory and Practice* (London: Routledge, 2006), pp.1-13에서 밝힌 바 있다.

16 Geoffrey P. Megargee, *War of Annihilation: Combat and Genocide on the Eastern Front, 1941* (Lanham, MD: Rowman and Littlefield Publishers, 2006), p.26.

17 Andrew F. Krepinevich, Jr., *The Army and Vietnam* (Baltimore: The Johns Hopkins University Press, 1986)은 강렬한 비판이다.

18 Thomas Babington, Lord Macaulay, *Horatius Keeps The Bridge* (London: Phoenix, 1996), p.27.

19 Thucydides, *The Landmark Thucydides: A Comprehensive Guide to The Peloponnesian War*, edited by Robert B. Strassler (New York: The Free Press, 1996), p.16.

20 Sun-tzu, *The Art of War*, translated by Ralph D. Sawyer (Boulder, CO: Westview Press, 1994); Clausewitz, On War.

21 General George Catlin Marshall, quoted in Paul A. Rahe, "Thucydides as Educator," in Williamson Murray and Richard Hart Sinnreich, eds., *The Past as Prologue: The Importance of History to the Military Profession* (Cambridge: Cambridge University Press, 2006), p.99.

22 Edward N. Luttwak, Strategy: *The Logic of War and Peace*, rev. ed. (Cambridge, MA: The Belknap Press of Harvard University Press, 2001) [에드워드 N. 루트웍 저, 국방대학원 역, 『전략』, 국방대학원, 1993]; Martin van Creveld, *The Transformation of War* (New York: The Free Press, 1991).

23 Michael I. Handel, *Masters of War: Classical Strategic Thought*, 3rd ed. (London: Frank Cass, 2001), p.3을 참조하라.

24 Clausewitz, *On War*, p.63.

25 Bruce Smith, *The RAND Corporation: Case Study of a Nonprofit Advisory Corporation* (Cambridge, MA: Harvard University Press, 1966); Colin S. Gray,

Strategic Studies and Public Policy: The American Experience (Lexington, KY: The University Press of Kentucky, 1982), Ch. 3을 참조할 것. 대단히 비판적인 관점의 저술로는 다음의 책이 있다. Bruce Kuklick, *Blind Oracles: Intellectuals and War from Kennan to Kissinger* (Princeton, NJ: Princeton University Press, 2006).

26 나는 전문가의 조언이 유익하는 것에 대해 *Strategic Studies and Public Policy*, Ch. 11 에서 논의한 바 있다.

27 Andrew F. Krepinevich, "Cavalry to Computer: The Pattern of Military Revolutions," *The National Interest* no. 37 (Fall 1994), pp.30-42; MacGregor Knox and Williamson Murray, eds., *The Dynamics of Military Revolution*, 1300-2050 (Cambridge: Cambridge University Press, 2001); Lawrence Freedman, *The Revolution in Strategic Affairs*, Adelphi Paper 318 (London: International Institute for Strategic Studies, 1998)을 참조하라.

28 Milan Vego, "Effects-Based Operations: A Critique," *Joint Force Quarterly* no.41 (2nd Quarter 2006), pp.51-57은 특히 강렬한 비판이다.

29 Helmuth von Moltke, *Moltke on the Art of War: Selected Writings*, edited by Daniel J. Hughes (Novato, CA: Presidio Press, 1993).

30 Clausewitz, *On War*, p.75.

31 Ibid. (강조는 원저자)

32 Ibid. and J. C. Wylie, *Military Strategy: A General Theory of Power Control* (Annapolis, MD: Naval Institute Press, 1989).

33 Robert D. Heinl, Jr., *Dictionary of Military and Naval Quotations* (Annapolis, MD: Naval Institute Press, 1966), p.102.

34 Napoleon, quoted in Peter Paret, "Napoleon and the Revolution in War," in Paret, ed., *Makers of Modern Strategy: from Machiavelli to the Nuclear Age* (Princeton, NJ: Princeton University Press, 1986), p.134.

35 M. L. R. Smith, *Fighting for Ireland? The Military Strategy of the Irish Republican Movement* (London: Routledge, 1995), Ch. 2를 참조하라.

36 Martin Caidin, *The Tigers Are Burning* (New York: Hawthorn Books, 1974), p.28.

37 Clausewitz, *On War*, p.119.

38 Barry D. Watts, *Clausewitzian Friction and Future War*, McNair Paper 68, rev.

ed. (Washington, DC: Institute for National Strategic Studies, National Defense University, 2004), p.77.

39 Geoffrey P. Megargee, *War of Annihilation: Combat and Genocide on the Eastern Front, 1941* (Lanham, MD: Rowman and Littlefield Publishers, 2006), p.103.

40 Watts, *Clausewitzian Friction and Future War*, p.78.

41 Hans W. Weigert, *Generals and Geographers: The Twilight of Geopolitics* (New York: Oxford University Press, 1942), p.4.

42 Saul B. Cohen, *Geography and Politics in a Divided World* (London: Methuen, 1964), p.24.

43 Holger H. Herwig, "*Geopolitik*: Haushofer, Hitler and Lebensraum," in Colin S. Gray and Geoffrey Sloan, eds., *Geopolitics, Geography and Strategy* (London: Frank Cass, 1999), pp.218-241은 우수한 논문으로서 새로운 이해를 제공한다.

44 정보화시대의 전략에서 지리의 중요성에 관한 논의로는 Colin S. Gray, "The Continued Primacy of Geography," *Orbis* 40 (Spring 1996), pp.247-259; Martin C. Libicki, "The Emerging Primacy of Information," *Orbis* 40 (Spring 1996), pp.261-274를 참조하라.

45 Bruce Berkowitz, *The New Face of War: How War Will Be Fought in the 21st Century* (New York: The Free Press, 2003)는 사이버 파워의 능력을 상기시키는 사례를 소개하고 있다. 그의 논의에 관해서는 Colin S. Gray, Another Bloody Century: Future Warfare (London: Weidenfeld and Nicolson, 2005), pp.313-328를 참조하라.

46 Hew Strachan, *The First World War*, Vol. I: To Arms (Oxford: Oxford University Press, 2001), p.439.

47 B. H. Liddell Hart, *Strategy: The Indirect Approach* (London: Faber and Faber, 1967), pp.335-336.

48 Terry Terriff and others, *Security Studies Today* (Cambridge: Polity Press, 1999)를 참조하라.

49 Clausewitz, *On War*, p.607. 이와 같은 주장은 p.610에도 보이는데, 클라우제비츠는 "전쟁의 수행이라는 것은 대체적인 흐름에서는 정책 자체이다. 정책은 그때 펜 대신 칼을 들지만, 그렇다고 해서 그 나름의 법칙에 따라 판단하는 것을 멈추거나 하지는 않는다"고 되풀이해서 논하고 있다.

50 Strachan, "The Lost Meaning of Strategy"를 참조하라.

51 Clausewitz, *On War*, p.87.

52 Luttwak, *Strategy*, p.260.

53 Frank Field, MP, Letter to the Editor, *The Daily Telegraph* (London), September 16, 2006: 23.

54 Colin S. Gray, *War, Peace, and International Relations: An Introduction to Strategic History* (London: Routledge, 2007).

55 Megargee, *War of Annihilation* and Robert M. Citino, *The German Way of War: From the Thirty Years' War to the Third Reich* (Lawrence, KS: University Press of Kansas, 2005).

56 Donald H. Rumsfeld, *Quadrennial Defense Review Report* (Washington, DC: U.S. Department of Defense, 2006), pp.22-23.

57 Bruce Fleming, "Can Reading Clausewitz Save Us from Future Mistakes?," *Parameters* 34 (Spring 2004), p.76.

제3부: 군사력과 전투행위

1 Ralph Peters, *Fighting for the Future: Will America Triumph?* (Mechanicsburg, PA: Stackpole Books, 1999), p.18.

2 Keith B. Payne, *The Fallacies of Cold War Deterrence and a New Direction* (Lexington, KY: University Press of Kentucky, 2001)을 참조하라.

3 Max Hastings, *Armageddon: The Battle for Germany, 1944-45* (London: Macmillan, 2004), p.392. 헤이스팅스는 서구 군대들이 사상자 수를 최소화하기 위해 극단적으로 신중하게 전진했다는 주장을 뒷받침하는 증거를 충분히 제시한다. 어쨌든 사상자가 많았다는 점은 지적할 필요가 있다. 1944~1945년 당시 독일군은 최상의 상태와는 거리가 멀었지만 그래도 언제나 적에게 더 많은 손실을 가했다.

4 Ian Hamilton, *The Soul and Body of an Army* (London: Edward Arnold, 1921).

5 Carl von Clausewitz, *On War*, edited and translated by Michael Howard and Peter Paret (Princeton, NJ: Princeton University Press, 1976), p.75. (강조는 원저자)

6 Ibid., p.77.

7 John Keegan, *The Face of Battle* (London: Jonathan Cape, 1976) [존 키건 저, 정병선

역, 『전쟁의 얼굴』, 지호, 2005]

8   Alfred T. Mahan, *The Influence of Sea Power upon the French Revolution and Empire, 1793-1812* (Boston: Little Brown, 1892), I: 102.

9   Niccolo Machiavelli, *The Art of War*, translated by Henry Neville (Minneola, NY: Dover Publications, 2006), p.162. [니콜로 마키아벨리 저, 이영남 역, 『마키아벨리의 전술론』, 스카이출판사, 2011]

10   Clausewitz, *On War*, p.605. (강조는 원저자)

11   Arthur Ferrill, *The Fall of the Roman Empire: The Military Explanation* (London: Thames and Hudson, 1986); Peter Heather, *The Fall of the Roman Empire* (London: Macmillan, 2005) [피터 히더 저, 이순호 역, 『로마제국 최후의 100년』, 뿌리와이파리, 2008]를 참조하라.

12   전간기를 다룬 어느 손꼽히는 연구서의 저자는 "비무장은 쇠를 금으로 바꿔놓는 현자의 돌이었다"고 평한다. P. M. H. Bell, *The Origins of the Second World War*, 2nd ed. (Harlow, UK: Longman, 1997), p.103.

13   Michael Howard, *Studies in War and Peace* (London: Temple Smith, 1970), p.209.

14   Michael Howard, *The Causes of Wars and Other Essays* (London: Counterpoint, 1984), p.132.

15   Machiavelli, *The Art of War*, p.21.

16   Dennis E. Showalter, "Military Innovation and the Whig Perspective of History," in Harold R. Winton and David R. Mets, eds., *The Challenge of Change: Military Institutions and New Realities, 1918-1941* (Lincoln, NE: University of Nebraska Press, 2003), p.229.

17   Rupert Smith, *The Utility of Force: The Art of War in the Modern World* (London: Allen Lane, 2005). [루퍼트 스미스 저, 황보영조 역, 『전쟁의 패러다임』, 까치글방, 2008]

18   Nicholas Blandford, "Defiant Hezbollah chief returns for 'victory rally,'" *The Times* (London), (September 23, 2006), p.52.

19   Antulio J. Echevarria II, *Toward an American Way of War* (Carlisle, PA: Strategic Studies Institute, U.S. Army War College, March 2004), p.v. (강조는 원저자)

20   Edward N. Luttwak, *Strategy: The Logic of War and Peace*, rev. ed. (Cambridge, MA: The Belknap Press of Harvard University Press, 2001), Ch. 7을 참조하라.

21 Clausewitz, *On War*, p.88.

22 Ibid., p.81.

23 Robert M. Citino, *The German Way of War: From the Thirty Years' War to the Third Reich* (Lawrence, KS: University Press of Kansas, 2005)를 참조하라.

24 1914년에 관해서는 Hew Strachan, *The First World War, Vol I: To Arms* (Oxford: Oxford University Press, 2001), Ch. 3; David Stevenson, *Cataclysm: The First World War as Political Tragedy* (New York: Basic Books, 2004), Ch. 2를 참조할 것. 1941년에 관해서는 Horst Boog and others, *Germany and the Second World War, Vol. 4: The Attack on the Soviet Union* (Oxford: Clarendon Press, 1998); Evan Mawdsley, *Thunder in the East: The Nazi-Soviet War, 1941-1945* (London: Hodder Arnold, 2005), Part 1을 참조하라.

25 MacGregor Knox, "Conclusion: Continuity and Revolution in the Making of Strategy," in Williamson Murray, Knox, and Alvin Bernstein, eds., *The Making of Strategy: Rulers, States, and War* (Cambridge: Cambridge University Press, 1994), p.616.

26 Williamson Murray and MacGregor Knox, "Conclusion: the Future Behind Us," in Knox and Murray, eds., *The Dynamics of Military Revolution*, 1300-2050 (Cambridge: Cambridge University Press, 2001), p.191n51.

27 Clausewitz, *On War*, p.75. (강조는 원저자)

28 Ibid., p.87. (강조는 덧붙임)

29 Ibid., p.605.

30 Harry G. Summers, Jr., *On Strategy: A Critical Analysis of the Vietnam War* (Novato, CA: Presidio Press, 1982), p.1. [해리 G. 서머스 저, 민평식 역, 『전략: 미국의 월남전』, 병학사, 1983]

31 Mao Tse-tung, *On Guerrilla Warfare*, translated by Samuel B. Griffith (New York: Frederick A. Praeger, 1962), p.52.

32 Homer, *The Iliad*, translated by Robert Fagles (New York: Penguin Books, 1991), pp.277-278. [호메로스 저, 천병희 역, 『일리아스』, 숲, 2007]

33 Frederick W. Kagan, "War and Aftermath," *Policy Review* no.120 (August-September 2003), p.27.

34 Russell F. Weigley, *The American Way of War: A History of United States Military Strategy and Policy* (New York: Macmillan, 1973); Anthony D. McIvor, ed., Rethinking the Principles of War (Annapolis, MD: Naval Institute Press, 2005), Part 1을 참조하라. [앤서니 D. 매키버 외 저, 김덕현·권영근 역, 『전쟁원칙의 신사고』, 국방대학교 안보문제연구소, 2006]

35 Eliot A. Cohen, "The Mystique of U.S. Air Power," *Foreign Affairs* 73 (January/February 1994), pp.109-124를 참조하라.

36 Giulio Douhet, *The Command of the Air* (New York: Arno Press, 1972), p.50. [줄리오 듀헤 저, 이명환 역, 『제공권』, 책세상, 1999]

37 J. C. Wylie, *Military Strategy: A General Theory of Power Control* (Annapolis, MD: Naval Institute Press, 1989), p.72. (강조는 원저자)

38 Andrew F. Krepinevich, Jr., *The Army and Vietnam* (Baltimore: The Johns Hopkins University Press, 1986), p.197.

39 Omar Bradley, quoted in Thomas M. Kane, *Military Logistics and Strategic Performance* (London: Frank Cass, 2001), p.xiv.

40 Martin van Creveld, *Supplying War: Logistics from Wallenstein to Patton* (Cambridge: Cambridge University Press, 1977)에 있는 번득이는 사례 연구를 참조하라. [마르틴 반 크레펠트 저, 우보형 역, 『보급전의 역사』, 플래닛미디어, 2010]

41 원래 성격에 안 어울리게 몽고메리는 공군을 이용해서 핵심적인 교량을 잇달아 탈취하려는 계획을 승인했다. 아른험에서 라인 강을 가로지르는 다리가 이 계획의 마지막 목표였다. 제30군단 예하 기갑부대를 하나뿐인 도로와 여러 다리를 건너 통과시켜서 독일 북부를 돌파 공격한다는 계획이었다. 이 모험의 원대한 구상에는 많은 약점이 있었기 때문에 역사가는 어느 부분을 강조해야 하는가, 라는 과제에 직면한다. 여기서는 마켓 가든 작전이 서툰 작전 구상이었고, 실행에서도 무능을 나타냈다고 말하는 것으로 충분하다. 언제나 그렇듯이, 실패의 대가를 치르는 것은 가장 어려운 곳에서 싸우는 병사들이다.

42 Herman Hattaway and Archer Jones, *How the North Won: A Military History of the Civil War* (Urbana, IL: University of Illinois Press 1983), p.720.

43 Henry E. Eccles, *Military Concepts and Philosophy* (New Brunswick, NJ: Rutgers University Press, 1965), pp.83-89.

44 Geoffrey P. Megargee, *War of Annihilation: Combat and Genocide on the Eastern Front, 1941* (Lanham, MD: Rowman and Littlefield Publishers, 2006), p.26을 참조하라.

45 Archibald Wavell, *Speaking Generally: Broadcasts, Orders and Addresses in Time of War (1939-43)* (London: Macmillan, 1946), pp.78-79. (강조는 원저자)

제4부: 안전보장과 그에 대한 위협

1 F. H. Hinsley, "The Rise and Fall of the Modern International System," *Review of International Studies* 8 (January 1982), p.4.

2 Thucydides, *The Landmark Thucydides: A Comprehensive Guide to The Peloponnesian War*, edited by Robert B. Strassler (New York: The Free Press, 1996), p.43.

3 Ralph Peters, *Fighting for the Future: Will America Triumph?* (Mechanicsburg, PA: Stackpole Books, 1999), pp.171-172.

4 Dennis Showalter, *Patton and Rommel: Men of War in the Twentieth Century* (New York: Berkeley Caliber, 2005), p.405. [데니스 쇼월터 저, 황규만 역, 『패튼과 롬멜』, 일조각, 2012]

5 Ken Booth, *Strategy and Ethnocentrism* (London: Croom Helm, 1979); Anja V. Hartmann and Beatrice Heuser, eds., *War, Peace and World Orders in European History* (London: Routledge, 2001); Hans-Henning Kortüm, ed., *Transcultural Wars from the Middle Ages to the 21st Century* (Berlin: Akademie Verlag, 2006) 등을 참조하라.

6 Henry Kissinger, *Diplomacy* (New York: Simon and Schuster, 1994), p.133.

7 Peter Heather, *The Fall of the Roman Empire* (London: Macmillan, 2005)는 훈족이 서로마제국의 붕괴를 가져온 가장 중요한 요인이라는 사실을 설득력 있게 보여준다.

8 David Morgan, *The Mongols* (Oxford: Basil Blackwell, 1986) [데이비드 O. 모건 저, 권용철 역, 『몽골족의 역사』, 모노그래프, 2012]; John Mann, *Genghis Khan: Life, Death and Resurrection* (London: Bantam Books, 2005)을 참조하라.

9 Paul W. Schroeder, "Napoleon's Foreign Policy: A Criminal Enterprise," *Journal of Military History* 54 (April 1990), pp.147-161을 참조하라.

10 Audrey Kurth Cronin, "How al-Qaida Ends: The Decline and Demise of Terrorist Groups," *International Security* 31 (Summer 2006), pp.7-48을 참조하라.

11 Gregor Dallas, *Poisoned Peace: 1945 — The War that Never Ended* (London: John Murray, 2006), p.34.

12 Raymond Aron, *Peace and War: A Theory of International Relations* (Garden City, NY: Doubleday 1966), p.585.

13 Carl von Clausewitz, *On War*, edited and translated by Michael Howard and Peter Paret (Princeton, NJ: Princeton University Press, 1976), p.86.

14 Aron, *Peace and War*, p.585. (강조는 원저자)

15 David J. Lonsdale, *Alexander: Killer of Men. Alexander the Great and the Macedonian Art of War* (London: Constable, 2004), p.3.

16 최근 몇 년간 미국과 영국의 중동 정책을 움직인 중요한 동기는 민주주의가 전혀 작동한 적이 없던 곳에 민주주의를 확립하려는 열정이었다. 이런 노력의 바탕에는 몇 가지 전략적인 이유가 있지만, 그렇다고 해서 부당하게 냉소를 하는 것은 잘못된 처사이다. 부시의 백악관과 블레어의 다우닝가 10번지는 민주주의가 모든 곳의 모든 사람들에게 옳다고 확신했다.

17 Gray, "Force, Order, and Justice: The Ethics of Realism in Statecraft," in Colin S. Gray, *Strategy and History: Essays on Theory and Practice* (London: Routledge, 2006), pp.170-181을 참조하라.

18 Morton A. Kaplan, ed., *Strategic Thinking and Its Moral Implications* (Chicago: Center for Policy Study, University of Chicago, 1973), p.13.

19 Bernard Brodie, *Strategy in the Missile Age* (Princeton, NJ: Princeton University Press, 1959), p.378.

20 Richard L. Kugler, *Policy Analysis In National Security Affairs: New Methods for a New Era* (Washington, DC: National Defense University Press for the Center for Technology and Security Policy, 2006)를 참조하라.

21 Brodie, *Strategy in the Missile Age*, p.358ff.

22 George F. Will, "Arms Control Irrelevance," *The Washington Post* (May 27, 1990): B7.

23 Colin S. Gray, *House of Cards: Why Arms Control Must Fail* (Ithaca, NY: Cornell University Press, 1992).

24 William E. Odom, *The Collapse of the Soviet Military* (New Haven, CT: Yale University Press, 1998), p.436n25를 참조하라.

25 Thomas C. Schelling, "From an Airport Bench," *Bulletin of the Atomic Scientists* 45 (May 1989), pp.29-31을 참조하라.

26 Colin S. Gray, *Another Bloody Century: Future Warfare* (London: Weidenfeld and Nicolson, 2005), pp.357-368을 참조하라.

27 Winston S. Churchill, *The Gathering Storm* (London: Penguin Books, 1985), p.92.

제5부: 역사와 미래

1 Robert D. Kaplan, *Warrior Politics: Why Leadership Demands a Pagan Ethos* (New York: Random House, 2002), p.vii. [로버트 D. 카플란 저, 이재규 역, 『승자학』, 생각의 나무, 2002]

2 David J. Lonsdale, *Alexander: Killer of Men. Alexander the Great and the Macedonian Art of War* (London: Constable, 2004)를 참조하라.

3 Colin S. Gray, *The Anglo-Irish War, 1919-21: Lessons from an Irregular Conflict* (Fairfax, VA: National Institute for Public Policy, October 2006).

4 Josephus, *The Jewish War* (London: Penguin Books, 1959). [플라비우스 요세푸스 저, 박찬웅·박정수 역, 『유대 전쟁사』 1·2, 나남, 2008]

5 국제전략연구소(International Institute for Strategic Studies)의 2006년 9월 연례회의 보고서(〈세계 전략 검토(Global Strategy Review)〉라는 새로운 제목이 붙었다)를 보면, "반란 진압: 우리가 배운 교훈과 배우지 못한 교훈(Counterinsurgency: Lessons Learned and Unlearned)"에 관한 소그룹이 지은이와 같은 결론에 도달했음을 알 수 있다. 분명히 "이 소그룹은 재래식 전쟁과 반란 진압의 구분을 포기하고 군사 행동을 전체로 볼 필요에 관해 논의했으며, 충돌 해결이 종종 초기 전투 국면보다도 더 비용이 많이 들고 복잡하다는 점도 논의했다." 확실히 위대한 사람들은 생각하는 게 비슷하다. IISS News (Autumn 2006), p.3. Gray, *Another Bloody Century* (London: Weidenfeld and Nicolson, 2005), Chs. 5-6도 참조하라.

6 1090년대의 전략적 경험이 영원한 교육적 가치가 있다는 나의 주장을 의심하는 이들에게는 다음의 책을 읽어볼 것을 권한다. John France, *Victory in the East: A Military History of the First Crusade* (Cambridge: Cambridge University Press, 1994).

7 Eliot A. Cohen, "The Historical Mind and Military Strategy," *Orbis* 49 (Fall 2005), p.582. (강조는 원저자)

8 Bernard Brodie, in Carl von Clausewitz, *On War,* edited and translated by Michael Howard and Peter Paret (Princeton, NJ: Princeton University Press, 1976), p.54.

9 Bernard Brodie, *War and Politics* (New York: Macmillan, 1973), p.475.

10 핵 이전 시대의 경험에 대한 편견을 공격하는 글로는 Colin S. Gray, *Strategy and History: Essays on Theory and Practice* (London: Routledge, 2006), Ch. 1, "Across the nuclear divide--strategic studies, past and present"를 참조하라.

11 Colin S. Gray, *Strategic Studies and Public Policy: The American Experience* (Lexington, KY: The University Press of Kentucky, 1982)를 참조하라.

12 Edward Gibbon, *The History of the Decline and Fall of the Roman Empire*, edited by J. B. Bury (London: Methuen, 1909), I: 84. [에드워드 기번 저, 송은주 외 역, 『로마 제국 쇠망사』 (전6권), 민음사, 2008-10]

13 Jeffrey Record, *Making War, Thinking History: Munich, Vietnam, and Presidential Uses of Force from Korea to Kosovo* (Annapolis, MD: Naval Institute Press, 2002)를 참조하라.

14 Michael Howard, *The Lessons of History* (New Haven, CT: Yale University Press, 1991), p.11.

15 Geoffrey Till, *Maritime Strategy and the Nuclear Age* (London: Macmillan, 1982), pp.224-225.

16 Arthur C. Clarke, *Profiles of the Future: An Enquiry into the Limits of the Possible* (London: Gollancz, 1962).

17 공동체주의 전망에 관해서는 Amitai Etzioni, *From Empire to Community: A New Approach to International Relations* (Basingstoke, UK: Palgrave Macmillan, 2004) [아미타이 에치오니 저, 조한승 역, 『제국에서 공동체로』, 매봉, 2007]를 참조하라. 유감스럽지만 나는 다음의 글에서 에치오니의 논의에 찬물을 끼얹은 바 있다. "Sandcastle of Theory: A Critique of Amitai Etzioni's Communitarianism," *American Behavioral Scientist* 48 (August 2005), pp.1607-1625.

18 S. Douglas Smith, book review, *Naval War Review* 57 (2004), p.147.

19 B. H. Liddell Hart, *History of the First World War* (London: Pan Books, 1972), p.325.

20 James J. Wirtz, "Theory of Surprise," in Richard K. Betts and Thomas G. Mahnken, eds., *Paradoxes of Strategic Intelligence: Essays in Honor of Michael I. Handel* (London: Frank Cass, 2003), pp.101-116을 참조하라.

21 Adrian Goldsworthy, *Roman Warfare* (London: Cassell, 2002), p.81을 참조하라.

22 Adrian Goldsworthy, *The Fall of Cathage: The Punic Wars, 265-146 BC* (London: Cassell, 2003).

23 John Keegan, *The Face of Battle* (New York: Viking Press, 1976).

24 J. E. Lendon, *Soldiers and Ghosts: A History of Battle in Classical Antiquity* (New Haven, CT: Yale University Press, 2005); Victor Davis Hanson, *Why the West Has Won: Carnage and Culture from Salamis to Vietnam* (London: Faber and Faber, 2001); John A. Lynn, *Battle: A History of Combat and Culture* (Boulder, CO: Westview Press, 2003) [존 린 저, 이내주·박일송 역, 『배틀, 전쟁의 문화사』, 청어람미디어, 2006] 등을 참조하라.

25 Martin van Creveld, *Supplying War: Logistics from Wallenstein to Patton* (Cambridge: Cambridge University Press, 1977), Ch. 5를 보라.

26 Anne Applebaum, *Gulag: A History of the Soviet Camps* (London: Penguin Books, 2004), pp.4-5. [앤 애플바움 저, GAGA 통번역센터 역, 『굴락』 상·하, 드림박스, 2004]

후기: 전쟁에 관한 교훈

1 Maurice de Saxe, "My Reveries upon the Art of War," in Thomas R. Phillips, ed., *Roots of Strategy: A Collection of Military Classics* (London: John Lane the Bodley Head, 1943), p.100.

전쟁을 읽으며 인생을 깨우다

초판 1쇄 펴낸 날   2014.4.11

지은이   콜린 S. 그레이
옮긴이   최연희
발행인   홍정우
책임편집   위정훈
디자인   윤수경
마케팅   한대혁, 정다운
발행처   도서출판 가람기획
등 록   1999년 10월 22일(제1999-000148호)
주 소   (121-894) 서울시 마포구 서교동 381-36 1층
전 화   (02)3275-2915~7
팩 스   (02)3275-2918
이메일   garam815@chol.com

ISBN 978-89-8435-333-6 (13320)

값은 뒤표지에 있습니다.
잘못 만들어진 책은 구입하신 서점에서 바꾸어 드립니다.

이 도서의 국립중앙도서관 출판시도서목록(CIP)은 서지정보유통지원시스템
홈페이지(http://seoji.nl.go.kr)와 국가자료공동목록시스템(http://www.nl.go.
kr/kolisnet)에서 이용하실 수 있습니다.(CIP제어번호: CIP2014009572)